호남대학교 인문사회과학연구소 세계시민연구시리즈 제9권

4차 산업혁명 성공을 위한 세계시민성 함양

호남대학교 인문사회과학연구소 세계시민연구시리즈 제9권

4차 산업혁명 성공을 위한

세계시민성 함양

호남대학교
인문사회과학연구소 지음

인간사랑

CONTENTS

머리말

인간은 이기적 존재이지만 사회적 존재로서 타인과의 협력을 통해 역사와 문명을 발전시켜왔다. 그러나 산업혁명 이후 발생한 인류의 자연환경 파괴로 지구의 환경체계는 급격하게 변하게 되었다. 발전과 개발을 주도하는 효과적인 목표달성 위주의 이성관은 환경뿐만 아니라 인간의 존엄성과 공생정신을 훼손하는 부작용도 가져왔다. 오늘날 세계시민들은 1995년 노벨화학상을 받은 네덜란드 학자 크뤼천(Paul Crutzen)이 2000년에 처음 제안한 인류세(Anthropocene, 人類世) 시대와 제4차 산업혁명시기에 공존공생하고 있다. 우리 개별 인간들은 하나뿐인 지구상에서 세계시민으로서 주변 환경과 조화를 이루면서 생존해 나간다.

인간은 정체성을 유지하기 위해서 외부환경과 적당한 경계가 필요하다. 그러나 지금과 같은 무국경 소통 교류의 시대에 있어서는 인간 자신의 주변 경계가 과거보다 너무 넓어져서 정체성의 혼란을 겪게 될 수 있을 것이다. 세계시민들 각자는 자신이 속한 국가의 국민으로서의 정체성을 유지하면서 인류세와 제4차 산업혁명시기에 상호 공존공생을 위한 다문화 사회적 정체성을 형성하여 정체성 혼란을 극복할 필요가 있다.

인문사회과학연구소에서는 급변하는 환경과 조화를 이루는 세계시민의 정체성 확립을 위한 작은 노력을 지속적으로 해오고 있다. 이런 노력의 일환으로 수년간 세계시민성 함양을 추구하는 학제적인 연구를 해왔다. 연구소에서는 구성원들이 좌담회, 토론회, 포럼을 꾸준하게 해오면서 세계시민성 함양의 방향과 내용, 방법에 관한 연구를 해왔고 그 결과물들을 세계시민연구시리즈로 출판해왔다.

이 책은 2008년 세계시민연구시리즈 제1권 '시민성과 교육'이 처음으로 발간된 이후 아홉 번째로 나온 세계시민연구시리즈 제9권에 해당한다. 앞서 8권까지는 제한적으로 출판하였다. 그러나 이번 책은 시민들이 보다 쉽게 접할 수 있도록 범위를 넓혀 전국적인 판매를 하게 되었다. 부끄러우면서도 한편으로는 세계시민성 함양을 위한 연구소의 노력을 알릴 수 있는 기회가 된 점에 과거의 미흡함을 다소 만회하고자 한다. 아울러 연구소는 연구소의 한국연구재단 등재지인 『인문사회과학연구: 세계시민성 함양을 추구하며』에서도 세계시민성 함양 관련 논문들을 모아왔고 이를 세상에 발표해 왔다.

한편, 인문사회과학연구소는 인간의 세계시민성 함양을 위한 삶의 영역을 토대로 주로 조직 시민성, 생태 시민성, 문화 시민성, 종교 시민성, 교육 시민성의 영역으로 나누어 연구 발표해 왔다. 물론 연구과정에서 인적, 재정적 어려움이 있었다. 하지만 이렇게 책으로 만들어 보니, 그동안 연구에 대한 반성적 사유를 통해 한계점에 대해서도 명확히 인식할 수 있었다.

향후에도 꾸준하게 연구자 층을 확대하여 연구결과를 확대 재생산하고자 한다. 그리하여 더불어 살아가는 인간들의 공생적인 사유방식의 하나로서 세계시민주의 확산과 세계시민성 함양에 다소나마 기여를 하고자 한다.

끝으로 연구소의 출판을 재정적으로 지원해준 호남대와 발표문을 제공하고 보완해준 연구소 연구위원들과 편집위원들께 감사드린다. 서로 다른 내용의 글들을 잘 다듬어서 단장해준 도서출판 인간사랑 관계자분들에게도 감사드린다.

이번 세계시민연구시리즈의 출판 결과를 보고 반성하여 앞으로 더 심도 있는 연구로 감사의 은혜에 보답하도록 하겠다. 앞으로도 인문사회과학연구소는 보다 많은 세계시민들이 상호공생과 세계평화를 위해 사고하고 행동해 나가는데 미력하나마 일조를 하겠다.

2018년 2월

호남대 인문사회과학연구소 소장

교육학박사·정치학박사 심연수

1장
조직 시민성: 정치·사회적 시민성과 세계시민성

01

4차 산업혁명의 양면성 그리고 한국인의 역할*

고준수(호남대학교 인문사회과학연구소 연구위원)

4차 산업혁명의 시대가 성큼 다가왔다.

산업을 분류할 때 농업, 어업, 축산업 등 자연에서 무언가를 얻을 수 있는 것을 '1차 산업'이라 부르고, 인위적으로 만들어 내는 제조업 분야를 '2차 산업', '2차 산업'인 제조업을 제외한 보이지 않는 서비스 등의 산업을 '3차 산업'이라고 하며, '4차 산업'은 정보와 지식을 기반으로 하는 의료, 교육, 서비스 산업, 상담, 연구 등 지식 집약적 산업을 총칭한

* 이 글은 저자(고준수)의 저서(『4차 산업혁명에 대한 이해』, 2017년 12월 21일 출판)의 내용을 재분석하여 새로이 구성하였음.

다.

최근 언급되고 있는 '4차 산업혁명'은 IT와 연계한 산업인 자율주행 자동차, 3D 프린팅, 인공지능(AI), 사물인터넷(IoT), 로봇, 증강현실(AR)과 가상현실(VR) 등 4차 산업의 혁신기술이 그 핵심이 되면서 '5차 산업'인 패션이나 오락 그리고 레저산업 등의 여가생활과 관련되는 산업 및 '2차 산업'의 제조업 그리고 1차와 3차 산업 등을 모두 융합하는 행태를 보이고 있는 것이 특징이다.

이렇게 산업의 분류와 별도로 중대한 기술 발전이 사회경제 및 문화적인 변화와 동반될 때 산업혁명이라고 한다.

'1차 산업혁명'은 물건을 제조하는 방법이 손에서 기계로 전환된 것이 큰 핵심으로 영국, 벨기에, 프랑스, 미국 등에 영향을 주었는데 이런 큰 변화는 기계와 공장 특히 증기의 힘에 의해 가능했다.

'2차 산업혁명'은 전기와 관련된 발명품의 결과로 1800년대 후반에 시작하여 대량 생산 및 조립 라인의 시대를 열었다. 기술의 광범위한 채택과 철도 및 통신기술의 도입으로 사람과 정보의 움직임이 활발하였고 자동차, 비료 및 석유 상품의 생산을 촉진시켰다.

1차와 2차 산업혁명은 경제적, 문화적으로 큰 변화를 이끌었고 그 영향으로 '2차 산업'이 발달하게 되었고, '2차 산업'이 발달한 나라와 '1차 산업'에 머물러 있는 국가 간에 무역이 증가하게 되었다.

'2차 산업'의 발달로 공장에서 많은 인력들이 필요하게 되었고, 시골지역에서 도시로 인력들이 이동하여 도시의 인구가 증가하였다. 그러나 노동 조건은 기계로 인하여 안전하지 않아서 노동자의 불안이 증가하였다.

독일과 일본은 '2차 산업혁명'를 적극적으로 받아들였고, 특히 미국은 제조업을 앞세워 세계 최대 규모의 경제대국이 되었다.

'3차 산업혁명'은 중국의 상승을 이끌었는데 중국의 상승을 도운 핵심은 '4차 산업'과 '3차 산업'의 융합인 자동화 시스템의 도입이었다. '2차 산업'의 특징인 반복되고 낮은 스킬을 요구하는 작업은 '4차 산업'과의 융합으로 자동화에 의한 조립 라인이 담당하게 되었으며, 문화적 관점에서 '3차 산업혁명'의 시대는 텔레비전이나 개인용 컴퓨터의 도입으로 심오한 변화를 이끌게 되었다.

그리고 이제는 1, 2, 3, 4, 5차 산업 등 모든 산업이 융합하는 '4차 산업혁명'의 시대가 다가왔다. 어떻게 보면 융합 또는 복합의 측면에서 1차 산업인 농수산업과 2차 산업인 제조업 그리고 3차 산업인 서비스업이 복합된 6차 산업, 보다 더 범위가 넓어진 전 산업분야가 융합되는 산업이 활성화되는 것이다.

'4차 산업혁명'은 2016년 1월 다보스 세계경제포럼에서 현재의 혁신적인 기술혁명을 설명하기 위해 사용된 용어로 물리와 생물 및 디지털 기술의 융합으로 모든 사물들이 거미줄처럼 인간과 연결되어 있는 '초연결사회(hyper-connected society, 超連結社會)'이자 인류가 풀지 못했던 과제를 해결하고 생산성을 비약적으로 발전시킬 수 있는 '초지능(superintelligence, 超知能)의 시대'가 열리고 있음을 예고하는 개념으로 언급되었다.

'4차 산업혁명'은 인공지능과 빅데이터, 사물인터넷 그리고 디지털 및 생물학적 세계를 융합하는 신기술에 초점을 맞추고 있어서[1] 앞으로 도래하는 시대는 IT융합, 즉 모든 사물이 연결되고 데이터가 자원이 되며 인공지능이 새로운 가치를 창출하는 시대라는 것이다.

앞에서 살펴보았듯이 각 산업혁명을 적극적으로 받아들인 나라들은 그 혁명 이후에는 세계의 가장 강력한 강대국이 되었다.

한국도 이러한 '4차 산업혁명'에 적극적으로 참여해야 일본과 중국처럼 다가오는 시대에서는 세계를 이끌 수 있는 강대국이 될 수 있을 것이다.

그리고 '4차 산업혁명'에서의 기술과 산업 혁신은 국민을 위한 기술발전이 되고 사회정책 혁신이 함께 이루어져서 사람 중심의 '4차 산업혁명'이 되어야 한다. 또한 소상공인과 스타트업 등 중소기업 직원들이 양질의 일자리에서 일할 수 있는 정책 추진이 필요하며, '4차 산업혁명'의 기술발전은 고령화 등 사회문제를 해결할 수 있으므로 학교와 연구자 그리고 기업들이 다양한 방법으로 신기술을 시도할 수 있고 '4차 산업혁명'을 주도하고 연구에 몰두할 수 있도록 정책지원과 처우 개선 등의 환경 조성이 필요하다.[2]

---

1 Kemper E. Lewis. 2017. "How to ensure the fourth industrial revolution is 'Made in the USA'." *The Conversation*(10월 12일).

2 임화섭. 2017. "4차 산업혁명의 첫 회의 화두…"사람 중심의 혁명이어야"." 《연합신문》(10월 11일).

1. 4차 산업혁명과 관련된 선행연구

4차 산업혁명에 대해 자세히 언급하기 전에 산업혁명에 대한 선행연구를 확인해 보면 먼저 산업혁명이라는 용어는 영국의 학자인 '아놀드 토인비'가 그의 저서인 "18세기 영국의 산업혁명에 대한 강의"(Lectures on the Industrial Revolution of the eighteenth century in England)에서 사용하여 일반화된 것으로 보고 있으며, 토인비는 산업혁명의 본질은 부의 생산과 분배를 지배하던 여러 규제를 대신하는 경쟁이라는 새로운 체제가 등장한 것이라고 언급하면서 주요 특징으로 도시인구 증가와 기계도입에 따른 공장제도의 성립과 교통수단의 변혁 등을 언급하였다. 이러한 변화들이 단순히 경제적인 현상만을 야기하는 것이 아니라 자본가와 노동자들 간에 새로운 사회적 계급관계를 형성시키는 변화를 발생시켰다.

그리고 비일즈(Beales)는 1928년에 쓴 책인『산업혁명』에서 혁명적 변화를 인정하면서 주요한 산업혁명의 특징으로 농업에서 제조업으로 경제적 기초의 변화와 인구의 증가 그리고 물적 장비의 확장 등을 언급하였다.

'콜맨'은 산업혁명이라는 용어는 인구증가를 동반하면서 대규모적이면서 광범위한 공업투자 그리고 과학기술과 연계되는 광범위한 공업화 효과가 동반되어야 한다고 주장하였다.

김종현은『경제사』에서 산업혁명을 공업성장과 공업성장을 기반으로 한 경제성장 및 공업화로 정의하였으며, 박광서는『신경제사』에서 산업혁명을 약 100년에 걸쳐 유럽에서 일어난 기계 및 동력의 신발명에 의한 기술상의 혁명이라고 정의하였고, 조기준은 『사회경제사』에서 산업혁명의 의의는 기계의 발명으로 인한 사회구조와 경제조직 및 경영양식의 변화라고 하였다.

또한 4차 산업혁명에 대해서 세계경제포럼 회장 클라우스 슈밥(Klaus Schwab)은 4차 산업혁명이 저성장의 세계경제를 구할 수 있는 계기라고 하면서 4차 산업혁명이 성공하기 위해서는 정신과 마음, 영혼과 몸의 네 가지 기능을 향상시켜서 4차 산업혁명의 잠재성을 끌어내야 한다고 하였다. 또 에릭 브린욜프슨(Erik Brynjolfson)과 앤드류 맥아피(Andrew Mcafe)는 4차 산업혁명시대에는 더 적은 시간 일을 해도 현재보다 더 잘 살 수 있는 사회가 될 것이라고 주장하였다. 이렇게 4차 산업혁명에 대한 긍정적인 연구도 있지만 브린욜프슨(Brynjolfson), 맥아피(Andrew Mcafe), 스펜스(Michael Spence)는 4차 산업혁명으로 인한 불평등을 언급하면서 불평등에 대한 문제점의 해결책으로 창의적 역량의 상향평준화를 제시하고 있다(김경래 2017, 7–9).

이렇게 산업혁명은 1784년 이후 증기기관과 기계화로 이루었던 1차 산업혁명을 거쳐 1870년 이후 전기를 이용한 대량생산이 주도한 2차 산업혁명 그리고 1970년 이후 컴퓨터의 보급과 인터넷이 주도하는 3차 산업혁명을 거쳐서 이제 지능정보 기술이 주도하는 4차 산업혁명 시대로 접어들고 있는 것이다.

이러한 미래의 변화 즉 4차 산업혁명에 대한 세계의 다양한 기관에서의 예측을 살펴보면, 유럽연합집행위원회가 출간한 2015년 12월 EC

보고서에서는 세계는 연결되고 경제적으로 경쟁하며, 인구 변화가 이루어지면서 여러 분야에서 사람들이 할 수 있는 것이 변하게 되고, 기술의 변화 속도가 빨라져서 일하는 방식까지 변할 것이라고 하였다.

다보스포럼(2016)의 '미래고용보고서'에서는 로봇과 인공지능의 활용으로 전 세계의 일자리 700만 개가 사라질 것으로 전망했다.

이러한 4차 산업혁명에 대한 급격한 변화에 대비하여 세계 각국은 다양한 노력을 기울이고 있다. 미국은 4차 산업혁명을 주도하기 위하여 사물인터넷, 인공지능(AI), 무인자동차, 3D 프린팅 등에서 최첨단 기술력을 보유하고 있으며, 향후에도 제조업의 경쟁력 강화를 위한 기술개발과 투자를 지속적으로 추진할 계획이다.

독일은 하이테크 전략을 추진하며 센서와 로봇 산업, 물류 및 정보통신 기술(ICT) 등을 미래 산업으로 선정해 추진하고 있다. 일본은 신성장동력 확충을 위해 정부차원에서 IT국가 창조 선언을 하며 IT와 정보자산의 활용과 로봇 기반 산업 생태계 혁신을 추진하고 있다. 중국은 '중국 제조 2025 전략'과 '인터넷 플러스 전략'으로 세계 최상위 제조 강국이 되기 위해 노력하고 있다(윤옥희 2017, 12–20).

2. 4차 산업혁명과 관련된 기술

이렇게 '4차 산업혁명' 시대는 빅데이터, 모바일, 웨어러블이 화두가 되고 있으며, 사물인터넷은 인간과 인간 사이의 연결뿐만 아니라 인간과 사물의 연결, 사물과 사물의 연결 등 창조의 가능성이 무한하게 열려있다.

특히 정보(Information)와 통신 기술(Communication Technology)의 합성이라고 할 수 있는 ICT 기술은 필수적인 소프트웨어 기술과 이들 소프트웨어 기술 등을 이용하여 정보를 수집하고 생산 및 가공, 보존과 전달을 활용할 수 있는 모든 수단과 방법으로 '4차 산업혁명'의 시대를 맞이하였다.

이러한 ICT 기술은 산업과 우리 생활 전 분야에 영향을 주고 있으며, 특히 산업에 가장 밀접한 유통분야에도 큰 영향을 주어[3] 생산(제조)과 유통 그리고 물류 간 칸막이가 사라지고, 시장 및 산업 간 융합도 활발해지고 있다.[4]

2018년에는 온라인과 오프라인을 연계하는 O2O서비스가 활발히 선보이며 수익 모델을 다양화·다변화하여, 단순히 O2O기업뿐만 아니라 온라인과 오프라인을 연계한 기업들이 상호 간의 이점을 중점적으로 강화하는 움직임을 보이고 있다.[5]

그리고 온라인 쇼핑업계는 편의점과 연계하여 소비자들이 주문한

---

3 Chidike Samuelson. 2017. "5 Reasons Machine Learning Is the Future of Marketing." *entrepreneur*(11월 3일).

4 AZADEH WILLIAMS. 2017. "Marketing panel: Short-term growth and long-term brand building not mutually exclusive." *CMO*(11월 6일).

5 이주현. 2017. "백화점·대형마트 실적 '각자도생'… 사드+내수침체에 엇갈린 희비." 《전자신문》(6월 12일).

상품을 가까운 편의점에서 수령하고 필요하면 반품(반송)할 수 있도록 하여 온라인과 오프라인 연계(O2O) 서비스를 추진하고 있다.[6]

이러한 사업추진의 장점으로 온라인 쇼핑업체는 대규모 물류센터 구축에 필요한 비용을 절감하고 고객 편의성 및 접근성을 높일 수 있으며 편의점은 온라인 쇼핑 고객(물품 수령 및 반품 목적)을 각 매장으로 끌어들이면서 2차 구매를 유도할 수 있다는 것이다.[7]

이와 같이 O2O와 연계한 편의점 점포의 매출 증가는 1인 가구 비중 확대 및 맞벌이 부부, 다세대 주택 거주자, 여성 단독 거주자 증가 등에 따라 자신의 일을 스스로 그리고 안전하게 해결(은행업무, 택배 등)해야 하는 소비자의 편의를 지원하던 결과이다.[8]

특히 모바일 쇼핑 소비자의 증가는 택배 수령 목적 등으로 더욱 편의점의 이용을 증가하게 만들었다. 그리고 1인 가구 소비자의 편리성과 연계하여 2017년 4월 인터넷 전문은행이 출범하여, 편의점 인프라에 설치된 ATM을 통해 다양한 은행 업무도 볼 수 있게 되었다.

편의점 입장에서는 인터넷 전문은행과의 연계를 통한 금융 부문에서의 수익보다 온라인 쇼핑몰과 연계한 택배 수령처럼 인터넷 전문은행 고객들의 편의점 방문 빈도 증가에 따른 상품 판매에 집중할 것으

---

6 ARUN PATIL. 2017. "IT spending by Online Service and Application Market Segmentation, Geographical Analysis and Forecast." *Military-Technologie*(11월 5일).

7 DAN ROSS. 2017. "Competing in the age of Amazon." *The Australian*(10월 13일).

8 윤희석. 2017. "편의점, 온라인 쇼핑 '물류 거점' 부상."《전자신문》(7월 3일).

로 판단한다.

이러한 인터넷 전문은행이 돌풍을 일으키는 이유는 기존 은행과 달리 모바일을 이용하여 간편하고, 직원들과 직접 대면하는 비용(점포 이용 비용)이 없기 때문에 이자가 저렴하며, 모바일로 거래를 하기 때문에 은행 문이 닫을 때도 사용이 가능하기 때문이다.

그리고 크게 변화가 가능한 분야는 위에서 언급한 것처럼 유통업체와 연계가 가능한 ATM 분야이다. 은행 매장이 없는 인터넷 전문은행 입장에서는 고객과의 접점 장소가 필요하기 때문에 자동화기기(ATM)들의 의존도가 높아지고 있다.

은행 자동화기기는 인터넷과 모바일 금융거래 비중의 증가와 각 지점 점포들이 경영상의 이유로 구조조정되면서 통폐합되어 통합되어진 은행점포의 자동화기기가 없어졌고, 특히 자동화기기는 수수료 수익이 적어서 은행 입장에서는 손해를 최소화하기 위해서 자동화기기를 지속적으로 축소시켰다.

그러나 인터넷 전문은행의 출범과 함께 이용 고객의 편의와 고객과의 접점을 위해 제휴 ATM이 필요하게 되었다. 그래서 인터넷 전문은행들은 은행의 ATM과 편의점 및 지하철에 설치된 ATM과도 제휴를 맺으면서 단순 금융거래뿐만 아니라 ATM을 활용한 유통업 등의 연계사업도 추진하고 있는 것이다.

따라서 ATM기기의 필요성이 증가하고 있기 때문에 기존의 고비용이 소요되는 한 곳의 은행만을 위한 ATM기기는 축소될 가능성이 있으나 대부분의 은행 업무가 가능한 고기능성 ATM의 도입은 증가할 가

능성이 높을 것으로 예상된다.[10]

그리고 기존 은행들이 사용했던 공인인증서는 1년에 한 번씩 정기적으로 갱신을 해야 했고 공인인증서 발급에 드는 비용문제와 공인인증서를 신규로 발행하기 위해서는 은행을 방문해야 하는 것 등 공인인증서에 대한 다양한 문제가 있었으나 인터넷 전문은행은 이에 대한 불편함을 해소하기 위해 공인인증서를 대신하는 다양한 보안기능을 사용하여 거래를 위한 보안기능을 다양화하고 있다.

인터넷 전문은행과 유통업체와의 결합 등 O2O를 이용한 유통업체에서의 다양한 변화와 함께 정부와 학교, 연구소 및 기업들은 다양한 방법으로 AI(인공지능) 기술개발을 위한 노력도 하고 있다.

먼저 국내이동통신회사들은 AI스피커를 출시하였고, 이러한 인공지능 스피커를 내비게이션에도 적용하여 AI내비게이션 시장에도 진출했다.[10] 따라서 기존의 내비게이션은 AI와 연결하여 길 안내와 함께 음악과 날씨 및 일정 등을 음성으로 전달해 주는 자동차 안내 비서의 역할로까지 진화하고 있다.

또한 과학기술정보통신부(과기정통부)와 울산과학기술원(UNIST)은 '설명 가능한 인공지능' 기술 개발에 착수하여, 2017년 9월 25일 '설명 가능 인공지능 연구센터'를 열었다.

---

9 변휘. 2017. "은행 ATM 5년 새 16%↓…인터넷銀 '반전' 될까." 《머니투데이》(10월 6일).

10 김성현. 2017. "[AI음성인식전쟁] SKT·KT·LGU+ "볼륨 업… 차세대 AI플랫폼 총력." 《위클리 오늘》(10월 30일).

연구센터에서는 다양한 개발자가 함께 참여해서 공동 개발해 나가는 '오픈소스 프로젝트' 형태로 기존의 인공지능 기술이 의료나 법률 등 추론과 판단 논거를 논리적으로 설명해야 하는 분야에서는 활용이 제약되었기 때문에 의사결정에 대한 이유를 논리적으로 설명할 수 있는 인공지능을 '인공지능 국가전략프로젝트'의 일환으로 개발한다는 것이다.[11]

또한, 세계 1위의 기술력을 보유한 메모리반도체 산업을 토대로 4차 산업혁명을 우리나라가 도약할 수 있는 기회로 만들기 위하여 인공지능 기본과정(업스트림)인 반도체 산업과 응용과정(다운스트림)인 가전, 모바일, 자동차 산업과의 융합으로 스마트홈, 스마트 모빌리티 분야 플랫폼 경쟁에 유리한 고지를 선점하기 위해 노력하고 있으며, 이를 위하여 높은 신뢰도와 장기 기술개발이 요구되는 스마트 모빌리티(자동차) 분야는 반도체 대기업과 자동차 업계 간에 긴밀한 연계를 추진하고 있다.[12]

이러한 국내에서의 다양한 활동과 별도로 전 세계적으로 인공지능에 대한 연구는 활발히 이루어지고 있다. 글로벌 기업인 '구글'은 인공지능을 활용한 뉴스와 정보를 제공하기 위해 웹사이트 메인 화면을 개편한 후 '뉴스피드(News Feed)' 서비스를 시작했다.[13]

---

11 이배운. 2017. "과기정통부, '설명해주는' 인공지능 개발 착수." 《데일리안》(9월 25일).

12 이정남. 2017. "산업통상자원부 보도자료, 4차 산업혁명 시대 시스템반도체 선도국으로 도약." 산업통상자원부 전자부품과(3월 29일).

'페이스북'도 구글의 '뉴스피드'와 비슷한 '탐색피드'라는 것을 만들었다. 구글의 '뉴스피드'와 페이스북의 '탐색피드'의 가장 큰 차이점은 '뉴스피드'는 주로 자신이 관심을 갖는 분야와 그 분야의 업데이트된 소식들로 채워지지만, '탐색피드'는 아직 관심을 표현하지는 않았지만 빅데이터를 기반으로 소비자의 취향을 분석하여 소비자가 관심을 가질만한 소식, 기사, 사진, 동영상 등 재미있는 콘텐츠로 구성되었다는 점이다.[14]

'페이스북'이 이렇게 소비자가 좋아하고 관심이 있을만한 것을 알아낼 수 있는 이유는 방대한 빅데이터 보유능력 때문이다.

또한, 아마존은 구글이 안드로이드 운영체제(OS)를 개방하면서 스마트폰 시장을 평정했듯이 오픈소스 전략으로 인공지능시장의 선점에 나서기 위해 인공지능 기반 음성 비서 '알렉사'라는 개발자 도구를 전격 공개했다.

아마존의 개발자 도구 공개로 개발자들은 자유롭게 '알렉사' 기반으로 각종 전자제품과 자동차 등의 기기들을 개발할 수 있을 것이다.[15] 아마존은 구글처럼 기기 판매로 수익을 올릴 수도 있고, 인공지능 소프트웨어를 대중화한 수익도 창출이 가능하며, 특히, 쇼핑과 광고시장 그

---

13 Sarah Perez. 2017. "Facebook's discovery-focused 'Explore Feed' hits the desktop." *TechCrunch*(10월 18일).

14 오대석. 2017. "구글 vs 페북 뉴스·콘텐츠 최강 가리자… 한판 승부." 《전자신문》(7월 20일).

15 안희권. 2017. "아마존 스마트 스피커, 단골덕에 올 판매량 2배." 《아이뉴스》(11월 3일).

리고 미디어 시장 등 다양한 분야에서 수익을 올릴 것으로 판단된다.[16]

자율주행 자동차에도 인공지능 기능을 도입하고 있다. 인텔의 'i 인사이드 퓨처'는 인공지능인 '인텔 GO'를 이용하여 다른 자동차들과 연동하여 운행된다. 다른 자동차들과 연동하기 때문에 도로나 교통 상황, 교통 신호 등의 정보를 한꺼번에 통제 및 관리할 수 있고, 각각의 차량에 최적의 경로와 우회 경로 그리고 돌발 상황에 대한 대처법 등을 빠르게 전달해 줄 수 있다.

그러나 도로에 운행되고 있는 자동차들이 모두 AI시스템을 이용하고 있어야 상호 간에 정보를 서로 교환할 수 있다는 단점이 있다.

AI(인공지능) 기술개발과 함께 우리가 쉽게 접근하기 어렵거나 힘들고 위험한 환경에 대하여 오락 또는 취미로 사용되거나 교육 또는 연구 목적 등으로 사용하기 위하여 VR(가상현실) 연구도 활발히 이루어지고 있다. 실제로 오락실 등에 있는 자동차나 전투기, 탱크 등을 조종하는 장비들은 과거 탱크와 전투기 조종사들의 훈련용으로 사용되었던 VR(가상현실)인 경우도 있다.

따라서 2018년의 가상현실의 진화 속도를 확인하는 방법으로 가상현실 게임의 진화 정도를 파악하면 더욱 쉽게 현재 가상현실의 발전 단계를 파악할 수 있다. 2018년의 가상현실 게임은 시각과 청각, 촉감 그리고 체감으로는 온도차까지 느끼고 현실과 똑같이 후각으로 냄새까지 맡을 수 있는 단계까지 발달하였다. 시각을 넘어 촉각 그리고 후각 등

16 국제부1. 2017. "AI비서 '알렉사' 모든 걸 공개합니다." 《매일경제》(10월 7일).

다양한 신체 감각기관을 이용하여 가상현실 게임에서 이용할 수 있도록 한 것이다.

이러한 가상현실 게임은 과거에는 놀이공원의 롤러코스터나 쉽게 접하기 어려운 공간에 대한 체험 등으로 시작하여 이제는 다큐멘터리처럼 미지의 세계에 대한 여행이나 원하는 관광지를 보여주는 것까지 다양한 분야로 확대되고 있다.

가상현실 게임뿐만 아니라 다양한 가상현실과 증강현실 관련 상품들의 세계시장 규모는 2020년에는 약 90조 규모가 될 것으로 예상되고 있어서 다양한 가상현실용 프로그램들이 개발되고 있으며 최근에는 사람의 뇌파를 이용한 가상현실용 장비들도 등장하고 있다.[17]

사람 뇌의 뇌파를 분석하여 이를 이용하는 BCI(Brain—Computer Interface, 뇌—컴퓨터 인터페이스) 기술은 사람의 생각만으로 기기를 작동하거나 상호반응을 일으킬 수 있도록 해준다고 한다.

이러한 BCI는 신체적 장애로 인해 영향을 받은 사람들이 자신의 생각에 따라 작동하도록 설계된 보철물을 제어하여 인터넷 서핑 및 전자메일 작성을 돕는다. 또한 사지가 결손 또는 마비된 환자들의 의료용 기구인 의수와 의족 등에도 주로 활용되고 있다.[18]

최근에는 이러한 BCI기술을 이용한 VR 및 AR 프로그램은 생각만으로 가상현실 내의 사물을 만지는 등 현실에서처럼 행동이 가능하도

---

17 강명일. 2017. "시각 넘어 후각까지…오감만족 가상현실 게임." 《mbc》(10월 7일).

18 Credit: Shutterstock. 2017. "'A new brain-computer interface for music composition." *Phys.Org*(10월 4일).

록 한다고 한다. 따라서 이러한 기술이 발달할 경우 교육과 의료 등 다양한 산업 분야에서 활용 및 응용이 가능할 것이다.[19]

그리고 사람의 눈 속에서 AR(증강현실) 및 VR(가상현실)을 구현하는 방법도 개발되고 있다. 이 기술은 인공 렌즈로 각종 정보를 눈에 바로 표현할 수 있다. 그동안 증강현실 및 가상현실을 하기 위해 머리에 헬멧을 착용해야 하는 불편함이 있었으나, 이러한 기술이 발달하면 그런 불편함이 사라지게 되는 것이다.

이 기술은 사람의 눈 속 수정체를 대신하여 각종 정보를 표시할 수 있는 작고 얇은 디스플레이 장치를 포함한 인공 렌즈를 삽입한다.

아직까지 시력이 좋은 사람들은 활용할 가능성이 낮으나, 시력이 나쁘거나 안구질환 환자들은 이러한 인공렌즈를 향후에 삽입할 경우 많은 도움이 될 것이며, 특히 각종 정보를 필요로 하는 군사 및 수사 분야 등에 많은 도움이 될 것으로 판단된다.[20]

그리고 인공지능과 가상현실 분야를 접목한 로봇공학 연구도 활발히 이루어지고 있는데 구체적으로 로봇에 대한 설계와 구조 그리고 로봇을 움직이게 하는 제어와 로봇 스스로 움직이게 하는 지능 등에 대한 기술을 연구한다.

로봇은 발전적인 측면에서 사람에게 힘든 일이나 위험해서 할 수 없

---

19 최용석. 2017. "'생각'만으로 조작 가능한 VR/AR콘트롤러 나오나." 《IT조선》(8월 8일).

20 김형원. 2017. "인공렌즈로 AR-VR화면 구현 기술 미(美)서 개발." 《IT조선》(8월 7일).

는 일들을 대행하기 위한 수단으로 개발된 것이 최초로서 이러한 산업용 로봇은 산업 전반에 다양한 용도로 사용되며 특히 자동차 생산라인과 반도체 생산라인에서 많이 사용되고 있다.

이러한 산업용 로봇은 자동차나 반도체를 만드는 등 임무가 한정된 공간에서 정해진 특정한 작업을 수행하기 때문에 특성상 하부를 고정시켜놓고 있다. 이와 달리 사람과 같이 주변 환경을 인식하여 판단할 수 있는 로봇을 지능형 로봇이라 하는데, 이러한 지능형 로봇들은 한정된 공간에서 특정한 작업을 수행하지 않기 때문에 고정시키지 않아서 이동이 자유롭다. 쉽게 접할 수 있고 초보적인 형태의 지능형 로봇으로 로봇청소기를 들 수 있다.

로봇청소기는 정해진 공간에서만 작업을 하는 것이 아니라 다양한 장소를 청소하면서 움직이기 때문에 주변 상황들, 특히 장애물을 센서로 인식하여 스스로 판단하고 충돌을 피할 수 있도록 제작되어 있다.

지능형 로봇들은 단계를 뛰어넘어 현재는 사람과 같이 걷고 춤도 출 수 있는 로봇과 다양한 임무를 할 수 있는 다관절 로봇 등도 개발되고 있다. 이러한 다관절 로봇들은 정교한 조립과 은반 및 적재도 가능한 강력한 성능을 가지고 있어서 상품의 이동과 취급 그리고 조립과 다양한 제조 공정에서 사용이 가능하다.[21]

2025년에는 다양한 산업용 로봇들의 개발로 인하여 글로벌 로봇 시

---

21 조상록. 2017. "[2017 한국기계전] 하이윈코퍼레이션, SCARA 로봇과 다관절 로봇, 모터 등 다양한 제품 소개." *Hellot*(10월 26일).

장이 338억 달러로 2016년 대비 3배 정도 더 성장할 것이라고 한다.

이러한 성장의 주축은 자동차 등을 제작할 때 사용되었던 대형 산업용 금속 팔이 아니라 작고 협업적이며 지각이 뛰어난 제조 로봇이 주역이 될 것이라고 하는데 그 이유는 협동 로봇은 크기가 작기 때문에 사람들과 함께 안전하게 작업이 가능하기 때문이다.[22]

로봇의 개발 목표는 최종적으로는 사람과 같이 보고, 듣고, 느낄 수 있는 다양한 센서들을 통해 로봇 스스로 정보를 파악하고 판단하여 인간과 같은 사고력을 가질 수 있도록 하는 것이다.

그래서 현재처럼 로봇이 단순히 산업현장에서만 사용되는 것이 아니라 인간들이 하기 힘든 재난 구조 임무나 우주에서의 탐사활동 등 다양한 일들을 대신해서 수행할 수 있도록 하는 것이다.

재난 구조 임무는 업무의 특성상 인간들이 하기 힘들며, 사람의 손처럼 정교하게 움직이는 로봇 팔이 달려 있어야 하는 것이 특징이다. 로봇 팔은 웨어러블 골격 조종 시스템에 의하여 움직이는데, 조종사가 조종석의 웨어러블 골격에 양 팔을 끼운 후 어깨와 팔을 움직이면 이러한 움직임이 로봇 팔과 연결된 케이블과 모터에 연동되어서 로봇 팔이 움직인다.

그리고 사람처럼 로봇이 두발로 걷는 것은 매우 힘든 일이다. 특히 로봇이 커질수록 흔들리는 보폭이 커서 균형을 잡기가 더욱 어려워져

---

22 조인혜. 2017. "2025년 산업용 로봇 시장, 작년 대비 3배 성장." 《로봇신문》(7월 4일).

두발로 걷는 것은 매우 어려운 일이다. 따라서 로봇이 이족 보행이 가능하게 하기 위해서는 몸 전체에 많은 모터들이 달려 있어서 발을 움직일 때마다 모터들이 빠르게 회전하면서 앞쪽으로 기울일 수 있는 몸의 균형을 유지시켜야 하고, 많은 초강력 모터들과 기울기 센서를 설치하여 이족 보행을 가능하게 해야 한다.

또한 실제로 로봇을 이용하여 인간이 생존을 하며 직접 임무나 과학탐사 등을 할 수 없는 공간인 우주에서 화성 탐사 로봇 '큐리오시티(Curiosity)'가 임무를 수행하고 있는데, '큐리오시티'는 2012년 8월 화성에 착륙한 이후 화성을 이동하면서 주변 환경을 촬영하는 등 다양한 탐사를 하고 있다.

이러한 로봇의 활동과 연동하여 '구글'은 '큐리오시티(Curiosity)'가 연구 및 촬영한 데이터를 이용하여 화성 지표면의 3D 모델을 스트리트뷰 방식으로 구성한 '액세스 마스(Access Mars)' 웹서비스를 하고 있다. 미국 나사의 제트 추진 연구소(JPL)는 '큐리오시티'를 통해 화성 지표면을 3D 모델로 만든 바 있으며, 앞으로 계속하여 JPL 측이 화성 데이터를 추가한다고 하는 바 구글의 '액세스 마스'가 지원하는 화성관련 콘텐츠는 지속하여 늘어날 것으로 보인다.[23]

이렇게 모바일을 이용한 다양한 콘텐츠들이 있는데, '한국언론진흥재단'이 2016년 9월에 실시한 조사에서 한국인의 뉴스 이용 정도를 확

23 이도원. 2017. "구글 스트리트 뷰, 화성까지 본다… 탐사 로봇 데이터 활용." ZDNet Korea(10월 25일).

인한 결과, 모바일 이용자가 가장 자주 이용하는 서비스 2위가 뉴스(59.9%)여서 우리가 쉽게 접하고 사용하고 있는 '사회관계망 서비스(SNS)' 이용도(55.3%)보다 높았다고 한다.

이와 같이 한국의 소비자는 모바일 등을 통해 뉴스를 자주 접하고 있으며, 뉴스 생산 및 공급 시에도 첨단기술을 사용하고 있다. 즉 멀지 않은 미래에 공급측면에서 첨단기술과 결합된 가상현실(VR, virtual reality), 인공지능(AI, artificial intelligence), 드론(drone) 등의 첨단 기술(tech)과 결합된 테크 저널리즘의 시대가 될 수 있는 기반이 이미 조성되고 있다는 것을 확인할 수 있다.

그리고 기자가 취재한 뉴스를 기반으로 가상현실을 구성하면 시청자가 가상현실 기기를 이용하여 사건현장을 직접 체험하거나 360도 장소의 전체를 직접 확인할 수 있는 형태의 VR 저널리즘도 발전할 수 있을 것이다.

그러나 VR 저널리즘은 현장을 직접 볼 수 있기 때문에 생생함을 느낄 수 있으나 현장만 그대로 보여줘 취재 기자의 의도가 반영되지 않는다는 단점이 있을 수 있다. 이러한 단점을 보완하기 위해서 라디오처럼 VR 저널리즘을 시청하는 동안 기자가 취재한 뉴스를 방송하는 것이 도움이 될 것이다.

인공지능 소프트웨어는 중요한 데이터를 파악하고 기사 작성 원칙에 따라 기사를 작성하는데, 대표적인 인공지능 기자인 '워드스미스(Wordsmith)'는 1주일에 기사를 500만 개나 쓸 수 있다. 그러나 이렇게 짧은 시간에 많은 기사를 작성하는 것은 기계적인 기사들이 주를 이룰 수

있다는 우려가 있다.[24]

'워드스미스'는 빠른 시간 내에 기사를 작성하기 위해 빅데이터를 이용하여 정보를 취합한다.[25] 이러한 빅데이터는 데이터의 종류가 다양해져서 사람들의 행동을 파악할 수 있고 활동했던 위치정보와 다른 사람과 주고받았던 SNS를 통해서 빅데이터로 분석한 사람의 생각과 의견까지 예측할 수 있다. '워드스미스'는 그러한 다양한 데이터를 분석할 수 있는 능력을 가지고 있으면서 같은 데이터를 가지고 바라보는 시각에 따라 다른 기사를 작성할 수 있다고 한다.[26]

즉 '워드스미스'는 사건을 바라보는 시각을 선택할 수 있고, 추가적인 사실도 덧붙여서 문장을 구성할 수도 있다. 실제로 미국의 AP통신에서는 속보나 기업 실적 보도 등에 대해 '워드스미스'의 자동화 기술을 적용해 신속한 기사를 작성하고 있으며, '야후'의 스포츠 페이지에서도 로봇 기자가 작성한 기사들을 볼 수 있다고 한다.

그리고 기술적 측면에서 드론을 이용한 취재도 활용되고 있다. 그러나 드론은 위험한 장소를 촬영하는 데 유용하지만 개인 주택 등 사적인 공간에 몰래 침투하여 촬영할 수 있기 때문에 사생활 침해 논란이 발생할 수 있다는 단점이 있다.

---

24 미국 로봇 저널리즘 전문 벤처기업 오토메이티드 인사이트(Automated Insights)사에서 개발한 로봇기자.

25 BIPLAB GHOSH. 2017. "7 Amazing applications of artificial intelligence in business." *knowstartup*(9월 27일).

26 EMILY REYNOLDS. 2015. "Wordsmith's 'robot journalist' has been unleashed." Wired.co.uk(10월 20일).

이러한 단점에도 불구하고 드론과 같이 스스로 움직이는 무인운송수단은 우리의 꿈이다. 이러한 자율주행 무인운송수단이 현실이 되기 위한 핵심 기능은 스스로 움직이는 시스템과 이를 뒷받침해줄 수 있는 이동통로(도로) 그리고 교통 법규 등일 것이다.

구체적으로 자율주행차량이라고 한다면 차량이 스스로 움직이기 위해서는 차량이 물체를 인식하고 이를 통해 실시간 파악한 데이터를 바탕으로 차가 갈 건지 멈출 건지를 판단 및 제어하는 시스템이 구축되어야 하고, 그 다음으로 차량 바깥의 상황을 정확하게 인식할 수 있도록 레이저나 전자파를 쏘아 돌아오는 속도를 계산하는 방법으로 전방물체를 인식하는 라이더(레이저와 스캐너를 통합한 센서)와 옆에서 다가오는 물체를 인식하는 레이더 등의 센서가 있어야 할 것이다. 그리고 자율주행차량이 정확하게 도로의 상태를 확인할 수 있는 적합한 도로환경과 해킹을 막기 위한 보안 시스템 구축, 마지막으로 운전자가 없는 차량이 도로에서 운행이 가능하도록 도로교통법의 개정 등이 있어야 할 것이다.[27]

따라서 기존 자동차는 엔진이 생명이지만 자율주행차는 센서를 제어하는 반도체칩과 소프트웨어가 중요해진다. 자율주행차들이 인터넷과 연결되면 커넥티드(connected)카이자 스마트(smart)카가 되는 것이다.[28] 따라서 자율주행차량은 움직이는 스마트폰이 될 수 있다는 점에

---

27 김민구. 2017. "[단독] 경기도産 '무인버스' 12월 중 판교서 첫 운행." 《국제뉴스》(10월 26일).

28 성용희. 2017. "광주, 미디어아트 그리고 4차 산업혁명·인간×기계 시스템." 《무등일

서 전 세계의 대기업들이 주목하고 있으며, 이러한 이유로 기존의 자동차회사 뿐만 아니라 삼성전자와 구글 그리고 인텔 등의 전자와 IT회사들도 첨단 정보통신기술 자율주행차 기술 개발에 경쟁적으로 뛰어들고 있다.[29]

이러한 전 세계 기업들의 경쟁과 관련해 미국에서는 구글이 개발한 무인 자동차가 시험 운전면허를 취득했고, 일본에서는 운전자의 조작 없이도 자동차가 자동 주행하는 고속도로를 2020년까지 완공할 계획이라고 한다.

인텔은 자율주행자동차 칩 솔루션을 미래 신 성장 동력으로 선정하여, 자율주행차 하드웨어와 소프트웨어 개발 플랫폼 '고(GO)'와 설계를 변경할 수 있는 반도체인 FPGA(아리아10) 그리고 최신 모뎀과 무선주파수(RF) 칩을 공급하고 있다.

이제 자동차 업체는 인텔 '고'를 이용할 경우 자율주행에 필요한 각종 기능을 구현할 수 있고, 기능 개발 단계 및 시제품을 만들 때에는 설계를 변경할 수 있는 반도체인 FPGA(아리아10)를 붙여서 사용할 수 있으며, 또한 최신 모뎀과 무선주파수(RF) 칩을 혼용 탑재하면 5세대(5G) 통신 기술을 활용한 각종 기능 구현 테스트도 할 수 있는 등 인텔의 제품들을 이용하여 유연한 개발 환경에서 자동차 제품을 개발할 수 있게 된 것이다.[30]

보》(10월 26일).

29 김동호. 2017. "자동차의 빅뱅 … 자율주행차는 '바퀴 달린 스마트폰'." 《중앙일보》(7월 24일).

그리고 인텔은 비전 프로세싱 기술이면서 높은 인식률과 저전력 특성을 장점으로 하는 '아이큐5'도 공급하고 있는데, 자율주행자동차 업체에서는 '아이큐5'를 이용하여 카메라센서로 들어온 영상을 기반으로 차선을 인식하거나 앞 차와의 거리를 인지할 수 있어서 자율 주행 기능을 구현할 수 있게 되었다.[31]

그리고 인텔, 퀄컴, 노키아, 아우디, BMW, 피아트, 크라이슬러 등이 참여해 2016년 9월에 결성된 글로벌 5G 자동차협회는 자율주행을 위한 '커넥티드카' 환경을 위해 5G 통신 인프라에 자율주행과 관련된 기술을 제공하고 있는데, 그 이유는 5G는 지연 시간이 짧은 통신 기술(통신이 끊어지지 않고 계속 유지)로서 자율주행차가 하루 평균 생성하는 카메라, 레이더, 라이더 등 각종 데이터는 약 4테라바이트(TB)에 이르기 때문에 원활한 자율주행이 가능하려면 지금보다 통신 속도가 더 빨라져야 하며, 이를 위해서 5G 통신 인프라가 구축되어야 하기 때문이라고 한다.

만약 5G가 상용화된다면 현재 4G '롱텀에벌루션(LTE)'보다 600배 이상 빠른 속도로 초당 10GB의 데이터를 주고받을 수 있다. 5G는 특히 지연 시간이 매우 짧은 것이 장점인데 자율주행차량에서는 순간을 놓칠 경우 운전자의 안전을 위협받을 수 있기 때문에 지연시간이 짧은 5G는 자율주행차량에 있어서 필수기술이라고 한다.[32]

---

30 한주엽. 2017. "자율주행차 '인텔 인사이드'." 《전자신문》(6월 15일).

31 김문기. 2017. "자율주행차 반도체, 스마트폰比 '1천배'." 《아이뉴스24》(8월 28일).

32 한주엽. 2017. "5G 통신, 자율주행차 현실화 기술." 《전자신문》(6월 15일).

이러한 다양한 자동차와 관련된 기술개발만큼 중요한 것은 자율주행 차량을 지원하기 위한 고정밀 지도 개발이다. 이를 위해서 차로의 형상(위치), 노면마크, 폭, 곡률, 경사정보, 신호등, 표지판 등을 포함하고, 또한 차선 유지와 변경, 차로 합류와 분기 변경 등 자율주행 안내정보는 물론 차량에 연결된 측위 시스템과 DCU(Domain Control Unit, 통합자율주행 제어장치) 등 지도 전송을 위한 표준화된 인터페이스를 개발해야 한다.[33]

그리고 자율주행과 관련한 보안기술의 강화차원에서 대기업들은 양자 암호를 개발하고 있다. 왜냐하면 자율주행자동차나 무인기, 드론 등이 해킹당할 경우 국가안보와 인간의 목숨까지 위협받을 수 있기 때문이다. 현재의 암호들은 양자컴퓨터가 개발될 경우에 몇 시간 만에 풀 수 있게 될 가능성이 높아지기 때문이다.

이러한 이유로 양자컴퓨터에 대응할 수 있는 양자암호의 개발이 필요하고, 양자암호는 송수신자 외에 제3자가 외부에서 침입할 경우 그 순간 암호가 변질되는 특성이 있어서 해킹을 원천적으로 어렵게 하는 장점이 있으나 일반적으로 양자 난수 생성기는 크기가 매우 크고 가격대가 높아서 자율주행차나 드론 등에 손쉽게 탑재가 불가능하다는 단점이 있다.

이렇게 자율주행은 정말 편리한 기능이나 양자암호를 개발하는 등

---

33 정치연. 2017. "맵퍼스, 자율주행 위한 '고정밀 지도'구축 국책과제 수행." 《IT조선》 (6월 14일).

자율주행 하는 자동차나 비행기 등이 안전하다고 볼 수 있을까에 대해서는 의심이 된다. 왜냐하면 자동차들이 아주 많은 전자 제어장치와 인터넷 연결 장치로 이루어져 있어서 자동차도 해킹이라는 사이버범죄에 노출되어 있기 때문이다.

이와 관련 자동차 제조회사들은 사이버 보안 전문가들을 채용하여 차량 설계 초기 단계부터 사이버 보안을 고려하도록 개발 프로세스를 설계하고 있다. 그러나 자동차와 인터넷의 연결이 확대되면서 해킹에 노출될 가능성은 더욱 높아졌고 침입을 사전에 차단하기는 매우 어려워졌다.[34]

3. 4차 산업혁명 기술과 관련된 양면성

시장조사 업체인 '스트래티지애널리틱스(SA)'에 의하면 2035년 후를 기준으로 완전한 자율주행차 시대가 열릴 것이라고 한다. 미국 도로교통안전국의 기준으로 현재는 수준이 레벨 0~2 수준이라면 자동차가 인지, 제어, 책임까지 담당하는 레벨 4 수준의 차량들이 전체 차량의 50% 이상이 되는 시기는 2035년 이후에야 가능하다는 것이다.[35]

---

34 강신. 2017. "해커가 내 차 엔진 멋대로 켜고 끌 수 있다."《서울신문》(10월 7일).

35 한주엽. 2017. "자율주행차가 만드는 새로운 '승객경제' 효과에 주목."《전자신문》(6월 15일).

이러한 꿈같은 일이 현실이 되기 위해서는 앞에 언급한 것처럼 자동차와 인터넷이 연결될 때 발생되는 다양한 위험 요소들을 제거해야 할 것이다. 각 자동차를 제작할 때 자동차의 운행과 관련되는 주요 기능을 제어하는 전자제어 장치인 ECU(Electronic Control Unit)가 포함되어 있고 이런 ECU 외에 앞으로 등장할 '스마트카'에는 자율 주행을 위한 더욱 많은 전자기기들이 포함될 가능성이 높다. 그리고 이렇게 컴퓨터 시스템에 의해 통제되는 자동차 ECU 장치 등에 악성코드를 침투시켜 오작동을 유발시킬 경우 심각한 사고가 발생할 수 있기 때문이다.

또한 컴퓨터에 설치된 프로그램을 업데이트하는 것과 같이 정비업소에서 어떠한 방식이든 차량의 각종 제어 프로그램을 변경할 수도 있을 것이다. 그리고 스마트카가 스스로 운전하게 된다면, 프로그램의 버그와 고의적인 오동작이 문제가 될 수도 있다. 잘못된 프로그램 버그는 사고 전에는 수정할 수 있겠지만, 만약 수정이 안 된 잘못된 프로그램으로 인하여 사고가 나거나, 고의적으로 누군가가 해킹과 악성코드 등을 다른 사람의 차량에 입력시킨다면 더 큰 문제가 될 수 있다.

차량의 자동제어 시스템뿐만 아니라 외부에서 정보를 받아 차량을 운행하는 자율주행 차량의 경우 만약 외부로부터 오는 정보가 해킹으로 인하여 주변에 차나 사람의 존재 유무를 왜곡시키거나, 차량의 속도 제한 사항에 대한 정보를 주지 않는다면 심각한 위협이 될 것이다. 또한 자동차 내부의 차량 통제장치들을 해킹하여 교란시키거나 차량의 오디오 시스템 또는 내비게이션 시스템을 업그레이드 할 수 있는 연결책을 이용하여 자동차를 해킹할 수도 있다. 이렇게 자동차에 포함되는 컴퓨터의 종류가 늘어나고 그 역할이 많아질수록 해킹 위험은 더 커질 수 있는 것이다.

그러므로 자동차에 대한 해킹은 더 이상 영화 속의 이야기가 아니며 자동차에 대한 정보보안의 중요성은 이제 현실이 되고 있고, 삶의 일부가 되어버린 자동차는 사람의 생명과 밀접한 관계가 되기 때문에 자동차 등 자율주행(무인운송)장치에 대한 해킹은 매우 심각한 문제인 것이다.

그리고 드론이나 무인기는 기체가 고장이 날 경우 낙하할 수 있는 위험이 높으며 고의로 드론이나 무인기를 사람들이 많이 왕래하는 곳에 낙하하고 이것에 폭발물 같은 것을 동시에 사용할 경우 매우 심각한 위협이 될 수 있을 것이다.

또한 드론과 무인기에는 폭탄뿐만 아니라 화학무기도 탑재가 가능하고 비행을 통한 정보 수집을 할 수도 있다. 실례로 북한의 무인기가 사드가 배치된 기지를 5시간 33분 동안 비행했다는 언론 보도도 있었으며, 이 무인기는 시속 90킬로의 속도로 약 490킬로를 비행했다고 한다.[36] 그리고 2016년 8월 22~23일에도 북한은 무인기를 강원도 화천으로 보내는 등 군사분계선(MDL)을 5차례나 왕래했다고 한다.[37]

이러한 북한의 무인기는 예전에는 약 300킬로 정도 비행했다면 기술이 진전되어 500킬로까지 비행이 가능하다고 한다. 이 무인기는 쌍발

36 김법혜. 2017. "북한 무인기가 우리 방공망을 뚫었다."《충청일보》(6월 23일).
37 양욱. 2017. "북한의 무인기 도발이 남긴 것."《IT조선》(6월 24일).

엔진으로 정찰을 위한 카메라뿐만 아니라 폭탄장착도 가능하다고 하는 바 이에 대한 대책이 필요할 것으로 판단된다.

국방부는 2014년 북한의 무인기에 대한 대책으로 저고도 탐지 레이더 장비 확충 및 헬리콥터와 벌컨포로 요격하겠다고 했다. 그러나 이러한 형식적인 대책이 아닌 실질적으로 무인기와 드론의 위협으로부터 보호할 수 있는 조직을 만들어서 무인기와 드론을 사냥할 수 있는 그물포획이나 고출력 전자기파를 이용하는 방법 등 다양한 방법과 기술을 연구 개발해야 할 것이다.[38]

미국은 무인기를 상대하기에 적합한 EAPS ID라는 스마트 포탄을 실험하고 있다고 한다. 이 스마트 포탄은 적의 위치를 파악한 레이더의 목표에 대한 방위 제공으로 목표의 위치를 파악한 50㎜포대에서 탄환을 발사하면 적의 위치를 파악하고 있던 복합 레이더 시스템의 컴퓨터가 레이저 빔 가이드를 통해 비행 방향을 지시하고 포탄은 공중에서 항로를 바꿔가며 목표로 날아드는 유도방식이다.

또한 미국의 한 비영리 연구기관은 보병이 휴대하고 다니는 M-16 소총과 모양이 흡사한 무인기를 격추할 수 있는 총을 개발했는데, 이 총의 원리는 재밍(jamming: 전파방해) 기술을 응용하여 드론을 향해 전파를 발사해 드론 등이 비행 중 조종과 교신을 위해 사용하는 주파수와 위성항법장치(GPS)를 일시적으로 마비시켜서 지상으로 강제 착륙시

38 전종선. 2017. "'취재파일K' 북한 무인기 도발, 신종 안보위협 '드론' 막을 방법은?" 《서울경제》(7월 16일).

킨다는 것이다.

미국과 일본 등 세계 각국에서 이러한 반(反)무인기 기술을 개발하고 있는 이유는 드론 등 무인기 기술이 급격히 발달하고 있고, 드론 또는 무인기의 공격 가능성이 있어서 각국에서는 무인기에 대항하기 위한 수단이 필요하기 때문일 것이다.[39]

성능이나 용도는 다르지만 현재 모든 국가가 드론 또는 무인기를 보유하고 있기 때문에 국가의 안보차원에서 위협이 되는 상황으로 로켓이나 대포 그리고 박격포 등 다양한 방어체계를 이용하여 드론 또는 무인기에 대항할 무기를 확보해야 하는 시점이 된 것이다.

4. 4차 산업혁명 기술을 이용한 사이버범죄(테러) 실태

무인운송수단에 의한 해킹 위협과 함께 4차 산업혁명 기술의 핵심인 IT융합을 이용한 다양한 악성코드 등을 이용한 사이버범죄(테러)가 행해지고 있는데 악성코드 등의 '맬웨어(malware)'는 악성 소프트웨어를 총칭하는 말로서 그 기능과 목적에 따라서 바이러스, 트로이목마, 스파이웨어, 논리 폭탄 등으로 크게 분류한다.[40]

---

39 방승언. 2015. "미군, '무인기 사냥꾼' 스마트 포탄 실험 나서." 《나우뉴스》(7월 29일).

40 이승우. 2017. "진화하는 변종 악성코드…'AI 백신'으로 막는다." 《한국경제》(10월 26

이러한 '맬웨어'는 종류에 따라서 스스로 복제할 줄 알면서 다른 프로그램 내에 숨어있다가 자가 복제 때 트래픽을 많이 소모시키기 때문에 시스템이나 네트워크가 느려지는 특징을 가지고 있는 '바이러스'와 정상 소프트웨어처럼 보이나 사용자 몰래 프로그래머가 고의로 포함시킨 '트로이목마' 그리고 사용자가 컴퓨터로 하는 모든 일들을 감시하고 기록하여 상대방의 정보수집이 목적인 '스파이웨어'가 있으며, '논리 폭탄'은 장기간 시스템에 잠복해 있다가 날짜와 시간 등의 특정 조건이 맞춰지면 각종 악의적인 행위를 하는 소프트웨어로 시스템 내의 파일을 삭제하거나 환경설정을 변경하는 등의 행위를 하는데 이러한 '맬웨어'는 감염경로가 다양하고 모든 웹사이트에서 감염이 가능하다는 특징이 있다.[41]

또한 다양한 증상별로 분류할 수 있는 대표적인 사이버범죄 행위들로는 웜 바이러스 공격, 디도스 공격, 랜섬웨어, 트로이목마, 홈페이지 해킹 등이다.

'웜 바이러스'는 컴퓨터를 강제로 종료시키거나 화면을 마음대로 움직이는 등 컴퓨터를 해커가 마음대로 조종할 수 있으며, 공격을 받은 사람의 이메일을 받은 사람들도 같은 증상으로 컴퓨터가 감염된다는 것이다.[42] 이러한 '웜 바이러스'는 복제 능력이 매우 빨라서 외국에서 발

일).

41 김경애. 2017. "유명 웹하드 사이트, 무려 1년간 파밍 악성코드 유포했다." 《보안뉴스》(11월 5일).

42 변상근. 2017. "3분기, 악성코드 중 랜섬웨어 77% 차지 … 랜섬웨어 창궐 원년." 《전

견된 지 몇 시간도 지나지 않아 한국에서도 발견될 정도로 전염성이 매우 빠른데 그 이유는 이메일이나 메신저에 숨어있어서 전 세계로 빠르게 퍼질 수 있기 때문이다.[43]

그리고 '디도스 공격'이 있다. '디도스 공격'은 미리 이메일이나 악성 프로그램 등으로 다른 사람들의 컴퓨터를 감염시킨 후에 원격으로 동시에 특정 웹사이트에 접속하여 서버를 마비시켜서 크나큰 불편과 손실을 발생시키는 것을 말하는데, 이러한 디도스 공격은 자료를 유출하거나 삭제시키는 것이 아니라 단순히 서버를 일시적으로 마비시키는 것이다.[44]

이러한 다양한 악성코드 중에서 2005년부터 본격적으로 알려지기 시작한 악성코드인 '랜섬웨어'는 '몸값'(Ransom)과 '소프트웨어'(Software)의 합성어이다.[45] '랜섬웨어'는 시스템을 잠그거나 데이터를 암호화해 사용할 수 없도록 만든 뒤, 이를 인질로 금전을 요구하는 악성 프로그램을 일컫는다.

'랜섬웨어'는 2005년부터 알려지기 시작해, 2013년 들어 전 세계적으로 급증하고 있으며, '랜섬웨어' 공격을 받은 공공기관, 기업, 개인 PC 등이 매년 늘어나고 최근에도 계속 진화 중인 추세이다. 이렇게 계

자신문》(11월 1일).

43 Chloe Dobinson. 2017. "온라인 보안을 강화하는 6가지 방법." *ciokorea*(11월 7일).

44 성지은. 2017. "IoT 기기 통한 대규모 디도스 공격 몰려온다." 《아이뉴스 24》(11월 1일).

45 조광엽. 2017. "컴퓨터 속 인질범 '랜섬웨어'." 《국제뉴스》(11월 8일).

속 진화 중인 이유는 과거에는 주로 사용자 PC 파일을 암호화하거나 컴퓨터를 사용하지 못하도록 암호를 걸어놓는 식이었으며, 공격자가 걸어놓은 암호화 수준도 낮아 암호를 다시 풀 수 있는 '복호화' 방법을 통해 쉽게 데이터를 복구할 수 있었다. 그러나 가상화폐인 '비트코인'이 등장하여 익명으로 돈을 전 세계 어디에서나 받을 수 있는 시스템이 되자 2013년 하반기에 강력한 암호화 알고리즘으로 파일을 암호화하고 돈을 요구하는 랜섬웨어 '크립토락커'까지 등장하면서 상황이 달라지기 시작한 것이다.[46]

이와 관련한 피해 사례를 살펴보면 2017년 6월 27일 우크라이나, 영국, 러시아 등 유럽 지역에서 '페트야(Petya)' 랜섬웨어 피해가 잇따라 발생했다. 이 '페트야' 랜섬웨어는 2017년 5월 초 전 세계 150여 개국에 피해를 입혔던 마이크로소프트의 '서버 메시지 블록(SMB)'의 취약점을 이용한 공격인 '워너크립터(WannaCryptor)' 랜섬웨어와 동일한 취약점을 이용하였다.[47] 특히 이 '페트야' 변종은 파일만 암호화하는 것이 아니라 감염된 시스템의 부팅을 불가능하게 해 더 큰 충격을 주었다. 이 감염으로 인하여 병원, 통신사, 배송회사, 제조사, 공공기관 등 전 분야에서 피해가 발생하였으며, 공격자가 피해자에게 피해복구를 위한 금품을 요구할 때 익명성을 위해서 비트코인을 요구하게 되었다.

랜섬웨어와 악성코드 사고 등 많은 대기업들과 중소기업들은 보안사

---

46 성지은. 2017. "끊이지 않는 랜섬웨어 피해." 《아이뉴스 24》(11월 8일).

47 김인순. 2017. "이슈분석, 라자루스와 쉐도브로커스의 관계는?" 《전자신문》(5월 29일).

고에 취약하다. 그나마 대기업들은 자체 정보보호 인력을 유지하고 있어서 사후에라도 피해 유무를 확인할 수 있지만 중소기업들의 실태는 자신들이 보안사고를 당했는지도 모를 정도로 매우 취약하다.[48] 설사 회사의 규모가 커져도 회사 내에 자체 정보보호 인력을 유지한다거나 최고정보담당자(CIO)나 최고정보보호책임자(CSO)를 둔 곳은 극히 드물다. 거의 회사의 간부가 자신의 업무에 병행하여 보안을 담당하고 있는 것이 현실인 것이다. 이러한 회사 대표의 낮은 보안의식은 회사의 규모나 매출 그리고 회사 인원과는 상관이 없다는 점이다.

왜냐하면 법원의 판결에 의한 낮은 피해보상으로 기업의 입장에서는 큰돈을 들여서 보안을 신경 쓰는 것보다는 사고가 터진 후에 그에 대한 피해보상을 해주는 것이 훨씬 경제적으로 이익이 될 수 있다고 판단했기 때문일 것이다.[49]

그러나 심각히 고려해야 할 사안은 과거의 중소업체들은 제조업 위주로 정보를 취급하는 양이 소규모였으나, 2018년에는 온라인과 오프라인을 연계하여 모바일을 기반으로 하는 업체가 많다 보니 규모에 비하여 취급하는 정보는 많다는 점이다. 과거에는 개인정보를 다루고 있는 대형 인터넷 업체나 은행과 카드사가 보안사고의 대상이었다면 2018년에는 온라인에서 거래를 하는 중소업체도 보안사고가 나면 대형 참

---

48 이석호. 2017. “급변하는 위협, 통합 보안 체계 구축이 해결책.” 《전자신문》(11월 7일).

49 최종희. 2017. “이슈분석, 개인정보 유출사건 어떻게 처리됐나?” 《전자신문》(5월 23일).

사로 이어지게 되었다.

그리고 기업입장에서 더욱 심각하게 보안에 대해 생각해야 하는 이유는 2016년 개인정보보호법이 개정되었기 때문이다. 과거에는 기업의 기술 잘못까지 일반 소비자가 입증을 해야 했으나 이제는 정보 유출 사실만으로 법원이 최고 300만 원까지 손해배상을 인정할 수 있으며, 만약 기업의 고의 및 중과실이 발견될 경우에는 손해액의 3배까지 배상금을 늘릴 수 있는 제도가 추가된 것이다.[50]

또한 2017년 6월 14일 국내의 도메인 등록대행 업무를 수행한 웹사이트 호스팅 업체가 랜섬웨어 사고와 관련해 해커와 암호화된 서버의 복호화 비용으로 거액의 비트코인(약 13억 원 정도)을 지급한 실례도 있다. 평상시 보안을 소홀히 한 책임 때문에 랜섬웨어의 공격으로 사업에 막대한 차질을 빚게 된 것이다.[51]

2017년 6월 27일 우크라이나, 영국, 러시아 등 유럽 지역에서 '페트야(Petya)' 랜섬웨어 피해가 잇따라 발생하였고, 사이버를 이용해 러시아가 미국의 대선에 개입했다는 뉴스도 전해지고 있다.

또한 '쉐도브로커스'라는 조직은 2013년 NSA(미 국가안보국)를 해킹하여 사이버무기를 탈취하였고, '시스코' 라우터와 '마이크로소프트' 윈도, '리눅스' 메일 서버 주요 취약점을 노출해 해당 회사의 고객을 혼란에 빠뜨리는 사건까지 발생하였다.[52]

---

50 최종희. 2017. "이슈분석, 개인정보 유출사건 어떻게 처리됐나?" 《전자신문》(5월 23일).

51 변상근. 2017. "랜섬웨어 피해, 정부가 할 일은?" 《전자신문》(6월 18일).

그리고 2016년 9월에 최초 발견된 후 2017년 2월에 2차로 나타난 '에레부스' 랜섬웨어는 비인가된 사용자가 시스템에 접근할 수 없게 하는 윈도 기능인 UAC(사용자 계정관리)를 우회하는 기능을 추가하여 서버들을 감염시켰으며, 이렇게 발생된 '에레부스' 랜섬웨어가 피해를 크게 준 이유는 리눅스 서버를 감염시키면서 일반 PC뿐만 아니라 서버를 감염시켰기 때문이다.[53]

또 다른 부작용으로 최근 홈캠(Home Camera)을 해킹하는 등 사물인터넷 장비와 가정용 CCTV 등을 이용한 사생활 노출 사건이 자주 발생하고 있다.

가전제품에 대한 해킹이 빈번히 이루어지고 있는데, 도어락과 스마트홈 시스템도 해킹되고 있다.[54] 또한 프린터기와 POS(point of sales, 판매시점 정보관리시스템)기에 대한 해킹도 이루어지고 있다. 이러한 해킹의 진원지는 스마트 가전제품이 될 수 있으며, 2016년 기준으로 일본에서는 1억2천6백만 건의 사고가 났다.[55] 그래서 이와 같은 스마트 기기에 대한 보안 취약은 최근에 심각한 인권침해 문제가 되고 있다.

그러나 스마트 가전제품에 대한 해킹대응책은 미비하기 때문에 인공지능을 기반으로 한 보안소프트웨어 개발 및 악성코드 차단기술, 그리

---

52 김인순. 2017. "'라자루스와 쉐도브로커스의 관계는?"《전자신문》(5월 29일).
53 김인순. 2017. "'에레부스 랜섬웨어 감염 과정은?"《전자신문》(6월 18일).
54 조은아. 2017. "해커 침입에 도어락 스르륵… 'IoT 해킹' 비상등."《머니투데이방송》(8월 3일).
55 차정인. 2017. ""집 안을 훤히" 가정용 CCTV 해킹 비상."《KBS》(5월 1일).

고 의심되는 악성코드에 대한 실시간 대응이 절대적으로 필요하다.

해킹에 대한 대응방법으로는 비밀번호를 주기적으로 변경하고, 숫자와 문자 그리고 특수기호를 혼합하며, 공공와이파이를 사용하는 것은 금지해야 하고, 각종 소프트웨어와 보안프로그램은 업데이트를 수시로 해주어야 한다. 이러한 주의에도 불구하고 공격자들은 다양한 방법들을 사용하고 있기 때문에 컴퓨터와 스마트폰을 뛰어넘어 외부와 연결할 수 있는 모든 가전기기(스마트기기)는 공격자들의 중요한 표적이 되고 있다.[56]

이처럼 많은 전자기기가 컴퓨터화되고 프로그램으로 운영되고 있어서 불행하게도 모든 소프트웨어는 잠재적으로 버그를 포함할 수 있고 설계 단계부터 보안을 고려하지 않으면 공격자들에게 더 쉽게 취약점이 노출될 수 있게 된다. 국가적으로도 사회 기반을 이루는 소프트웨어의 문제점을 진단하고 예방하기 위한 노력을 해야겠지만 기업 입장에서도 잠재적으로 발생할 수 있는 소프트웨어 문제를 해결해야 할 필요가 있다.

어쩌면 소비자들도 제품을 사용할 때마다 안전에 대해 가슴을 졸이며 써야 할 시대가 다가올 수도 있고, 보안성이 강력하다고 알려진 제품이나 장애 또는 보안 문제가 발생했을 때 빨리 대처할 수 있는 업체의 제품을 선택하는 시대가 올 지도 모르겠다.

---

56 김영은. 2017. "생활에 밀접한 '사물인터넷'…사용자 보안 방안은?" 《SBSCNBC》(8월 16일).

이러한 사이버 공격은 저비용 고효율이면서 공격의 특성상 원점을 파악하기 힘들다는 것이 특징이다.

이러한 다양한 사이버범죄(공격, 테러)에 대한 디지털 수사는 사건이 발생했을 때 현장에 투입되어 디지털 증거를 수집하고, 이를 분석해 내면서 악의적인 침입의 흔적과 활동들을 파악하여 어떠한 침해사고가 발생했는지 타임라인을 완성해 간다.[57]

디지털 포렌식(Digital Forensics)은 디지털 정보를 저장하는 모든 단말기의 정보(증거)를 복구하고 분석하는 과학수사 기법의 일종으로 의심스러운 접속, 패킷, 로그인 흔적, 시간대, 사용자, 접근 목록, 외부 통신 및 다운로드 등의 정보를 종합하여 해킹하고자 하는 목표물과 방법을 찾아가는 활동이라고 할 수 있다.

따라서 디지털 포렌식은 침해 사고의 피해를 최소화하기 위해 투입되지만 궁극적인 목적은 기업이 가지고 있는 취약점이 2차, 3차 피해로 이어지지 않게 예방하는 관점으로 봐야 한다.

그러므로 침해사고 전문가들은 해킹 주범을 파악하기 위해 사고에 사용한 악성코드를 분석하고 대조하며, 사용한 IP주소도 비교한다. 왜냐하면 공격자가 가상사설망(VPN)을 사용해 원점을 숨기는데 때로는 연결이 끊어지면서 실제 IP가 남기도 하기 때문이다.[58]

57 길민권. 2017. "랜섬웨어 워너크라이 분석 스페셜 리포트 공개돼." 《데일리시큐》(10월 15일).

58 Ryan Francis. 2017. "사고 대응 계획이 마련돼 있습니까? 수립 원칙 9가지." *ciokorea*(3월 21일).

실례로 모스크바에 기반을 두고 미국을 비롯한 전 세계 정부들과 계약을 맺고 있는 최고의 사이버 보안 회사인 '카스퍼스키 랩'은 2016년 방글라데시 중앙은행에서 8100만 달러를 불법 인출하는 세기의 사이버 은행 강도짓과 관련한 해킹조사 중 북한 IP접속을 발견했다고 했다.[59]

'라자러스 그룹(Lazarus Group)'이라는 해커 집단은 방글라데시 해킹 사건 등 일련의 해킹 사건의 배후로 거론되고 있는데 '카스퍼스키 랩(Kaspersky Lab)'은 이 '라자러스 그룹(Lazarus Group)'이 유럽에서 해킹을 시도하면서 서버의 로그를 삭제하는 데 실패하는 심각한 실수를 한 것이다. 아주 짧은 인터넷 접속이지만 최근 국내외 사이버 공격에 북한이 연계되었다는 결정적인 증거를 남긴 것이다.[60] 이 IP 주소는 '라자러스 그룹'이 북한과 연계되어 있다는 것을 보여주는 증거로서 '카스퍼스키 랩'은 2014년 '소니' 해킹에 사용된 컴퓨터가 이해하는 언어로 명령문을 만든 '코딩 기술'과 은행 해킹에 사용된 것 사이에 유사성이 있어서 소니 해킹 사건 당시에 미국 정부가 북한의 소행이라고 주장한 것을 뒷받침 할 수 있었다.[61]

이렇게 사이버수사기관이나 보안업체들은 만약 새로운 악성코드가

---

59 ALFRED NG. 2017. "How Kaspersky Lab got on the US government's bad side." *cnet*(10월 24일).

60 김인순. 2017. "세계를 노린 악질 해커 '라자루스' 실체는?" 《전자신문》(5월 29일).

61 Michael Kan. 2017. "카스퍼스키 랩 "은행 연쇄 해킹 집단, 북한 IP 사용했다." *IDG News Service*(4월 4일).

나타나면 기존 악성코드들과 유사도를 분석하여 공격자들을 식별한다. 물론 악성코드들을 사고 팔 수 있기 때문에 유사한 악성코드라고 해서 동일한 인물이 공격했다고 단정 지을 수 없다. 그렇기 때문에 추가적으로 확인할 일은 악성코드가 접속하는 명령과 제어 서버위치를 파악하는 것이다.

따라서 사이버관련 수사기관이나 보안업체들은 노출된 악성코드를 제작한 PC부터, 제작 프로그램, 소셜 네트워크 활동까지 분석할 정도로 해킹사고 관련 프로파일링이 발전하고 있는 것이다.[62]

그러나 침해를 입은 기업들이 사고조사를 받지 않고 관계기관에 신고를 하지 않는 가운데 해커에게 몸값을 주는 일이 반복되면서 피해자들이 계속해서 늘고 있다. 해커에게 거액의 비트코인을 송금하게 되면서 고액의 비즈니스 모델이 형성되게 되었고 이것이 계속 악순환이 되어 많은 기업들과 개인들이 피해를 보고 있는 것이다.

'랜섬웨어'의 공격에 단순히 시스템의 피해뿐만 아니라 중요한 데이터를 잃게 되고 일부는 데이터를 복구하기 위해 거액을 해커에게 지불한 기업들은 돈만 잃고 데이터는 복구가 되지 않은 경우도 발생하였다. 이러한 '랜섬웨어'의 피해로 중요한 업무를 보지 못하게 되면 기업의 입장에서는 생산성에 많은 타격을 받게 된다.

따라서 '랜섬웨어'를 방지하기 위해 최신 버전의 백신 프로그램을 설치하는 등 다양한 보안 장치를 이용하지만 해커들은 이러한 보안장치

---

62 김인순. 2017. "해킹공격자 식별법은?" 《전자신문》(5월 29일).

들을 우회하는 방법을 사용하기 때문에 원천적으로 해커로부터 피해를 방지하는 것은 어려운 실정이다.[63]

그리고 다양한 보안조치로 해킹 등 사이버범죄(테러)에 대비하고 있지만 다양한 해킹방법을 동원하는 해커들은 위에서 언급한 것처럼 '비트코인' 등의 디지털 화폐를 범죄수단으로 이용하고 있다.

5. 긍정적인 블록체인과 부정적 가상화폐

'비트코인'으로 대표되는 디지털 화폐는 일반적으로 사용하는 화폐와 다르게 실체가 없는 화폐이다.

'비트코인'이 대표적인 디지털 화폐이며 이밖에도 '이더리움', '대시', '라이트코인', '이더리움 클래식', '리플', '비트코인 캐시', '도치코인' 등 전 세계적으로 약 720여 개가 이용되고 있다.

'비트코인'의 아성에 대항하기 위해 가상화폐들은 보안성 또는 활용성을 강화하고 있는데, '라이트코인'은 '비트코인'의 약점인 거래처리 속도를 단축하여 약 1분 정도 소요되며, 또 다른 디지털 화폐인 '대시코인'은 거래내역에 대한 익명성을 강화하여 '비트코인'의 아성에 도전하

63 한정연. 2017. "[가상화폐 노리는 헤커들] 사회공학적 해킹에 투자자들 줄줄이 털려." 《이코노미스트》(10월 30일).

고 있다.

그리고 '이더리움'은 블록체인 기술에 전자 계약 기능인 '스마트 컨트렉트'를 추가하여 산업 활용도를 확장했으며, 이러한 '이더리움'의 '엔터프라이즈 얼라이언스'에 합류한 '삼성SDS'도 '이더리움'의 블록체인을 기반으로 솔루션을 고도화하여 국내 물류, 정보기술 등 다양한 분야에 접목을 시도하고 있다.[64]

이러한 가상화폐의 특징은 블록체인 등 다양한 보안시스템으로 통용되는데, 기존의 전자화폐나 포인트와 달리 다양한 응용과 개인과 개인 그리고 기업과 개인 사이에 자유롭고 다양한 거래가 가능하다는 점이다.[65]

한국은행과 같은 중앙기관에 돈을 비축해 놓는 등 중앙기관에 의해 관리가 필요하고 비용이 발생하는 현금 통화와 달리 돈을 비축할 필요가 없어서 관리비용이 저렴하며 거래 시 수수료가 매우 저렴한 장점이 있다. 그리고 블록체인 등의 보안프로그램을 이용하는 등 거래정보가 투명하다는 장점도 있다.

그러나 거래와 관련된 다양한 문제들이 발생하고 있어서 이에 대한 대비책이 필요하며 또한 금융 당국이 투자 과열 위험성을 경고하면서 가상화폐는 법정 화폐로 인정하지 않는다는 공식 입장과 함께 투자에

---

64 박정은. 2017. "가상화폐, 차세대 통화부터 해외송금까지 활용연구도 활발." 《전자신문》(6월 25일).

65 길재식. 2017. "가상화폐, 공유가치 창출 수단으로… 적절한 규제도 수반돼야." 《전자신문》(6월 25일).

대한 주의를 안내하기도 했다.

이 밖에도 세법과 같은 법 규제가 정비되지 않았고 거래에 대한 명확한 가이드라인이 없으며, 하루 수조원대 거래가 이루어지는 거대한 투기판이 형성되는 등 다양한 장치가 구비되지 않은 문제점도 있다.[66]

따라서 거래소 측에서 마련한 것 외에는 별다른 투자자 보호 장치가 없기 때문에 투자자에 대한 보호장치와 거래소 운영 체계의 허점을 보완하고 국내외 보이스피싱 범죄자들과 해커들에 대한 대비책을 마련해야 하며, 특히 국제 자금 결제 증가와 정보통신기술 성장은 가상통화의 사용 빈도를 더욱 높일 것으로 전망되기 때문에 정부차원의 개입이 필요할 것으로 판단된다.[67]

이러한 문제를 해결하기 위해서는 먼저 정책당국이 가상화폐의 성격에 대한 규정을 명확하게 하여, 가상화폐가 말 그대로 화폐인지 아니면 재화로 봐야할지 결정해야 할 것이다. 그래서 만약 가상화폐가 화폐라면 화폐 간 거래이기 때문에 가상화폐의 거래는 환차익에 의한 수익으로 세금을 매기지 않아도 되지만 재화로 본다면 부가가치세를 부과해야 한다.

그리고 만약 가상화폐를 화폐로 볼 경우에는 가상화폐 거래소는 금융기관에 준하는 규제를 해야 하기 때문에 하루속히 정책당국이 가상

66 길재식. 2017. "가상화폐, 공유가치 창출 수단으로… 적절한 규제도 수반돼야." 《전자신문》(6월 25일).

67 박정은. 2017. "단타 매매 집중에 거래 규모 수조 원… 투기판된 가상화폐 거래소." 《전자신문》(6월 25일).

화폐의 성격을 규정하고 이에 대한 법과 제도정비를 해야 할 것으로 판단된다.[45]

가상화폐의 핵심 보안기술인 블록체인은 제2의 인터넷이라 불릴 정도로 디지털화폐에서 가장 중요한 역할을 하고 있다.

블록체인은 네트워크에 참여하는 모든 사람들이 동일한 파일을 암호화해 나눠 가지고 있는 일종의 디지털 공공거래 장부의 역할과 해킹 보안기술 역할을 동시에 하고 있는데, 저장된 데이터를 블록 단위로 저장한 후에 체인 순서에 의해 비트코인을 사용하게 하는 것이다.

따라서 거래를 보증 또는 신뢰를 보장해 주는 한국은행과 같은 중앙기관이 없어도 참여자 간 신뢰를 바탕으로 가상화폐들은 개인 간의 거래가 가능하게 되는데, 이때 블록체인이 참여자 간 신뢰를 바탕으로 거래를 검증하고 투명성과 보안성을 확보하여 이중 지불 방지목적으로 사용되는 것이다.

한마디로 블록체인은 거래명세서가 사슬로 연결된 하나의 장부라고 생각하면 되겠다. 따라서 거래내역이 공개되고 분산되어 모든 사용자가 거래내역을 인지할 수 있으며, 거래내역이 모든 참여자에게 분산 저장되어 일부가 손실될 경우에도 복구가 가능하다. 돈거래 장부를 전 인원이 보유하고 있는 것과 같아서 일부 인원이 거래내역을 조작하는 것은 불가능하여 투명성과 안전성을 보장하게 된다.

---

68 송승환. 2017. "비트코인 수익, 세금 신고 안 해도 되나요?… 과세·규제 공백에 불안한 투자자들."《중앙일보》(7월 24일).

다양한 분야에서 블록체인이 그 역할을 하고 있는데, 전자투표, 분산(分散) 스토리지, 전자문서확인 및 신재생에너지 거래 등 수많은 분야로 뻗어나갈 수 있다는 점에서 주목해야 한다.

특히 블록체인은 모든 분야의 자산(설계도면 등)과 글로벌 업무 협업체계 구축 등을 탈중앙집권화(개방성)를 하면서도 보안성을 유지하면서 디지털화 할 수 있기 때문에 중요하다.

그러나 현재 가상화폐의 미래는 불투명하다 각 국가별로 가상화폐에 대한 명확한 기준을 완벽히 정하지 못했기 때문이다.

미국 증권거래위원회(SEC)는 신규가상화폐공개(ICO: Initial Coin Offering)와 토큰 판매 등의 가상화폐 금융 행위는 미국의 증권법으로 규제될 수 있고 등록되지 않은 신규가상화폐공개는 형사처벌 대상이 될 수 있다고 밝히면서, 분산원장(distributed ledger) 및 블록체인 기술에 기반한 가상화폐(증권)는 해당 신규가상화폐공개 및 판매 시 등록을 해야 한다고 밝혔다.[69]

중국 인민은행은 신규가상화폐공개는 불법이므로 신규가상화폐공개 모금활동을 중단해야 한다며 가상화폐 펀딩에 대한 금지를 경고했고, 영국 금융감독청(FCA)도 "신규가상화폐공개는 매우 위험하고 투기적인 것"이라고 경고했다.[70]

---

69 안소영. 2017. "증권가, 가상화폐에 '주목…월가는 경고하는데 '호평 일색'." 《조선비즈》(11월 1일).

70 김경윤. 2017. "중, "IOC는 불법" 가상화폐 펀딩에 철퇴 … 비트코인 9% 폭락." 《연합뉴스》(9월 4일).

그리고 호주 증권투자위원회(ASIC)가 신규가상화폐공개 발행인을 대상으로 지침을 발표하면서 투자자들에게도 가상화폐의 위험성을 이해하고 발생할 수 있는 사기에 주의할 것을 경고했다.

한국 금융위원회도 가상통화 관계기관 합동TF에서 신규가상화폐공개를 이용해 투자를 추진하는 유사수신행위는 투기수요의 증가에 따른 시장과열과 소비자의 피해가 확대될 수 있다는 이유로 모든 형태의 신규가상화폐공개를 금지한다고 밝혔다.[71]

일본정부는 블록체인(분산화된 공공거래장부) 기술 분야에서 주도권을 확보하여 저금리와 저출산으로 성장 동력을 잃은 금융산업에 돌파구를 마련하면서 핀테크(금융기술) 산업을 육성하기 위해 다양한 정책을 내놓았다.[72] 자금결제법을 개정하여 가상화폐를 지급결제 수단으로 공식 인정하였고 일본 정부차원에서 도쿄올림픽까지 가상화폐(J코인)를 발행하기로 하였으며, 일본 금융청은 투자시장 관리 감독 강화 및 시장 양성화 차원에서 가상화폐거래소 11곳을 정식 승인했다.

일본뿐만 아니라 싱가포르도 블록체인을 활용한 핀테크 산업을 육성하기 위해 노력하고 있으며, 조세피난처인 스위스도 가상화폐시장 유치를 적극적으로 추진하고 있다.[73]

---

71 정혜민. 2017. "비트코인 3% 하락..한국 ICO 금지 등 각국 규제 강화." 《뉴스1》(9월 29일).

72 정새롬. 2017. "스파크랩, 블록체인 및 암호화 화폐 전문 투자 펀드 출범." 《플래텀》(11월 3일).

73 허란, 추가영. 2017. "가상화폐 열풍 올라탄 일본… 막는 한국." 《한국경제》(10월 3일).

미국 증권거래위원회(SEC)는 신규가상화폐공개에 자본시장법을 적용하면서도 모든 블록체인 토큰을 증권으로 규정하지 않고 사안에 따라 다르게 판단하고 있다.

왜냐하면 신규가상화폐공개 전면 금지는 블록체인을 단순히 투자수단으로만 판단하여 블록체인 기술의 가능성을 사전에 차단하여 블록체인 기반 서비스 기술 개발을 원천적으로 막을 수 있다는 지적이 나올 수 있기 때문이다. 물론 '비트코인'이나 '이더리움' 등 가상화폐의 가격 변동성만을 노려 시세차익을 얻는 행위는 차단해야 하지만 블록체인이 신재생에너지 거래와 전자문서 확인 등 다양한 분야로 발전할 수 있는 가능성을 염두해 두어야 한다는 것이다.

이렇게 가상화폐는 새로운 두 가지 시각을 보여 주고 있다. 가상화폐의 기반 기술인 블록체인에 대한 긍정적 시각과 저금리 상황에서 수익률 극대화를 추구할 수 있기 때문에 긍정적일 수 있지만 가상화폐는 투기 수단일 뿐이라는 부정적 시각이다.

앞의 내용에서 설명한 것처럼 블록체인 기술은 거래내역 묶음(블록)을 연결한 것(체인)으로 네트워크 내에 데이터를 기록 및 보관하는 것으로 디지털 정보로만 존재하는 가상화폐를 믿고 거래할 수 있도록 위조와 변조가 불가능하면서 가상화폐의 거래내역을 저장할 필요성이 있어 탄생하였다. 현재는 가상화폐에만 사용되고 있지만 스마트 계약과 전자상거래 등 다양한 분야에서 활용될 예정이다.

이러한 긍정적인 시각과 반대되는 부정적인 시각으로 가상화폐는 저금리 때문에 인기를 끄는 것이라는 측면도 있다.

대부분의 사람들은 블록체인이 무엇인지 모르고 단순히 주변의 사람들이 2개월 만에 9배의 이익을 얻었다는 말을 듣거나 또는 경험한 후 단순히 고수익을 원해서 투자한다는 것이다.

이러한 가상화폐에 대한 다양한 장점과 단점 등으로 가상화폐가 논란이 되어 정부는 2017년 9월부터 가상화폐 태스크포스(TF)팀을 구성하였다. 그리고 가상화폐를 '유사수신'으로 규정하여 크게 두 가지 규제책을 내놓았다.[74]

이렇게 정부에서 가상화폐에 대한 통제를 시작하였지만 통제를 하기 전에 가상화폐에 대한 순기능과 역기능을 잘 확인한 후 정부에서 정책을 추진했으면 하는 바람이 있다.

가상화폐는 현 화폐시스템의 대표적인 불편한 기능인 송금에 대한 제약만 비교해 보면 환전할 필요 없이 어느 곳에서나 결제 및 송금이 가능하다는 가장 큰 장점이 있다. 따라서 아직까지 이 가상화폐들은 현금과 동일한 기능을 가지고 있지 않다는 단점도 있으나 가상화폐들이 서서히 현금의 기능과 동일한 기능을 하게 된다면 가상화폐의 미래는 밝을 수 있다.

그리고 디지털 화폐가 법화로서 모든 거래에서 자유롭게 이용되려면 결제시스템도 24시간 가동되어야 하는데 이것은 기술적으로 어렵고 중앙은행이 전 세계 해커의 공격대상이 될 위험이 있다.[75] 따라서 아직까

---

74 임지선. 2017. "가상화폐 '광풍'은 어디서 오는 걸까." 《경향신문》(10월 3일).

75 하현옥. 2017. "중앙은행이 암호화폐 발행하면 해커 집중공격 받는다." 《중앙일보》(10월 3일).

지는 전 세계의 주요 국가들의 정책처럼 가상화폐의 미래가 밝다고는 볼 수 없다.

각종 거래소 해킹사고와 범죄에서의 이용들은 가상화폐의 미래 전망을 더욱 위협하고 있는 위험적인 요소들이다.

따라서 가상화폐에 대한 보안위험요소의 제거와 투명한 거래 등 현재 가상화폐가 가지고 있는 다양한 불안요소들이 해결되고 현재 화폐가 가지고 있는 불편한 기능들을 가상화폐가 대신하면서 화폐가 가지고 있는 기능을 할 수 있다면 가상화폐의 미래는 밝을 것이다.

그러나 현재 화폐가 수행하는 역할을 수행하지 못하고 화폐의 단점을 보완하는 능력이 사라지거나 가상화폐가 현재 가지고 있는 문제점을 극복하지 못한다면 이전의 '도토리' 등과 같은 전자화폐들처럼 사라지게 될 것이다.

6. 사이버범죄(공격, 침해, 테러)로부터 정보보호 수단

가상화폐의 블록체인 기술 등 다양한 정보보호 기술이 있지만 IT기술에서 안전하면서 단순한 방법은 중요한 데이터를 별도로 보관하는 것일 것이다. 하지만 이러한 데이터 별도 보관 이외에 시스템을 안전하게 방어할 수 있는 최선의 방법은 무엇일지 생각해 볼 필요가 있다.

우선 컴퓨터를 부팅하기 전(前) 단계와 부팅 후(後) 로그인 상태 그리고 사용하는 단계로 나눈 후 다시 각 단계별로 컴퓨터 장치에 대한 보안, 사용자의 인증과 관련된 보안, 저장한 데이터를 안전하게 지키는 데이터 보안으로 크게 분리하여 생각해 볼 수 있다. 어떻게 보면 위의 중요한 데이터를 별도로 보관하는 것은 3가지 방법 중 데이터 보안을 지키는 방법에 해당한다.

그러면 처음 단계인 부팅하기 전 단계에서의 컴퓨터 장치에 대한 보안을 생각해 볼 수 있다. 컴퓨터가 켜지고 운영체제가 로딩되기 전 BIOS(Basic Input Output System)에 대한 자체 복구 기능 및 운영체제가 로딩되기 전부터 BIOS의 감염을 탐지 및 방지하는 기술로 BIOS를 보호할 수 있는 기능이 있어야 한다. 왜냐하면 '맬웨어'로 BIOS가 악성코드에 감염이 되어도 일반적인 보안 소프트웨어는 운영체제가 로딩된 이후 작동되기 때문에 BIOS에 대한 감지를 확인할 수 없기 때문이다.

이러한 보안 사고는 데이터 유출로 이어질 수 있고, 부팅이 불가능해져서 컴퓨터의 사용이 어려워질 수 있다. 이렇게 BIOS 단계부터 보호가 될 경우 BIOS 감염을 예방할 수 있고, 시스템 관리 모드에 대한 침입을 탐지하여 BIOS에 대한 보호도 할 수 있는 것이다.

그리고 외부의 공격으로부터 BIOS를 보호하기 위해서는 포트 접근 관리 및 보안 부팅, 디바이스 가드를 지원하고, 인증되지 않은 무선 인터넷 연결을 차단해야 한다.[77]

다음 단계로 부팅 후 로그인 상태에서 사용자의 정보를 보호하는 방법이다. 이 단계에서는 사용자가 컴퓨터로부터 이격되었을 때 컴퓨터에 불특정 다수의 접근을 차단하는 것이다. 사용자가 일정 시간 이격

(미사용)하면 윈도우의 화면보호 기능이 작동하나 이러한 시간에 대한 보호 기능에 거리 개념을 적용하여 사용자가 컴퓨터를 이격하였을 때 보호기능을 추가로 작동시키는 방법이다.[76]

이때는 사용자의 스마트폰이나 스마트 시계 등을 이용하여 사용자가 컴퓨터와 일정 거리 이상 멀어지면 컴퓨터의 윈도우가 잠금이 되고 만약 불특정인이 컴퓨터에 접근을 시도할 경우 usb 등 외부로부터의 접속을 완전 차단하고 임의로 접근한 기록 등이 타로 사용자 스마트기기에 전송되도록 하여 자동적으로 컴퓨터의 상태를 확인할 수 있도록 하는 것이다.

또한 컴퓨터에 로그인 하는 방법도 기존의 비밀번호에 의한 접근 방식도 있지만 다양한 인증방식을 결합하여 비밀번호 등 사용자가 기억하는 것과 핸드폰과 usb 등 사용자가 가지고 있는 것, 그리고 지문 인식 등 최소 2가지 이상의 인증 방법을 이용하도록 하는 것이다.

그리고 외부 저장장치를 사용할 경우에는 각 저장장치별로 접근할 수 있는 단계를 설정하여 보안기능을 통과한 후 일정 기간 장치의 이상 유무를 확인한 경우에만 접근 권한을 부여할 수 있도록 외부저장장치에 대한 접근 권한을 설정해야 한다.

마지막으로 컴퓨터를 사용 중인 상태의 보안 솔루션으로 은행거래 등 중요한 내용을 컴퓨터로 작업할 경우 화면을 통하여 중요한 내용이

76 문가용. 2017. "[추석특집] 정보보안의 흩어진 지식 모아보기." 《보안뉴스》(10월 3일).

외부에 노출될 가능성이 있기 때문에 이에 대한 대비를 하는 것이다. 이를 위해서는 시각적 해킹을 방지하는 프라이버시 스크린이 설치되어 있어야 하고, 시야각이 양 옆 40도 이상에서는 보이지 않도록 해야 한다.

그리고 사용한 컴퓨터와 외부 저장장치는 물리적 파괴를 해야 하지만 최소한 물리적 파괴 전에 데이터를 복구할 수 없도록 완전히 모든 데이터를 제거할 수 있어야 한다.

그리고 인터넷 접속 시에는 컴퓨터와 웹페이지가 화면상에는 보이지만 시스템적으로 격리될 수 있도록 해야 한다. 그래서 악성 코드 등에 의해 컴퓨터가 감염되지 않도록 웹페이지를 개별적으로 격리시켜서 혹시 웹페이지를 통해 감염되어도 컴퓨터에 직접 영향을 주지 않도록 해야 한다.[77]

이렇게 부팅하기 전 단계에서의 컴퓨터 장치에 대한 보안과 부팅 후 로그인 상태에서 사용자의 정보를 보호하는 방법 그리고 외부 저장장치를 사용할 경우에 각 저장장치에 따라 접근할 수 있는 단계를 설정하고 마지막으로 컴퓨터 사용 중 보안 솔루션까지 지켜지고 중요한 자료들을 별도로 보관까지 해야 '랜섬웨어'의 공격에 어느 정도 안전하다고 할 수 있다.

---

77 이향선. 2017. "연일 세계를 강타하는 랜섬웨어와 예측불허 보안위협… HP PC 보안 소루션이 철벽방어." 《전자신문》(6월 30일).

7. 4차 산업혁명의 긍정적 미래

사람과 사물의 경계가 없어지고 있는 4차 산업혁명의 시대에 유기적으로 도시효과를 극대화하고 디지털도시와 친환경을 결합하는 기술이 발전하고 있다. 정보통신기술을 기반으로 한 미래도시가 점점 우리에게 현실이 되어 교통, 안전, 환경, 의료, 물류 등 도시의 모든 것이 시스템화 되는 것이다.[78]

먼저 교통시설에는 스마트 기능을 연동하여 고속도로에서 100km가 넘는 고속 주행에서도 통행료 결제가 가능한 스마트톨링 시스템과 도로의 위험정보를 운전자들에게 실시간으로 제공하여 운전의 편리함과 안전주행을 구현시킬 수 있는 시스템 등이 개발되고 있다.

그리고 안전과 환경 분야에서는 IoT 플랫폼 기반의 상황인지 대피안내로 지진 등의 피해 발생 시 실시간으로 대피할 수 있도록 하고 건물내부의 온도조절이 자동화되는 빌딩에너지관리시스템(BEMS) 및 시설물관리시스템(FMS) 그리고 도시 가로등 밝기가 자동으로 조절되는 환경에너지통합관리 솔루션(LETS) 등이 개발되고 있다.[79]

의료 부분에서는 병실 내 환자 상태와 이력을 실시간적으로 모바일

---

78 김미희. 2017. "4차 산업혁명위, '스마트 시티' 신흥국 수출 모델로 키운다." 《파이낸셜뉴스》(11월 7일).

79 김광국. 2017. "스마트시티 통합플랫폼, 관련 산업 도약 기폭제될까." 《전기신문》(11월 3일).

을 통해 즉시 파악할 수 있는 환자모니터링 시스템과 환자의 수면상태나 낙상 등 환자에게 긴급상황 발생 시에 자동으로 간호사에게 알람이 발동되는 스마트베드 서비스 등이 있다.

물류 부분에서는 냉동 컨테이너의 제조사와 상관없이 IoT 플랫폼과 연동하여 원격으로 온도제어 및 모니터링 할 수 있는 신선물류서비스 등도 개발되고 있다.[80]

농사부분에서는 농작물의 경우 각 농산물마다 차이점이 있고 경작하는 위치가 성장에 중요한 역할을 하기 때문에 농업 방법과 발전은 전 세계적으로 각 지역마다 다른데, 이러한 서로 다른 농업 관련자들의 지식을 교환함으로써 부족한 기술에 대한 도움과 이로 인한 농업기술의 향상을 기대할 수 있다. 이렇게 농업의 발전을 위해서 정보를 사용할 수 있다는 것은 모든 사람에게 매우 유익하고 긍정적인 영향을 줄 수 있다.

이러한 정보의 공유로 IT는 전 세계 사람들의 다리가 되고 있으며, 특히 4차 산업혁명의 도래로 일상생활이 이제는 스마트화 되고 있고 또한 IT를 필요로 하고 있다.[81]

4차 산업혁명에 의한 IT와의 융합은 각종 시스템에 적용되는 정밀기술을 위한 새로운 방법을 지원할 수 있고, 농작물과 동물들뿐만 아

80 임유경. 2017. "롯데정보통신, ITU텔레콤월드서 스마트시티 솔루션 소개." 《ZDNetKorea》(9월 29일).

81 박성우·김종형. 2017. "농장에 스며드는 IoT… "젖소의 건강·위치 정보, 스마트폰 모니터링"." 《조선biz》(11월 1일).

니라 공장에서 생산되는 모든 생산물품에 전자 센서 및 식별 시스템을 통해 이상 유무를 확인할 수 있도록 모니터링 할 수 있다.[82]

그리고 전자 상거래를 통한 직접 연결은 영업력을 촉진시키고 소규모 공장과 농가들은 다양한 기술지원으로 더 나은 정보와 대안을 제공받을 수 있다. 이러한 것은 단순히 정보를 제공해 주는 것이 아니라 실제 사용하고 있는 장소에 대한 원격 감지와 컴퓨터 시뮬레이션 그리고 풍속의 속도 및 방향 평가와 토양 품질 분석 등 실질적 정보를 가지고 IT와 융합하여 다양한 예측 및 마케팅과 같은 다양한 기술을 제공해 주는 것이다.[83]

그래서 한 지역에 대한 정보가 아니라 개개인이 필요한 사항들을 IT 기술로 확인한 후 정부에서 추진하는 다양한 정책과 개개인에게 적합한 정보와 계획, 관리 정보나 날씨 및 마케팅 정보 등을 개별적으로 제공할 수 있다.

이렇게 제4차 산업혁명은 IoT, 자율 주행, 인공 지능(AI), 로봇 공학, 양자 컴퓨팅을 포함한 다양한 기술을 통해 살고 일하는 모든 삶과 인간과 사물과의 관계를 변화시키는 혁명이다. 특히 웨어러블과 바이오, 나노 기술 그리고 5G 등은 의료와 에너지 관리 및 운송과 같은 산업 분야뿐만 아니라 4차 산업혁명과 관련된 전 분야에서 잠재력을 발휘하

---

82 온라인뉴스부. 2017. "농촌융복합산업(6차 산업)-스마트팜 현황과 미래전망." 《서울신문》(10월 30일).

83 김승우. 2017. "빅데이터로 최적의 환경 조성… 휴가지서도 스마트폰으로 농장 관리 '척척'." 《중앙일보》(8월 18일).

는 데 필수적인 통합 기술이다.[84]

8. 4차 산업혁명의 부작용을 최소화하기 위한 역할

'4차 산업혁명'과 관련해서 정부의 역할은 일관성 있는 정부의 정책과 정부 규제의 해소일 것이다. 그리고 일관성 있는 정부의 정책 추진의 핵심은 인력수급을 준비하고, 신산업 분야를 적극적으로 육성하는 것에 주력해야 할 것이다. 또한 기업이 적극적으로 투자를 할 수 있는 환경을 조성하고 투자 및 고용을 확대하는 기업에 인센티브를 제공하는 것 또한 필요할 것이다.

'4차 산업혁명'과 관련되는 새로운 시장 창출을 위해서는 정부의 규제 개혁이 우선되어 기업이 다양한 시도를 할 수 있도록 해야 하며, 기업은 이러한 제한된 생각의 틀을 깨뜨려서 새로운 미래 모델을 개발하고 기업 스스로 성장 요건을 강화해야 할 것이다.[85]

특히 '4차 산업혁명'의 신성장 육성 측면에서 AI, 로봇, 자율주행자동차, 사물인터넷, 스마트 팩토리, 스마트 시티, 스마트 농장, 전자정부, 공공데이터, 증강현실, 핀테크, 3D 프린팅 등 다양한 분야에서 기술개

---

84 최영윤. 2017. "인간 친화적 로봇 기술로 보는 미래, 소프트 로보틱스 연구자 조규진 교수." 《중앙일보》(11월 8일).

85 함봉균. 2017. "ICT일자리 창출… 신산업 육성이 해답." 《전자신문》(6월 8일).

발 등을 해야 하며, 일자리 창출 및 글로벌 시장으로 진출을 시도해야 할 것이다.[86] 그리고 이와 관련된 연구들을 뒷받침해 줄 수 있는 빅데이터에 대한 연구도 지속적으로 추진해야 할 것이다. 그래야 앞으로 미래에 한국도 미국이나 일본, 독일 그리고 프랑스와 같은 선진국의 지위를 유지할 수 있을 것이다.[87]

그리고 무엇보다도 AI 등 4차 산업혁명을 기반으로 한 신기술에 의하여 일자리를 상실하게 되는 대상자들을 줄이기 위한 정부차원의 적극적인 대책이 있어야 할 것이다.

왜냐하면 영리한 컴퓨터가 사람이 맡는 업무를 대신하고, 스마트폰을 이용하여 원격 조정 기능이 활성화되면 사람이 직접 현장에서 업무를 처리해야 한다는 물리적인 '거리'의 한계가 사라진다고 볼 수 있다. 또한 국제로봇협회가 발표한 2015년도 통계에 의하면 한국은 100명의 노동인구당 약 4.78개의 로봇이 운영되고 있어서 미국의 1.64의 약 3배가 높은 로봇 밀도를 보유하고 있다. 이러한 결과들을 보았을 때 미래는 결국 일자리를 감소시킬 수 있는 다양한 위험성을 내포하고 있다는 것이다.[88]

옥스퍼드 대학의 Frey와 Osborne(2013)이 미국의 일자리의 47%와 독일 일자리의 42%가 자동화에 의하여 20년 이내에 없어질 것이라는

---

86 문보경. 2017. "ICT종사자, '일관성 없는 정부 정책'에 한숨." 《전자신문》(6월 8일).
87 최호. 2017. "4차 산업혁명, '신성장 산업 육성에 달렸다'." 《전자신문》(6월 8일).
88 김건위. 2017. "지방자치 정책Brief, 4차 산업혁명 시대의 지방자치단체 일자리 대응은 새로운 전략이 필요하다." 한국지방행정연구원(7월).

전망을 절대 무시해서는 안 된다. 따라서 새로운 일자리를 만들어 내기 위해서는 블루칼라와 화이트칼라의 경계를 넘어서는 뉴칼라 일자리의 확대가 필요하다.

실례로 '아디다스'는 과거 노동임금이 저렴한 중국과 동남아시아의 생산시설을 축소하고 본국인 독일에 '스피드 팩토리(speedfactory)'를 건설하여 자국 근로자의 고용을 증대하고 있으며, IBM은 4차 산업혁명에 적응할 수 있는 인재들을 '뉴칼라'로 명명하여, 본사의 임직원 3분의 1을 '뉴칼라'로 분류, 4차 산업혁명을 이끌 동력으로 삼고, '뉴칼라' 인원들을 양성하기 위한 학교도 설립하여 운영하고 있다.

따라서 정부차원에서는 더 좋은 일자리를 형성하기 위하여 기존 업무들이 고부가가치화가 될 수 있도록 구직자와 재직자들을 위한 다양한 교육정책을 추진하여야 하며, 구직자와 재직자들도 새로운 기술을 받아들여서 내가 가지고 있는 기술과 접목하여 일자리의 형태를 다양화하고 기술의 스킬을 향상시켜서 고부가가치를 창출하도록 노력해야 한다. 그리고 기업들은 기술적 실업인구의 최소화를 위하여 직무에 따른 노동인력의 과부족현상을 수시로 확인하여 과다 분류된 노동인력들은 사전에 새로운 기술을 받아들일 수 있는 교육기회를 부여하여 새로운 분야에 근무할 수 있는 시스템을 구축하도록 노력해야 한다.[89]

그리고 정부의 R&D(연구개발, research and development) 재원을 고려한

89 방상진. 2017. "4차 산업혁명 시대, 좋은 일자리 만들기." 포스코경영연구원 경영연구센터(8월 31일).

효과적인 재정투자 전략이 필요한데 이를 위해서는 '과학기술종합조정기구' 간에 협업을 통하여 정책과 예산 그리고 기술개발에 대한 평가를 연계해야 한다. 민간 중심의 규제개선이 이루어지면서 일관성 있는 미래성장 동력 육성 지원을 통하여 효과적인 연구개발을 위한 재정투자와 연구 성과에 대한 사업화 추진을 적극적으로 지원하도록 해야 할 것이다.

또한 ICT 융합과 SW산업발전과 관련해서는 ICT 융합과 소프트웨어분야의 정부투자계획과 집행 성과 간에 모니터링을 강화하여 ICT와 소프트웨어관련 산업의 직접적인 효과도 중요하지만 타 산업에 대한 파급효과가 더 중요하기 때문에 ICT와 소프트웨어분야에 대한 정부의 투자전략은 심층적인 검토를 한 후 추진해야 한다.

산업별로 살펴보면 제조업 분야는 국가 경쟁력 확보를 위해서 지속적인 제조업 경쟁력 우위를 확보하면서 확대할 필요가 있으며, 고도단계 스마트공장을 구축하여 제조공정이 개선되도록 신기술 확보와 함께 제조업 분야의 적극적인 혁신을 위해 정부에서 적극적인 지원이 있어야 한다.

농업분야는 4차 산업혁명과 관련하여 해택을 많이 받을 수 있는 분야이기 때문에 4차 산업혁명 연구개발 추진 시 전문인력을 확충하고 해외와의 기술수준 및 격차를 해소할 수 있는 방안을 마련해야 하며, 농업 일자리 감소에 대응한 4차 산업혁명의 기술을 대입할 수 있는 연구인력 충원 등의 체계적 관리를 통하여 농약을 살포할 수 있는 드론조종사 등 새로운 일자리 창출에 주력해야 한다.

스마트시티와 관련해서는 자율주행차와 스마트홈, 드론 등과 같은 각종 4차 산업혁명의 신기술들이 실질적으로 도시 안에서 구현될 가능성이 매우 높기 때문에 스마트시티에서 케이블, 가스, 정보통신, 전기, 상수도와 하수도 등의 생활 기반시설들이 새로운 기능과 서비스를 입체적으로 구축할 수 있는 제도적 마련이 필요하다.

그리고 무엇보다도 4차 산업혁명에 의해 소외받을 수 있는 대상자들을 치유할 수 있고 예방할 수 있는 방법은 타인과 잘 교류하고 협력할 수 있는 능력과 자질일 수 있기 때문에 이에 대한 사회적 공감대 형성이 필요하다.

왜냐하면, 인공지능은 인간의 많은 부분을 대체할 것이나 인공지능은 인간만이 지니고 있는 다른 사람의 입장, 인지, 관점 등을 추론하여 이해하는 능력(이하 시민의식)을 보유하고 있지 않기 때문이다. 4차 산업혁명의 미래사회에서 기계가 대체할 수 없는 인간 고유의 중요한 요소인 남을 배려하는 시민의식은 개인의 윤리 의식의 토대가 되는 요소이면서 타인을 이해하고 배려하는 인성으로도 설명될 수 있는 것이다.

구성원 간 갈등을 해결하고 조정하는 역량을 양성하기 위해서는 시민의식의 기반이 되는 사회적 관점채택과 사회정서역량을 키워야 하고, 이러한 역량을 키우기 위해서는 대화를 통한 토론학습과 협동학습이 필요하다. 의사소통을 통해 구성원 간 갈등을 해소하고 해결책을 도모하는 과정에서 협력의 중요성도 느낄 수 있는 것이다. 또한 자기주도적인 입장을 유지하면서 협력하는 과정은 스스로 시민으로서의 리더십을 증진하는 과정도 될 것이다.

4차 산업혁명에 의한 노동시장 역시 자유로운 형태의 직업 환경에서의 분석적 기술과 대인관계 기술을 요구하는 방향으로 변화하고 있다. 세계시민의식을 기반으로 하는 사회적 조망능력은 사회체제 안에서 공유되는 관점을 이해하고, 생각하고, 문제를 해결하는 경험을 함으로써 상대방의 감정과 생각에 공감하는 것이 실생활 속에서 일어날 수 있는 '세계시민의식'을 학습할 수 있는 기회가 될 수 있을 것이다.

따라서 4차 산업혁명 시대에서의 세계시민의식을 향상시키기 위해서 다음과 같은 노력을 해야 할 것이다.

첫째, 호기심, 창의성을 토대로 하는 흥미 기반의 학습 패러다임을 구축하여야 한다. 이와 같은 새로운 학습 패러다임을 구성하기 위해서는 학습자의 동기와 같은 개인적 특성이 반영되어야 할 것이다.

둘째, 4차 산업혁명의 시대에서는 단순히 지식을 받아들이고 암기하는 지식전달은 더 이상 가치를 지니지 않는다. 그러므로 세계시민의식을 보유한 인재를 양성하기 위해서는 대상자 스스로 창의적으로 다양한 지식을 바탕으로 문제를 해결할 수 있는 지식전달이 우선되어야 한다. 또한, 대상자가 다른 이들과의 협업을 통한 다양한 경험을 도모할 수 있는 열린 지식전달이 이루어져야 한다.

셋째, 4차 산업혁명시대의 세계시민의식을 전달하는 이들의 역량을 제시하여야 한다. 테크놀로지 활용 능력뿐만 아니라 창의성을 바탕으로 한 전달 설계가 가능해야 한다. 다른 학문 영역과의 융합을 위한 협업의 효율성을 위한 사회정서기술도 수반되어야 할 것이다.

4차 산업혁명에 의한 변화에 적극적으로 대처하기 위해서는 무엇보다도 국가의 정책적 개입이 필요하며, 4차 산업혁명의 양면성을 이해하고 부정적인 면에 대한 법적·제도적 보완과 4차 산업혁명에 의해 탄생되는 기술과의 갈등을 치유할 수 있는 세계시민의식과 같은 사회적 방안 마련이 필요할 것이다.

세계시민의식을 우리가 학습을 해야 하는 이유는 세계시민의식은 타인과 나누는 삶, 타인과 공유하는 세계 속의 존재를 생각하게 하기 때문이다. 시민의식을 가진 주체와 주체적인 시민으로 이루어진 공동체는 인간의 상실감을 극복하고 사회통합과 발전을 이룰 수 있는 중요한 축이 될 것이다.

따라서 4차 산업혁명과 관련한 부작용을 최소화하기 위하여 과거 산업혁명 등 급격한 변화의 시대에 세계시민의식에서 발견되는 시민의식의 내용을 다음과 같은 차원에서 앞으로 연구할 필요가 있다.

먼저 조직 시민의식의 분야이다. 조직과 공동체에 속한 구성원이 조직을 위해 자신을 넘어서는 이타정신을 발휘하는 실례들을 세계시민의식에서 발굴하고 4차 산업혁명을 맞이하는 지금 공동체를 위한 시민정신이 무엇인가를 찾아보는 것이다.

그 다음으로 문화 시민성의 분야로 인공지능은 할 수 없는 문화를 향유하는 인간의 모습 속에서 문화적인 행동을 통해 사회를 변화시킬 수 있는 시민의 힘인 시민의식의 정신을 찾아보는 것이다. 과거 산업혁명 등의 급격한 변화의 시기에서 문화를 형성하고 문화를 이끌어 나갔던 주체들의 정신을 통해 산업혁명과 같은 급격한 변화 속에서도 발생한 문화와의 조화 속에서 시민의식의 정신을 발견해 보는 것이다.

세계시민의식의 정신을 발견하여 4차 산업혁명에서 발생할 수 있는 불평등과 인간소외 등으로 인한 인간존엄성 상실과 우울감 등의 고질적인 병폐에서 발생할 수 있는 각종 위험요소들을 제거하고 결국은 국가의 발전과 국민의 질을 향상해야 한다.

참고문헌

김경래. 2017. "제4차 산업혁명과 시민성."『인문사회과학연구』57.

윤옥희. 2017. "지능정보사회의 창의적 인재육성을 위한 핵심역량 요인에 관한 탐색적 연구." 숙명여자대학교 IT융합비즈니스학 석사학위 논문.

포스코경영연구원 경영연구센터. 2017.「4차 산업혁명 시대, 좋은 일자리 만들기」(8월 31일).

한국지방행정연구원. 2017.「지방자치 정책 Brief, 4차 산업혁명 시대의 지방자치단체 일자리 대응은 새로운 전략이 필요하다」(7월).

02

세계시민성 연구 방향

김경래(호남대학교 인문사회과학연구소 연구위원)

1. 들어가며

세계시민에 대한 고려는 고대에 이미 존재하였다. 플라톤의 대화편에 보면 소피스트인 엘리스의 히피야스는 세계시민사상과 관련해 다음과 같이 주장하고 있다. "… 우리 모두가 친척이요 친구이며 동포입니다. 법률상으로는 그렇지 않으나 자연본성으로 그렇다는 말입니다." 키케로 또한 동료시민들에게는 올바른 원칙을 적용하면서 외국인들에게는 그렇게 못하겠다는 입장은 인류를 하나로 결속시키는 연대를 파괴하는 것이라고 하였다.[1] 이러한 세계시민에 대한 생각은 오늘날 우리가 살아가고 있는 변화된 상황 속에서 다시금 주목을 받고 있다. 우리는 현재 정보통신 기술 및 교통수단의 비약적 발전으로 과거 어느 시대와 비교할 수 없을 정도로 시·공간적으로 가까워진 지구촌시대에 살고 있다. 즉 우리는 하나의 통합된 생활세계로 변화된 지구에 살고 있는 것이다. 하나의 통합된 생활세계가 뜻하는 것은 국가의 경계를 넘어 전 인류가 서로 협력하고 화해할 수 있는 발전적 계기처럼 보이지만 현실적으로 세계적 차원의 의사 결정, 재화 분배 그리고 문화 교류를 둘러싼 새로운 갈등과 대립을 낳고 있다. 이러한 문제점의 극복방안으로 세계시민에 대한 논의가 모색되고 있다.

이러한 세계질서의 설명에 있어 전통적으로 일국적 차원의 사회 질서에 집중하였던 사회과학의 분과 학문으로서 (국제)정치학은 오늘날 세계적 차원의 사회 질서에 대해 큰 관심을 기울이고 있으며 이는 또한 세계시민에 대한 논의로 확대되고 있다.

변화된 세계질서를 설명하는 데 있어 (국제)정치학적 관점은 크게 자유주의적 관점과 성찰주의적 관점으로 나누어 볼 수 있다. 자유주의적 관점에서는 전통적으로 국가를 중심으로 설명했던 것에 대해 다중심주의를 주장하는 견해, 국가 간 국제기구 또는 글로벌 거버넌스에 중점을 두는 견해 등이 있다. 그러나 기본적으로 이러한 관점은 기본적으로 국제사회에 존재하고 있는 갈등과 대립의 요소를 간과하면서 현존 질서

1 김석수. 2004. "칸트세계시민사상의 현대적 의의." 『칸트연구』 14집, 225.

의 수혜자 입장에서 국제질서를 설명하고 있는 한계가 있다. 이에 반해 성찰주의적 관점을 갖고 있는 학자들 중 좌파적 전통에 서 있는 네그리(Negri)는 세계사회에 존재하는 내적 모순과 갈등에 중점을 둠으로써 자유주의적 견해가 갖고 있는 한계를 극복하면서 새로운 대안의 가능성을 찾으려 하지만 이 또한 자신의 한계를 벗어나지 못하고 있다. 즉 현존 세계 사회의 억압, 갈등에 대한 저항이나 해결을 당연시하지만 과연 전 세계적 차원에서 정당성의 기준은 무엇이고 이것이 인류의 삶에 어떤 역할을 하는지는 설명하지 못하고 있다. 다시 말해 대안적 사회 구성원칙이 무엇인지를 개념적으로 제시할 수 없을 뿐만 아니라 설사 이를 제시한다 하더라도 그것이 왜 인류가 추구해야 할 규범적 목표인지 이를 정당화하기 어렵다.[2]

즉 세계질서의 변화와 관련한 사회과학적 논의는 세계 사회 비판을 정당화할 수 있는 규범적 토대에 대한 철학적 사고와 논의에 기반을 두지 못한 현상적인 설명에만 집중하고 있다. 이는 또한 변화된 세계질서에서 세계시민으로서의 갖추어야 할 시민성에 대한 논의의 출발점이 어디에 있는지를 설명하는 것이라 하겠다.

2 문성훈. 2010. "칸트의 세계시민사회 이념과 인정." 『사회와 철학』 제19호, 190.

2. 시민성과 세계시민성

현대사회의 보편적 가치인 시민성은 시민사회의 덕성으로서 근대적 인간이 자기 자신만을 위한 편협하고 이기적인 특수 이익으로 경도되는 것을 자제하고, 공동의 이익에 우선권을 부여하는 자발적 의지와 심리적 준비 상태를 의미하는 것이다. 시민성은 인간이 자신의 이익보다는 공동의 이익을 우선하는 것으로서 근대 시민사회의 덕성이라 할 수 있다. 시민적 덕성은 "공공선에 대한 헌신" 또는 "관련 집단의 총체적 이익을 추구하는 자각적 의도"[3]이며, "정치적 행동과 토론과정에서 공적 목표에 우선성을 부여하는 성향"[4]이다.

이러한 의미에서 시민성은 이웃들의 필요에 대한 공감 능력이며 공동체적 목적의 실현을 위한 자발적 봉사의 의지이다. 그것은 사익을 추구하기 위한 이기적 재능이 아니라 그에게 공동체의 구성원으로서의 지위를 부여하는 일종의 덕성이다. 요컨대 시민성은 일종의 도덕적 자질이며, 경쟁보다는 협동 그리고 개인적 합리성보다는 집단적 연대에 우선적이며 상위의 가치를 부여하는 공동체적 의식이다

민주시민교육은 바로 이러한 시민적 자실 함양을 직접적인 목적으로 사회가 추구하는 합리적 의사결정 능력, 사회 참여 능력, 비판적 사

---

3 Dahl, Robert A., *On Democracy*, New Haven; London: Yale Univ. Press, 1998.

4 Burtt, S., *The Good Citizen's Psyche: On the Psychology of Civic Virtue*, 1990, Polity 23(1), 23-38.

고력의 함양으로 정의될 수 있다. 즉 민주시민교육에 대한 다양한 논의들을 한마디로 정리하면 민주사회를 살아가는 시민의 자질 또는 자세에 관한 것이라 할 수 있다.

그러나 이 논의에서 말하는 민주사회는 세계화로 표현되는 오늘날 지역적으로 일국적 차원에 국한된다는 한계를 갖고 있다. 냉전 이후 국제사회의 변화는 일국적 차원에 제한된 민주시민교육의 한계를 명확히 보여주고 있다.

그 첫 번째가 바로 2007년 미국에서 발생한 서브프라임 모기지 사태(subprime mortgage crisis)이다. 즉 미국에서 발생한 금융상품의 가공 그리고 그를 통해 개인의 탐욕을 채우려는 일이 어째서 미국이 아닌 다른 나라 사람들의 일상생활을 뿌리째 흔들 수 있는 것일까?

두 번째는 우리 한국사회에 해당하는 것으로 바로 다문화 사회의 등장이라 할 수 있다. 다문화 사회의 등장은 위에서 제기한 세계화의 원인과 밀접하게 연관되어 있다. 즉 자본, 노동, 상품의 전 세계적 이동과 이를 더욱 촉진시키는 정보통신기술과 교통의 발달은 시간적, 공간적 거리를 축소시켜 지구를 하나의 통합된 생활체계로 만들고 있다.

이러한 변화는 바로 일국적 차원에서의 시민의 자질 또는 자세를 넘어선 국제사회의 구성원으로서 우리들이 지향해야 할 덕목의 필요성을 제기하는 것이다. 즉 다문화 사회, 세계화 시대에 국민통합과 선진 한국 사회 구현을 위해 우리들의 삶을 재발견하고 행복한 삶의 영위를 위해 타인과의 조화로운 삶을 위한 바람직하고 합리적인 가치관과 세계시민성의 필요성을 제기하는 것이다.

그러나 이러한 세계시민성은 기존에 일국적 차원에서 논의되던 시민적 자질의 국제사회로의 확대를 의미하지 않는다. 이는 바로 세계화라는 현상이 기존의 질서를 근본적으로 변화시키기 때문이다. 즉 문화적으로 민족국가 간의 개별적 정체성을 뛰어넘는 접촉과 교류가 확대되면서 지구문화라는 새로운 차원의 가치질서를 창출하고 있다. 사회적으로 인구 이동의 범지구적 확장은 문화적 다양성과 이문화에 대한 새로운 인식의 틀을 확산시켰으며, 인종적으로는 문화적 동화의 촉진과 다문화 사회의 확산을 유도하면서 오히려 개별 문화의 정체성을 훼손하는 문화파괴 현상을 야기하고 있기 때문이다. 또한 세계화는 경제적 관계에서 다양한 과제를 새롭게 야기하고 있으며 지구 자체의 지속가능성이라는 새로운 차원의 문제를 제기하고 있다. 만약에 세계시민이 일국적 차원에서 파악된 시민을 세계적 차원으로 확대시킨 것이라면 일국적 차원에서 법적 자유와 평등의 주체이자 자립적 주체인 시민이 자국의 영역을 넘어 세계적 차원에서도 법적 자유와 평등 그리고 자립성을 향유하는 주체를 의미하는 것이며, 일국적 차원에서 시민 사회가 법적 자유와 평등 보장, 권력 분립 대의 제도를 통해 운영되는 정치공동체이듯이 세계시민사회 역시 국가의 경계를 넘어 세계적으로 운영되는 시민적 질서로 이해될 수 있을 것이다. 그러나 현실적으로 이는 가능하지 않다. 세계화에 따른 이러한 근본적인 변화는 바로 일국적 차원에서 논의했던 시민의 자질을 국제적으로 확대하는 것으로 해결될 수 없음을 보여 주는 것이다.

3. Civility와 Citizenship으로서의 시민성

시민성과 관련해 논의에서 나타나는 명확한 차이점 중 하나가 바로 시민적 권리에 초점을 두느냐 아니면 시민적 덕성에 초점을 두느냐의 문제이다.[5] 즉 법적, 제도적으로 보장받아야 할 시민의 권리에 주목하는 논의와 심의와 정책결정과정에 적극적으로 참여함으로써 발현되는 시민의 덕성에 초점을 맞추는 논의로 구별된다.

세계시민성에 대한 논의는 이러한 두 가지 차원의 시민성을 동시에 포함하는 개념으로 확대 발전될 필요가 있다. 이를 위해 이 글에서는 세계시민성의 개념을 civility와 citizenship으로 구분하면서 이를 개인적 수준, 국가적 수준 그리고 국제적 수준에서의 시민성에 대한 논의로 확대 발전시키고자 한다.

civility는 개인적 수준에서의 시민성과 관련된 논의라 할 수 있는데 이는 개인에 대한 규범적 특성의 배제를 본질로 한다고 할 수 있다. 아리스토텔레스가 논의한 좋은 시민과 좋은 사람은 정치와 도덕의 차이 또는 시민에게 요구되는 탁월한 덕성과 인간으로서 요구되는 덕성의 차이로 해석되면서 두 가지 상이한 도덕적 가치의 긴장으로 묘사된다. 그러나 이는 두 가지 도덕적 잣대의 충돌이 아니라 서로 다른 성격의 덕

---

5 곽준혁. "시민성의 고전적 의미." 박재창 외. 2009.『지구시민권과 지구거버넌스』. 서울: 오름.

성이라고 할 수 있다. 왜냐하면 아리스토텔레스가 구분한 것은 좋은 사람과 진지한 또는 책임감 있는 시민이라는 구분이기 때문이다. 전자는 정치체제의 성격이나 정치공동체가 당면한 문제와 무관하게 적용될 수 있는 잣대가 요구되며 후자의 경우는 정치체제의 성격에 따라 요구되므로 서로 다른 것이다. 이는 아리스토텔레스가 말하는 좋은 사람과 좋은 시민에 대한 질문이 좋은 사람과 책임감 있는 시민으로 전환되었을 때 개인적 차원에서 요구되는 시민적 책임성은 사람 그 자체가 가지는 규범적 특성이 아니라 정치사회적 행위자로서 개인이 수행하는 삶의 방식이 초점이 되고 정치적 삶의 방식을 규정하는 정치체제의 성격에 따라 요구되는 정치사회적 책임이 다르기 때문에 시민적 책임성은 곧 정치체제의 성격과 연관된다. 즉 시민적 책임감은 개인의 윤리적, 철학적 판단에 기초하는 것이 아니라 개인이 소속된 정치체제의 성격과 밀접한 연관성을 갖고 있다. 이러한 측면에서 세계시민성과 관련하여 개인적 차원에서의 civility는 다원주의적 견해, 관용(또는 관인), 절차주의, 절차적 공정성, 세속화를 그 내용으로 한다. 이는 아리스토텔레스가 말하는 정치적 우애와 연결되는 것으로 이타적 헌신에 기초하기보다 상호 이해 또는 상호 존중에 초점을 둔 연대감이라 할 수 있다. 이는 또한 정치적 우애가 단순히 효용이나 경쟁을 통한 타협의 산물이 아니라 삶을 구성하는 구성원을 자기와 동일하게 배려하는 자세를 말하는 것이다. 이러한 측면에서 관용의 엄밀한 의미는 차이의 거부감이 아니라 인지와 이해에 기초하고 뚜렷한 선호를 가지고 있으며, 차이에도 불구하고 같이 살아가려는 의지를 요구하는 것으로 해롭거나 틀리다고 여겨지는 견해를 다른 사람이 표명할 때 참아 주는 것이다. 해롭거나 무엇이 틀렸는지를 결정하는 것은 사회적 결정, 관습적 지혜, 과학적 진리에 맡기는 것이라 할 수 있다.

국가적 차원에서의 시민성은 권리적인 측면을 의미하는 것으로 citizenship으로 표현될 수 있다. 이는 상호성을 유지 또는 관리하고자 하는 시민들의 견제와 감독이다. 견제의 경우는 무엇보다도 제도적 지원이 필요한 부분이고 감독의 경우는 일상 속에서 발견될 수 있는 습관화된 태도가 요구되는 부분이다. 시민적 견제력은 수적으로는 다수지만 권력과 부에 있어 약자인 일반 시민들이 지배집단과 동일한 조건 속에서 상호 견제할 수 있도록 보장해 주는 제도로서의 호혜적 균형을 의미한다. 이는 자유로운 선거에서 다수가 소수를 선택하고 다수를 선동하거나 헛소문으로 시민들을 기만하는 사람을 피해 당사자인 다수가 직접 판단하도록 하는 제도를 통해 그리고 적절한 대표기구를 통해 지배집단 또는 대표의 오만을 제어함과 동시에 다수인 인민이 스스로의 욕망을 조절할 수 있도록 함으로써 시민의 실질적인 정치적 능력이 제도적으로 보장될 때 실현된다.

국제적 수준에서의 시민성은 자국 중심의 비타성을 극복할 수 있는 정치적 원칙을 의미하는 것으로 이질적 문화를 포용하는 다원주의적 요소 그리고 다문화 공존이라는 시대적 요구에 적극적으로 반응하는 것이어야 한다. 이는 자신의 공동체에 대한 사랑만큼이나 다른 공동체의 사람에 대한 배려를 요구한 시민적 책임성이다. 키케로에게는 국가적 수준에서나 국제적 수준에서 동일하게 적용되는 원칙이 있었다. 이

원칙은 자연법 또는 정의의 내용이 되는 인간 사회의 법으로 표현되고, 세 가지 구성요소로 구체화된다. 첫째는 불간섭의 원칙으로 자신의 이익을 위해 다른 사람들의 이익을 침해하는 행위나 다른 사람의 자유로운 활동을 방해할 수 없다는 것이다. 둘째는 상호의존에 기초한 원칙으로 서로를 위해 조력하고 필요를 충족시킴으로써 공익을 증진시켜야 할 의무가 시민에게 있다는 것이다. 셋째는 어떠한 경우에도 일단 동의한 일은 지켜야 한다는 신뢰의 원칙이다. 이러한 원칙이 국제적 수준에서 시민성에 관한 논의와 연결될 수 있는 것은 바로 같은 공간에 살고 있는 동료 시민들뿐만 아니라 외국인들에게도 적용되어야 하는 것으로 공동체의 생존이 걸린 전쟁일지라도 잔인함과 야만성은 용납될 수 없기 때문이다. 또한 신뢰의 원칙은 일방적인 이익을 위해 동맹을 파기하는 행위는 정당화될 수 없음을 명확히 하고 있다.

4. 인정이론과 세계시민사상

세계화로 표현되는 오늘날의 국제사회에서 국경이라는 경계가 허물어지는 것이 오히려 개인들 간의, 그리고 국가들 간의 경쟁을 더욱 격화시키는 상황 속에서 위에서 언급한 국제사회에서의 시민성에 대한 논의는 한계가 있는 것처럼 보인다.

이러한 한계를 극복하기 위한 방안으로 이 글에서는 칸트가 이야기하는 세계시민 논의를 인정이론에 기반을 두어서 설명하고자 한다.

시민이란 역사적으로 볼 때 고대 그리스에 뿌리를 두고 있으며 당시에는 경제적 활동에서 벗어나 정치적 활동에 참여하는 자유민을 의미하였다. 따라서 고대 그리스에서 시민으로 구성된 공동체 즉 시민사회란 사실 정치라는 공적 활동을 통해 통합된 국가 공동체와 동일한 것이라 할 수 있다.

이에 반해 근대적 시민이란 그 등장 배경이었던 시민 혁명이 보여주듯이 경제적 활동을 통해 다져온 경제력을 기반으로 정치적 활동에 참여하는 부르주아지를 의미한다. 이런 점에서 근대적 시민에게 경제적 영역과 정치적 영역 내지 사적 이익을 추구하는 사적 영역과 공익을 추구하는 공적 영역은 상호 독립된 영역이 아니며, 정치적 영역 내지 공적 영역은 경제적 영역 내지 사적 영역에 종속될 뿐만 아니라 이 영역을 수단으로 전락하게 한다. 이전 점에서 근대에 이르러 시민으로 구성된 공동체란 국가와 동일한 것이 아니며 오히려 이를 수단화하는 경제적 영역으로 통합된다.

이런 상황에서 칸트가 말하는 시민이란 사적 이익만을 추구하면서 국가를 수단화시키는 부르주아지를 의미하는 것이 아니다. 칸트는 사적 이익 추구에 한계를 설정하고 국가를 수단화하는 것에 제동을 걸고 있다. 즉 칸트에게 있어 시민이란 자신이 동의하지 않은 어떠한 법도 따르지 않을 수 있는 법적 자유의 주체이며 이러한 법 이외에 자신을 구속할 수 있는 그 어떤 우월한 존재도 인정하지 않는 평등한 주체이며 자신의 힘으로 생계를 유지하는 자립적 주체이다. 또한 사적 이익을 추구하지만 이는 경제적 자립을 위한 것이고 이를 토대로 시민은 자유롭고 평등한 존재로서 공적 영역에 참여하여 자신의 이성을 실현하는 존재이다. 이런 점에서 칸트에게 있어 시민이란 고대 그리스처럼 정치적 존재로도, 근대 부르주아지처럼 경제적 존재로도 환원될 수 없는 존재이며 공적 영역이 허용하는 틀 내에서 사적 이익을 추구하고 또한 사적 이익은 공적 활동을 위한 전제가 된다는 점에서 이 양자가 통합된 존재라고 할 수 있다.

또한 칸트에게 있어 시민사회란 단지 이 지구상에 살고 있는 모든 인간 즉 인류를 뜻한다고 말할 수 있을 뿐 이들이 일국적 차원에서 향유하는 시민으로서의 지위를 전 세계적 차원에서도 향유한다는 것은 아니다. 마찬가지로 세계시민사회 역시 이 지구상에 살고 있는 모든 인간을 구성원으로 하는 공동체이지만 이것이 법치에서 대의제도로 이어지는 시민적 정치체제 즉 세계공화국을 의미하는 것도 아니다.

그러나 칸트가 말하는 이러한 세계시민 논리는 세계적 차원으로 교류가 확대된 상황에서 모든 인간의 보편적 자유의 실현을 근본적으로 보장하지 못한다. 오늘날 세계는 탈국경화와 세계화의 확대로 정치적, 경제적, 문화적 영역에서 하나의 통합된 네트워크를 형성하고 있다. 이는 인류의 화해와 통합의 확대보다는 역으로 다양한 형태의 새로운 갈등과 저항 즉 인간 상호간의 항쟁을 낳고 있다. 이런 상황에서 칸트가 말하는 세계시민의 개념이 갖는 한계가 있다. 즉 칸트에게 있어 인간 상호간의 갈등이 발생하는 이유는 타인과 함께 살면서도 자신만의 의도에 따라 이성을 사용하고 자유를 실현하는 것, 따라서 자신만을 목적으로 설정하고 타인을 수단화하는 것 그리고 이로 인한 타인의 저항을 봉쇄하기 위해 타인보다 우월해지려는 테에 근본적인 이유가 있다.

그러나 이런 식으로 갈등의 원인을 단순화시킨다면 그 해결책은 모든 인간에게 보편적으로 동등한 권리를 보장할 수 있는 법적 질서를 형성하여 모든 사람이 자신과 타인 모두를 목적으로 설정하는 것으로 해결될 수 있게 된다.

이러한 한계를 극복하기 위해 인정이론이 갖는 의미가 있다. 이 인정이론에 의하면 개인의 자기의식이나 자아정체성은 타인과의 갈등과 상호 인정 과정을 통해 형성될 뿐만 아니라 이 상호 인정은 개인의 성공적 자아실현의 조건이 된다는 점에서 도덕적 정당성을 갖는다. 그리고 한 사회의 도덕적 발전은 점차 고도화되는 개인의 정체성 요구에 상응하여 사회적 인정의 대상과 내용을 확장하려는 인정투쟁을 통해 달성된다. 이러한 논의를 세계시민성으로 확대시키면 다음과 같은 논리로 설명된다. 세계시민으로서의 자기의식은 세계적 차원에서 벌어지는 갈등과 상호 인정 투쟁을 통해 형성되며, 세계시민사회는 세계시민으로서의 정체성 요구가 고도화됨에 따라 점차 세계적 차원의 사회적 인정의 대상과 내용을 확장하려는 인정투쟁을 통해 발전하게 된다. 이러한 재구성은 정치적, 경제적, 문화적 영역에서 일어나는 다양한 갈등을 자기의식의 발전과 이에 따른 인정투쟁 과정으로 이해할 수 있게 할 뿐만 아니라 그 해결방안으로 보편적 권리의 다양화를 제시하게 된다.

인정이론에 따르면 개인의 자신에 대한 의식적 자각은 자기 자신을 대상화함으로써 얻어지는 것이 아니라 자신에 대한 타인의 시각을 경험함으로써 이루어진다. 그러나 그렇다고 개인의 자기의식이 단지 타인의 시각을 내면화 함으로써 형성된다는 것은 아니다. 자기의식은 오히려 타인의 시각과 이에 대한 자아의 무의식적 반응이 대립하고 갈등하는 과정뿐만 아니라 이를 해결하는 상호 인정 관계 형성을 통해 확립된다. 따라서 상호 인정 관계의 형성은 근본적으로 자기의식의 주체들이 상대방의 시각에서 자기 자신을 반성하는 상호 주관적 관계를 전제로 한다.

5. 세계시민성 함양

세계시민성은 결국 개인적 수준에서 civility에 기반을 둔 호혜적 관계 그리고 이러한 호혜적 관계가 제도적으로 보장될 수 있는 국가, 그 국제적 확대를 통해 이질적 문화와 정체성에 대한 인정에 관한 문제라 할 수 있다. 즉 시민적 연대로 발전할 수 있는 심의에 기반을 두어 개인적 차원에서의 civility를 근간으로 인정투쟁을 통해 국가적 차원에서의 citizenship이 국제사회로 확대되었을 때 세계적 시민성이 의미를 갖는다고 할 수 있다.

이러한 개념은 공동체와 개인의 자율성의 상호보안성에 기반을 둔 세계시민성을 강조하는 것이다. 이는 또한 일상생활과 정치질서에서 상명하복식의 일방적인 관계에 의한 것이 아니라 조화 또는 화합을 위한 시민성을 의미하는 것이다. 결국 세계시민성이란 바로 자신의 생활환경과 밀접하게 연관되어 있으며 이를 바탕으로 형성되는 것이라 할 수 있다. 세계시민성의 이러한 개념은 바로 우리들의 일상생활 속에서 세계시민성을 찾는 것이라 할 수 있다.

이러한 논의는 결국 우리들이 사회 속에서 갖는 6가지 삶의 영역과 밀접하게 연관된 시민성이 세계시민성의 출발점이라 할 수 있다. 즉 시민으로서, 노동자로서, 소비자로서, 가족성원으로서, 친구로서, 사회집단성원으로서 우리의 권리 및 의무에 대한 논의를 통해 시민성 함양을 추구할 필요가 있다. 그러나 다른 한편으로 이러한 역할에 앞서서 기본적인 자질로서의 civility의 함양을 위한 논의가 필요로 하다. 즉 civility를 바탕으로 한 citizenship을 의미하는 것으로 위에서 언급한 civility의 기본적 요소는 지적요소에 의한 것보다 감성에 기반을 둔 civility임을 명확히 할 필요가 있다.

시민성과 관련해서 매우 다양한 정의들이 존재한다. 이들 정의는 일반적으로 시민으로서 기대되는 행동들의 폭에 관한 문제이다. 그러나 전형적으로 시민성은 투표하고 법률에 복종하고 정치적 문제들에 대한 견해를 표현하고 공직 입후보에 있어서 정치적 쟁점들에 관한 폭 넓고 도덕적인 결정을 하는 것을 포함한다. 선량한 시민성은 생태학, 공공 혹은 사적인 건강, 화재예방, 오락, 교육, 소비자와 다른 경제적 결정, 자선사업에 아낌없이 돈을 내놓거나 그것을 돕는 등 사회와 사회과학에 관련된 모든 지식을 망라한다. 그러나 오늘날 이러한 시민성의 토대는 바로 civility이어야 함을 명확히 할 필요가 있다. 그리고 이러한 civility는 바로 지적 능력이 아니라 감정/감성에 기반해야 할 것이다.

03

정치적 시민성의 변화발전*

심연수(호남대학교 인문사회과학연구소 소장)

한국사회의 시민성은 매우 놀라울 정도로 변화발전하고 있다. 과거 한 세기에 비해서는 상상할 수 없을 정도의 질적 변화가 나타나고 있다. 정치학자들은 성숙한 분별력 있는 민주주의(deliberative democracy) 사회에 도래했다고 평가하기도 한다. 세계화 시대의 다문화 사회에서 전통적인 한국인들의 의식과는 달리 서구화된 정치시스템 하에서 합리적이고 바람직한 시민의식이 나타나고 있다. 본장에서는 한국사회의 정치

---

* 이하 내용은 심연수. 2008. 『시민성과 교육』(광주: 광인문화사), 17-21. 심연수. 2010. "한국사회에서 정치적 시민성의 의미." 『인문사회과학연구』 27권, 5-27의 내용을 축약 재구성한 것임.

적 특성과 정치적 시민성(political citizenship)을 복잡계론으로 분석한다.

1. 복잡한 시민성과 정치적 시민성

시민들의 정치, 경제, 사회, 교육, 문화, 종교분야에서 삶의 영역에 다양한 시민성을 생각할 수 있다. 그리고 시민성에 관련된 다양한 해석이 존재하지만 현대사회의 보편적 가치인 시민성은 시민사회의 덕성으로서 근대적 인간이 자기 자신만을 위한 편협하고 이기적인 특수 이익에의 경도를 자제하고, "공동의 이익에 우선권을 부여하고자 하는" 자발적 의지와 심리적 준비 상태를 의미한다(심연수 2008, 7–8). 시민성은 인간이 자신의 이익보다는 공동의 이익을 우선하는 것으로서 근대 시민사회의 덕성이라 할 수 있다. 자유주의원리에 근거를 둔 시민성을 좀 더 다루어 본다.

전통적으로 한국사회에서는 시민성(citizenship)은 시민으로서 요구되는 자질이라는 뜻을 강하게 갖고 있다. 즉 개인으로서 요구되는 자질이 아니라 특정한 공동체의 구성원 즉 시민으로서의 지위에서 요구되는 자질을 말한다. 따라서 시민성은 상호관계의 의미를 갖는다. 즉, 시민성은 독립된 개인으로서가 아니라 사회인 전체로서 의미로 그 근거를 찾아왔다. 한국사회의 공동체의 구성원으로서 지녀야할 책임인 공동목적, 공동체 의식 등의 의미를 담고 있었다. 그리하여 시민성은 일종의 도덕적 자질이며 경쟁보다는 협동에 그리고 개인적 합리성보다는 집단적 연대에 우선적이며 상위의 가치를 부여하는 공동체의식으로 보아왔다. 하지만 이런 공동체적인 측면에서 벗어나서 세계화 시대의 시민성 논의로 나아가야 할 필요가 있었다. 시민성 논의는 자유주의적, 시민사회적 그리고 문화적 접근 방식에 대한 논의로 확대되어 왔다.

시민성의 목표는 "선량한 시민성"을 의미하고 도덕적이고 인간다운 지적인 시민들을 위한 책임 있는 행동을 강조한다. 전형적으로 시민성은 투표하고 법률에 복종하고 정치적 문제들에 대한 견해를 표현하고 공직에 입후보하는데 있어서 정치적 쟁점들에 관해 폭 넓고 도덕적인 결정을 하는 것을 포함한다.

현대 사회에 있어서 시민성은 이웃들의 필요에 대한 공감의 능력이며 공동체적 목적의 실현을 위한 자발적 봉사의 의지인데, 그것은 사익을 추구하기 위한 이기적 재능이 아니라 그에게 공동체의 구성원으로서의 지위를 부여하는 일종의 덕성이다. 시민성은 일종의 도덕적 자질이며, 경쟁보다는 협동에 그리고 개인적 합리성보다는 집단적 연대에 우선하며 상위의 가치를 부여하는 공동체적 의식으로 시민이 갖는 책임감을 의미한다.

시민성을 형식적 관점과 내용적 관점에서 논의하기도 하는데 형식으로 보는 관점에서는 시민성이 추구하는 관점을 선택적 합리성을 추구하는 것으로 보는 견해도 있고 시민성을 어떻게 행동할 것인가를 주관적인 숙고와 추론을 토대로 결정할 수 있는 능력이라고 규정하기도 한다. 그리고 내용으로 보는 관점은 시민성을 도덕적 관념으로 보고 공리나 덕목 내지는 품성 등을 핵심적인 것으로 규정하기도 한다.

한편, 정치적 시민성 논의에 대해서는 시민성은 공동체 공간의 공론장의 발현이라고 보기도 하며 한국의 세계화를 추진하는 과정에서 민족적 정체성과 사회적 권리를 포함하는 민주적 시민성을 상호보완적인 관계로 해석하기도 한다. 그리고 시민성을 일상생활의 비민주적인 의식과 태도 행위 그리고 관행을 인식하고 개선하기 위한 생활 속의 민주주의에서 논의하기도 한다. 이런 맥락에서 시장 경제체제에 효과적으로 참여할 수 있는 지식과 기능, 가치 및 신념을 경제적 시민성의 주요 내용으로 하는 경제적 시민성 논의도 활발하다.

탈냉전 이후로 인위적인 국경이 무너지면서 다문화공생사회가 형성되고 있다. 한국사회도 다문화 사회로의 진입이 가속화되면서 세계시민성(global citizenship) 개념이 기존 시민성 개념에 대한 대치 개념으로 등장하였다. 기존의 시민성에 관한 연구는 그 영역을 공공영역, 시민영역, 시장영역, 개인영역 등으로 구분하여 시민성의 함양에 발전 방향을 개념규정하고 시민교육의 목표를 설정하여 연구 논의하여 왔다. 정치적 시민성이란 '시민 각자가 민주적인 정치생활을 하는데 있어 방향감각을 획득하고, 자신의 정체성을 유지하는데 조력하는 것'이다.

정치적 시민성은 특정 정치사회에서 시민들이 더불어 살아가기 위한 자질과 책임감을 의미한다. 또한 특정 정치사회에서 강제력으로부터 법률정치적인 보장과 보호를 받는 것을 의미한다. 여기서 정치적 시민성(political citizenship)은 시민성의 개념과 범위가 광범위하고 복잡하기 때문에 한국인들의 정치생활에서 추구되거나 나타나는 시민성의 개념으로 제한하기로 한다. 인간의 삶의 양식은 정치, 경제, 사회, 문화, 예술, 종교 등등의 영역별로 구분할 수 있지만 삶이 실현되어가는 과정에서는 복합적으로 나타난다. 하지만 정치생활 영역에서 한국사회가 이념적으로 추구하는 방향에 맞춰서 정치적 시민성도 논의될 수 있다.

정치에 대한 다양한 정의가 있으나 데이비드 이스튼(David Easton)이 정의한 바 "인간의 삶은 가치를 추구해 나가는데 있어서 권위적 배분과정"이라는 정의에 따르자면, 한국사회에서도 한국인들이 추구하는 물질적·정신적 가치가 있을 것이며 이런 가치는 무한한 것도 있지만 한정되어 있는 관계로 경쟁관계가 나타나고 갈등 분열이 발생한다. 이 때 사회적 합의, 위인, 법 제도, 관습 전통 등에 의해서 한정되어 있는 가치를 배분하게 된다. 이런 배분과정에서 한국인들의 정치적 시민성이 나타난다. 한국사회가 추구하는 특정의 이념적인 형태는 시대인들에게 사회화(socialization)라는 명목으로 다가오거나 반사회화(counter-socialization)로 작용하게 된다.

이런 맥락에서 그동안 한국에서 실시되었던 민주시민교육은 민주주의 사회의 구성원들에게 요구되는 정치적 시민성을 함양하는 활동을 말하며 시민 정신 또는 시민성 함양을 목표로 추구하는 교육을 가리킨다. 그리고 한국에서 한동안 민주시민교육의 일환으로 실시되었던 정치교육은 "한 국가가 그 생활공동체를 유지하고 발전시켜 나가기 위해 요구되는 바람직한 인간성을 형성하고 정치과정의 참여에 필수적인 지식과 능력, 태도, 자신 등을 포함하는 자질을 육성하는 교육적 노력"이다(박용헌, 264-286). 한국에서는 정치적 시민성을 다루는 명칭으로서 정치교육이란 용어가 사용되어 왔는데 인간교육, 도덕교육, 가치교육, 반공승공통일교육, 민주시민교육, 국민윤리교육, 정치사상교육, 이데올로기교육, 국민정신교육 등으로도 불러왔다. 결국 정치적 시민성을 함양하기 위한 정치교육은 "정치현상에 대한 과학적 이해, 정치적 갈등의 문제해결력, 정치적 정체성의 확립, 정치적 참여력 증대, 정치체제의 발전을 위한 비판적 사고력과 충성심의 함양 등과 함께 교육 방법면에서 직접적이고 주입식 방법보다는 학습자가 스스로 가치를 내면화할 수 있는 개방적, 자주적, 자율적인 학습방법의 채택"을 중요한 과제로 갖게 된다.

또한 정치적 시민성을 함양해 나가기 위한 정치교육의 기능은 ① 정치 및 사회생활의 질서를 유지하게 하며 ② 국민적 일체감을 형성하게 하고 사회적 통합의 기반을 조성하게 하며 ③ 국가, 정치, 정책의 목표설정의 일관된 기준의 구실을 제공하게 하며 ④ 국민각자의 인생목표 및 행동양식의 설정, 선택, 비판 등의 기준으로서의 구실을 제공하게 하고 ⑤ 소수인에 의한 급격한 정치적 변동과 변혁을 위한 획책에 저항하게 하며 ⑥ 외국의 침략과 부당한 간섭에 대한 국민적 저항의식을 고취하게 된다는 점 등으로 볼 수 있다(S. A. Renshon, 5-9). 정치교육의 목적은 "국가라는 생활공동체의 안정과 유지 그리고 발전을 위해 요구되는 가치관, 지식, 태도 등을 육성하고자 하는 것"으로 볼 수 있다.

지구상 과거나 현재 어느 국가를 불문하고 정치적 시민성을 함양하기 위한 교육이 실시되지 않은 적은 없었다. 과거 통일 이전의 서독에서는 민주주의 이념과 민주적인 교육방식에 따라서 지금까지 지배체제의 권위적인 힘에 의해서 강요되어 왔던 것이 '동료적인 협동'으로 바뀌고 국가권력으로 인한 '자발적인 복종' 대신에 '대화와 설득'의 원칙이 적용되었다.[1] 미국에서는 사회과에서 공민교육의 일환으로서 시민교육이 실시되어왔다. 1951년에 미국사회과교육협회는 24가지에 달하는 시민성의 내용을 규정하였고, 민주적 정치체제의 유지·발전에 있음을 강조하는 버츠(Butts)는 12가지 민주시민의 덕목을 제시하였다. 시민교육을 통해서 기존의 가치나 규범을 전수하는 사회화(socialization)의 기능을 수행하기도 하지만 모두가 동등한 인간으로서의 권리와 책임을 수행할 수 있도록 돕는 반사회화(counter—socialization)[1]의 역할은 새로운 시민성 함양의 가치이며 추구해야 할 방향이 되기도 하였다.[2]

이와 같이 성숙한 정치적 시민이 되기 위해서는 자신들의 권리를 행사하고 책임을 완수하기 위한 지적 기능과 참여 기능을 함양해야 한다. 정치적 시민은 공공의 문제에 대한 설명, 분석, 평가, 옹호의 능력을 함양해야 하며 정치적 상호작용, 비판과 감시 작용, 투표와 같은 영향력 행사 등으로 영역을 확대해 오고 있다.

---

1 과거 서독의 정치교육의 특징이다. 국민윤리학회 편, 『정치교육』(서울: 형설출판사, 1984), 139.

2 반사회화는 독립적인 사고와 이성의 계몽 그리고 책임 있는 사회비판을 강조하는 것으로, 민주적 시민 능력에 있어 매우 중요한 역할을 한다.

2. 한국정치의 특성변화와 복잡계론

현대의 정치현상은 매우 복잡해져서 전통적인 방법으로 기술하고 전통적인 방법을 사용해서 제어하기가 쉽지 않다. 한국정치현상을 설명하고 기술하기가 어려워지는 근본적인 이유는 ① 한국정치체계를 구성하고 있는 체계구성요소들(system components)이 다양해지고 있고 ② 체계구성요소들 간의 비선형적인 상호작용(nonlinear interactions)이 증가하고 있기 때문이다.

일반적으로 복잡계는 에너지, 물질 그리고 정보의 흐름이 바깥에 공개된 체계이다. 복잡계의 형식과 전체는 복잡계로의 에너지, 물질, 정보의 흐름에 의해서 창조되고 복잡계의 결합력은 흐르는 에너지와 정보의 일부를 사용함으로서 유지된다. 복잡계의 구성요소들은 상호의존하면서도 상호간에 영향을 미친다. 복잡계에서는 수많은 변수가 유기적으로 작용하기 때문에 1대1 대응방식의 기계론적 과학이 적용되지 않는다.

복잡계의 다양한 현상을 분석하는데 유용한 개념인 정치적 에너지와 엔트로피, 공존을 위한 국제사회와의 공진화, 분화와 체계 통제(control), 파국과 혼동 등의 개념들을 활용하여 한국정치의 특성을 설명할 수 있으며 정치적 시민성의 내용과 한국사회 유지와 발전에 필요한 정치적 시민성도 설명될 수 있다.

한국정치의 특성 중의 하나는 한국사회의 다양한 갈등들 정치적으로 조정해 나가면서 정치공동체의 생존과 번영을 약속할 수 있는 공적인 합의 내지는 공적 가치를 창출해 내는 능력이 취약하다는 점에 있다는 견해가 있다(이현휘 167). 전통적으로 지속되어온 유교적인 생각과 행동은 합리적이면서 계산적인 판단이 매우 중요한 요소가 되는 정치적 시민성의 발달과 많은 갈등과 충돌이 있었던 것은 사실이다. 사회적 가치의 권위적 분배에 대한 한국정치의 갈등과 합의를 기준으로 해서 한국사회의 정치발전 단계를 다음과 같이 네 단계로 구분해 볼 수 있다.

첫째, 해방 이후 자유민주주의체제 정립기에 있어서 특징적인 정치적 시민성을 구별해 볼 수 있다. 이 단계에서 시민들에게는 국가의 공적 이익을 창출하기 위해서는 씨족 단위의 사적 이익을 넘어서는 헌신이 요구되었다(이현휘 174). 한국정치의 정신적 뿌리는 혈연적 유대에 의한 학벌 지역혈연주의와 유교윤리에 바탕을 두고 있었다. 해방 이후에도 일제의 잔재는 유교윤리와 혈연주의와 혼합된 상태로 국가 재건에 영향을 미쳤다. 이전에는 전혀 경험이 없었던 선거와 민주주의 정치시스템이 도입되었지만 운영 방식은 미숙하였다. 덜 훈련되고 과거의 습관에 의해서 정치행위를 하는 시민들은 서구적 민주주의정치를 일거에 뿌리내리게 할 수 없었다. 정치 지도자들 역시 압도적 다수 시민들의 정치성향을 리드하고자 했으나 '한국적 민주정치' 상황에서 크게 벗어나 있지 않았다. 1948년 제헌국회가 소집되고 이승만이 초대대통령에 취임하였으나 1960년 4·19시민혁명은 장기집권과 부정선거에 반발하였고 대통령은 하야 망명하였고 헌법을 개정하여 내각제를 실시하게 되었다.

한편 한반도 주변정세는 열전시대가 끝나고 냉전시대가 열림에 따라 소련과 미국의 기 싸움은 치열해졌다. 이에 따라 그 당시 초강대국 소련과 미국의 합의 하에 모스크바3상회의에서 한반도를 3·8선을 기점으로 나눈 뒤 대립하기로 결정하였다. 남한과 북한은 독자적으로 정부를 세운 뒤 소련의 원조 하에 북한은 남한침공을 결정하였고 1950년에 6·25전쟁이 일어나는 동안에 한반도는 해방 이후 생산해 놓았던 정치적 에너지를 소진하게 된다. 그리고 이 전쟁 중에 일어난 남한의 작통권 포기는 지금까지 논란이 되고 있다. 또한 6·25전쟁 말쯤에 일어난 중공군의 개입은 이후 소련의 몰락 뒤에 중국이 소련의 위상을 대신하게 되는 상황의 시발점이 된다. 이런 상황에서 시민들의 정치적 시민성을 찾아보기 힘들었다. 생존과 희생은 시민들에게는 가장 주요한 윤리적 시민성, 그 자체였다.

해방 이후 서구적 시스템의 국가 재건과 경제부흥을 향한 시민들의 정치적 에너지는 한국전쟁을 통해서 극한 엔트로피 상태에 도달하게 된다. 이승만 정부가 대선 조작을 통해 독재정치를 확립하려 하자 민주정치를 갈망하는 시민들의 거센 반발을 맞게 된다. 4·19시민혁명 이후 이승만 정부는 물러나게 되고 한국 정부는 파국상태에 직면하게 되었다. 두 갈래 치기의 상황에서 4·19시민혁명 정신은 한국인들의 새로운 정치적 에너지로서 작동하게 된다. 혈연주의와 유교주의는 한국인의 오랜 관습이었고 서구의 정치시스템으로 유입된 민주주의는 독재에 대한 저항의식과 혼재되어 당시 한국인의 정치적 시민성으로 나타났다.

또한 구한말에 대한제국이 망할 무렵 서구문명에 문을 걸어 잠근 데에서 원인을 찾을 수 있듯이 제2차 세계대전 이후 미국과 소련이 구조화시켜 놓은 새로운 질서에 대해서 대한민국은 공존에 실패했다. 평화공존을 위해 국제사회와의 공진화가 매우 필요했던 시점이었으나 전 세계적으로 구조화된 냉전질서 속에서 생존을 위한 대한민국의 반공이념은 다른 세계 국가들과의 공진화를 할 수 없는 요인이 되었다. 한국정부(government)는 한국인들이 지향하는 가치들을 권위적으로 배분하는데 있어서 완전히 일어서지 못하였고 다른 국가 특히 미국의 힘에 의존하였다. 또한 정치체제(political regime)는 혈연주의와 유교주의, 일제잔재의식과 서양민주주의 사상과 혼재된 상태에서 한국의 정치체계(political system)에 영향을 미쳤다. 특히 중앙집권적인 사상과 관리방식은 지역 분화를 통한 체계분권에 역행하였고 정치 정보의 소통에 있어서도 특정집단과 엘리트들의 통제로 말미암아 정치체계의 엔트로피를 증대시켜나갔다.

둘째, 경제발전과 반공이념으로 주도된 권위주의체제시대의 정치적 시민성이 있다. 박정희 대통령과 전두환, 노태우 대통령 시기가 이에 해당된다. 1961년 정치적 엔트로피가 극한 상황 하에서 5·16군사정변이 발생하게 되고 이후 30년 동안 군사정권이 한국정치를 주도하게 된다. 정치체제는 권위주의, 행정 능률주의, 혈연주의, 유교주의적 정서가 팽배하게 되고 경제성장 이데올로기가 서구적 민주정치에 우선하게 된다.

1970년 정부는 고속도로 건설을 계획하여 한강의 기적의 시발점이 되기도 하였으며, 경제 개발 계획과 새마을 운동을 통해 한국 경제에 엄청난 활력을 불어 넣었다. 정치적 에너지는 경제개발에 대한 국민의 전폭적 기대와 희망에 비해서 잠재된다. 성장을 위한 국민의식 계몽은 공동체주의로 꽃을 피우게 된다.

서구 민주주의의 진정한 개인주의 정신은 망각되었고 합리적 계산과 비판적 능력을 향상시켜나가는 정치적 시민성은 강조되지 못하였다. 1960년대 말부터 전 세계적으로 냉전체제의 일시적 화해가 모색되면서 상해공동성명에 이은 미국과 중공의 국교정상화는 한반도에 남북대화의 환경을 조성했다. 정치체계는 주변 국제정세 흐름에 공진화를 하였지만 정치체제의 지속과 체제안정의 명분하에 1972년 영구 집권을 위한 유신체제가 출범한다. 이를 통해 한국사회는 민주사회를 잃어버리게 되었고 정치적 엔트로피가 극한상황으로 치닫게 된다. 정치적 자유와 표현의 자유는 정부의 통제를 비교적 많이 받았고 시민사회에서는 민주사회를 향한 새로운 정치적 에너지를 생산해 나가기 시작했다. 1970년 청계천 피복노조에서 노동운동을 하던 전태일이 '사람답게 살 권리'를 주장하며 분신 자결함으로서 한국 노동운동의 불씨를 지피는 동시에 정부주도의 개발정책에 대한 개인적 삶의 중요성이 부각된다. 1980년 박정희 전 대통령이 피살된 후 한국 정치체계는 다시 혼돈(chaos)을 맞게 된다. 정치체제의 혼돈 속에 신군사 정부가 들어서게 되는데, 민주화를 향한 열망과 신군부 정부의 통제 하에서도 5·18과 같은 체제전환의 결정적 계기가 되는 끌개(attractor)가 나타났다.

결국 6·29선언을 통해 시민사회는 정치체제와의 협력적 관계를 갖게 되면서 체재 질식 현상을 극복하게 된다. 권위주의 체제를 벗어나기 위한 모습들이 나타나는 데, 평범한 보통사람의 이미지가 강조되면서 정치적 시민성은 타협과 조화, 중산층, 중용 등의 의미를 내포하게 되었다. 1988년에 대한민국은 재도약하게 되는 계기를 갖게 된다. 88올림픽을 계기로 국가 이미지 상승은 물론 국제외화를 상당수 유치하게 되어 사회·경제·정치를 비롯한 모든 분야에서 상승효과를 가져오게 된다. 외부로부터 유입된 정보(information)와 물질—에너지(matter—energy)는 정치체제의 지속과 성장을 강화시켜 주었다. 시민사회에서 성숙되어 나가고 있던 정치적 시민성은 국가발전과 성장을 위한 국민계몽적 차원을 넘어서서 비판 합리적 의식을 갖게 된다. 국가 공동체에 대한 헌신과 희생, 애국심에 서구 민주주의의 비판 합리적 의식이 합쳐지는 가운데 전통적인 유교주의, 혈연지역주의 등이 혼재된 상태로 정치적 시민성이 나타난다. 또한 냉전체제의 붕괴와 자유주의의 전 세계적 확산 속에서 과거의 이념 대결 하에서 적이었던 국가들과의 국교를 수립하게 되고 그에 따라 정치적 시민성은 배타주의가 아닌 포용과 화해의 덕목을 수용하게 된다. 권위주의적 정부의 성격변화로 인한 정치체제의 유연성과 탄력성이 돋보이는 동시에 시민단체들이 주도해 나가는 시민사회의 반사회화(counter—socialization)는 정치적 시민성의 새로운 내용영역으로 자리를 잡게 된다.

셋째, 연합민주주의시대의 정치적 시민성을 찾아볼 수 있다. 1990년에 3당 합당과 같은 연합민주주의의 초보적인 형태가 나타난다. 1987년 6월 항쟁으로 쟁취한 대통령 직접선거에서 신군부는 재집권에 성공했지만, 1988년 총선에서 패배하여 여소야대 정국이 형성되었고, 당시 대통령은 통일민주당, 신민주공화당과 합당하여 민주자유당을 출범시켜 여소야대를 극복하게 된다. 3당 합당은 정당의 정체성을 훼손하였지만 지역감정을 악화시켰다는 의미를 갖는 동시에 타협과 협상이란 민주주의 가치를 실현한 측면도 있다. 1995년에는 풀뿌리 민주주의인 지방자치제가 헌정사상 최초로 실시되었다. 당시 여당인 민자당은 15대 광역단체장 중에서 5개 구에서만 승리하는 참패를 기록하였다. 하지만 분권화와 기초 및 지방이란 용어가 강조된 정치적 시민성이 논의되었다.

1993년에 들어서 문민정부는 권위주의 정치체제를 벗어나는 계기가 되었는데 김영삼 대통령은 초기 집권 당시와는 달리 임기 마지막 년도에 비리를 비롯한 많은 사건에 휘말리게 되었으며 한국경제의 IMF라는 과제를 떠맡기고 퇴임하게 된다. 1994년 김일성 사망 이후 등장한 북한의 김정일 정부 출범 뒤 북한체제는 더욱 폐쇄적이고 친 중국적인 태도를 갖게 된다. 1997년 한국경제가 국제외화 부족으로 IMF를 통해 부채를 내게 되었지만 금모으기 운동 등으로 IMF체제 3년 만에 빌렸던 돈을 다 갚게 되었다. 이때 다시 과거 3당 합당의 정치적 행태는 김대중과 김종필의 연합에 의한 국민의 정부 창출로 반복되면서 향후 한국 민주주의에서 타협과 협상정신을 기반으로 하는 정치적 시민성을 논의하는데 더욱 기여하였다. 윤리가 아닌 정치는 타협과 협상이며 야

합과 이합집산이라는 통상 비윤리적인 성격으르 간주되는 용어들로부터 벗어나서, 한국인들에게 한국사회의 다양한 갈등을 정치적으로 조율하면서 공적 합의나 공적 가치를 창출할 수 있는 능력을 갖도록 하는 계기가 되었다.

권위주의 체제 하에서 형성되어온 시민사회의 민주화에 대한 열망을 통해 정치적 에너지가 발산되어 왔고 체제 엔트로피는 줄어들었다. 윤리적으로 서로 합해지기 어려운 정치세력들이 타협과 협상을 통해 '사회적 가치의 권위적 분배'를 이루어 낸 점은 한국사회가 보다 민주주의적인 방법으로 갈등을 해결해 나갈 수 있는 기폭제 역할을 하였다. 이런 방법은 과거 적이었던 북한에 대해서도 적용되어 한반도의 긴장을 완화해 주었고 포용과 관용의 가치를 정치적 시민성의 영역으로 끌어들였다.

사실상 3김 시대가 종식된 이후 참여정부의 등장은 한국정치의 패러다임에서 권위시대를 마감하게 한 계기가 되었지만 여권분열, 대통령 탄핵 등의 정치적 혼란과 계층 간 갈등을 유발하였다. 호남지역민들의 선택은 정치적 사고에서 보다 전략적 연합민주주의적인 분위기를 유발하였고 과거 '보통사람'론과 다른 서민 스타일이 국민들에게 자연스럽게 다가와서 정치적 삶의 영역을 중앙이 아닌 지역분권화에 보다 밀착되는 방향으로 인도하였다. 하지만 보수는 보수끼리 진보는 진보끼리의 연합적인 형태가 진보 속의 보수와 보수 속의 진보로의 연합형태로의 확대발전을 해나가면서 한편에서는 사회적 긴장과 갈등도 야기하였다. 한국인들에게 정치적 삶은 윤리적인 측면으로부터 벗어나서 이해관계의 득실을 따져보는 보다 정치적인 측면에 비중을 두는 방식으로 나아갔다.

넷째, 세계화 시대 다문화 사회의 정치적 시민성을 찾아볼 수 있다. 다양한 정치적 경험을 통해 한국인들은 보다 넓은 가슴으로 분별력 있는 정치적 시민성을 갖게 되었고 오늘날 한국사회는 그런 정치적 시민성을 갖는 시민을 필요로 하고 있다. 다문화 사회 세계화 시대 패러다임이 지배적이 되면서 이미 상당수의 외국인들과 더불어 살아가고 있다. 이제 과거 한국사회의 전통의식이 되어온 유교주의, 혈연주의, 지역주의, 권위주의 등에서 벗어나서 합리적 이해관계와 득실에 기초를 둔 정치공동체의 갈등조정방식은 한국인들에게 떠날 수 없는 정치적 시민성의 영역으로 자리매김을 하고 있다. 또한 여야의 평화적인 정권교체에 이은 과거 정권을 장악한 경험 있는 정당의 재집권은 시민들의 균형적이고 견제적인 의식을 배양하는 계기가 되고 있다. 시민사회의 성숙함과 정보통신기술의 발달로 인하여 서구에서는 오랜 민주정치발전기에 경험했던 일들을 해방 이후 45년 만에 압축파일로 정리해 놓고 갈등을 해결해 나가는 한국시민들이 늘어나고 있다.

보수와 진보 진영의 대결로 인해 한국사회가 파국으로 가는 것을 막기 위한 노력들이 있었다. 보수와 진보의 경쟁에서 어느 일방이 정권을 창출하던 간에 국가를 전체로 바꾸겠다는 생각과 이단세력을 발본색원하겠다는 생각을 버려야 하며 국가를 새로 만드는 것이 아니라 정책과 정부를 새로 만드는 게 목표가 되어야 한다는 합의가 마련되어 가고 있다.

인간을 중시하고(인본주의), 민주주의와 시장제도를 수용하며(민주주의와 시장제도), 외국과의 관계는 평화와 번영을 목표로 하고(평화와 번영의 대외관계), 다양한 의견을 존중하며(정치적 사회적 다원주의), 약자를 보호하고(사회적 약자의 보호), 개인뿐만 아니라 공동체를 함께 존중(개인주의와 공동체주의 동시 존중)하는 데에 대해서 보수 진보의 이념이 한 통이 되어야 한다는 시민성이 함양되고 제도화되고 있다고 생각한다.

시민들의 의식과 문화를 개선하는 문제로서 시민들이 정치(공공참여)에 관심을 높이는 방향들도 모색되어 왔다. 스웨덴 같은 국가는 정치참여를 높이기 위해서 국가적 차원에서 시민학교 스터디스쿨을 개설해 대다수 국민들이 합리적 유권자로서의 역할을 다할 수 있도록 제도적으로 강화해온 국가이다(장정애 1-5). 스웨덴은 시민교육제도와 기관에서 합리적이고 비판적인 시민을 양성하는 것에 대한 사회적 합의가 존재해 왔다. 시민학교는 스웨덴 전역에 150여 개가 있는 18세 이상의 성인교육기관이며 스터디서클은 시민학습 동아리와 같아서 최소 5-7인 이상이 결성되어 각종 시민교육 프로그램을 운영하면 스웨덴 시민교육위원회가 예산을 지급하여 시민으로 하여금 시민교육의 기회를 갖도록 한다. 이런 노력의 결과 스웨덴은 80% 이상의 투표율을 기록하고 있다. 한국의 지방선거의 투표율은 1회 지방선거(1995년) 68.4%, 2회 지방선거(1998년) 52.7%, 3회 지방선거(2002년) 48.9%, 4회 지방선거(2006년) 51.6%의 저조한 투표율과 함께 연령대별 투표율에서 보더라도 20대의 투표율이 제일 낮게 나타났다.

정당정치의 문제점을 극복해서 시민들의 정치적 시민성을 보다 합리적이고 비판적이면서 참여율을 높이는 차원으로 향상시켜야 할 필요가 있다. 정당은 정권창출을 최고의 목표로 두지만 정당 지지층을 넓혀 나가는 가운데 국민들에 대한 정치교육을 담당해야 할 책임 또한 있다. 그리고 정치적 시민성을 함양해 나가기 위해서는 제도적 보완을 해나가야 한다. 가령 많은 국가들에서 시행하고 있는 의무투표제를 도입하는 방안도 강구될 필요가 있다. 이런 노력들을 통해서 한국사회의 시민들은 보다 고도의 정교한 정치적 시민성을 다듬어 나갈 것으로 기대한다.

1990년 3당 합당으로 촉발된 연합정치(coalition politics)는 공동목표를 달성하기 위한 다른 정치세력과 정당들이 연합하는 것을 말한다. 과거 선거에서 시민사회와 정당 간의 연합이 있었듯이 시민사회에서부터 정당에 이르기까지 광범위한 정치현상으로 나타나고 있다. 한국사회가 복잡해지고 다원화되어 감에 따라서 기존의 정당만으로는 정치적 에너지를 생산하고 소비할 수 없다.

정권창출과 정당은 한국사회에 깔려있는 다양한 욕구와 갈등을 해결해 나가는 정치기제인데 제대로 된 역할을 하고 있는지 의심스럽다. 또한 정당은 시민들의 정치적 사고와 행동을 인도해 나가는 역할을 맡고 있고 시민들의 정치적 시민성을 함양해 나가는데 많은 노력을 할 필요가 있다. 정치적 시민성은 선거과정과 투표로 그 꽃을 피운다. 정치적 에너지는 선거를 통해 발산되고 사회적 갈등을 해결하지 못하면 정치적 엔트로피는 증대되고 혼돈과 파국현상이 나타날 것이다.

한국정치에서 발현되고 있는 시민들의 정치적 시민성은 정부와 체제 및 체계와의 투입 산출적 작용을 통해 발전되어왔다. 특히 반정치적 전통(이현휘 166)으로부터 벗어나서 대화와 타협을 통해 공적 이익을 창출하기 위한 사회적 합의를 적극적으로 모색해 왔다. 이런 맥락에서 과거의 체제안정과 존속을 강조하였던 윤리적인 측면에서 벗어나서 공적 이익을 창출해 나가기 위한 분별력 있고 비판합리적인 이성을 계발하는 방향으로 시민들의 정치적 시민성을 함양해 나갈 필요가 있다.

참고문헌

박용헌. 1973.『사회적 행동과 학습』. 서울: 형설출판사.

심연수. 2008.『시민성과 교육』. 광주: 광인문화사.

______. 2010. "2010 천안함과 대학생."《호남대신문》 333호.

이현휘. 2010. "정치윤리의 반정치적 전통과 민주주의의 굴절."『국권상실 100년 특별학술회의 논문집: 21세기 대한민국, 문화대국에의 비전과 전략』. 한국정치학회. 2010년 3월 12일.

장정애. 2010. "지방선거와 시민교육: 합리적 시민권을 중심으로."『2010년 동아시아국제정치학회 및 한국시민윤리학회 공동춘계학술회의논문집』. 2010년 4월 16일.

S. A. Renshon(Ed.). 1977. *Handbook & Political Socialization*. New York: Free Press.

04

Resilience와 세계시민성*

이문영(호남대학교 인문사회과학연구소 연구위원)

1. Resilience의 개념

1) Resilience의 사전적 의미

Resilience란 우리말로 '리질리언스'로 표현되고 번역했을 때, 탄력, 탄

* 이 글은 2014년 12월23일(화) 오후2시에 호남대국제회의실에서 호남대 인문사회과학연구소와 관광문화연구소가 공동개최한 'Resilience & Global Citizenship'이란 주제의 학술대회에서 발표한 호남대 이문영 교수가 발표한 자료이며 발표자의 허락을 받고 게재한다.

성, 복원력 또는 회복력, 쾌활, 활기, 원기를 의미[1]한다. 그러나 그 의미가 매우 포괄적이어서 사회학, 경제학, 물리학, 심리학 등에서 사용될 때는 학문의 특성에 따라 차이가 있다. 예컨대 사회학에서는 사회적인 무질서 상황에서 질서를 되찾는 성질을 의미하고, 물리학에서는 어떠한 물리적 성질을 가진 물질이 원래의 자리나 모양으로 되돌아오려는 특성을 의미한다. 그리고 본 글에서는 심리학적인 의미를 중심으로 살펴볼 예정이다.

2) Resilience의 신체적 개념

Resilience를 생물학적 의미로 적용해 볼 때, 생체에 대하여 외부환경이 변화하였을 때 원래의 상태를 유지하려는 성질 또는 외부충격에 대한 신체 방어능력이라는 점에서 항상성, 즉 homeostasis에 해당한다고 볼 수 있다. 생물의 경우, 열역학법칙으로 인해 무질서도가 높아지려는 무기적 환경에 대하여 일정한 체온, 혈당, 대사 등을 유지하려고 한다. 동물의 경우, 이를 위해 외부로부터 음식물을 섭취하고 에너지를 생산하여 외부환경에 대항하게 된다. 특히 이러한 항상성을 유지하는 데에는 중요한 두 가지 기전이 존재하는데, 호르몬과 자율신경계가 그것이다. 여러 종류의 호르몬이 존재하지만 대표적으로 혈당을 조절하는 인

1 순수한 사전적 의미.

슐린과 글루카곤은 서로 길항작용을 함으로서 일정한 수준의 혈당을 조절하게 된다. 또한 교감신경과 부교감신경은 생리학적 그리고 정서적인 영향에 의해서도 조절된다. 외부로부터 스트레스를 받는 경우 교감신경의 자극에 의하여 부신으로부터 코티솔(cortisol)이라는 호르몬이 분비된다. 이 호르몬은 혈당과 체온을 높이고 온 몸의 근육에 혈액공급을 왕성하게 함으로서 외부의 스트레스로부터 견디도록 해준다. 이러한 이유로 코티솔을 '스트레스 호르몬'이라고도 한다. 즉 다시 말해 항상성은 생물학적 복원성이라고 할 수 있다. 항상성이 깨진 경우, 신체의 생리학적 기전이나 해부학적 구조가 가역적 또는 비가역적으로 정상범위를 벗어나게 되는데, 이것이 바로 질병이다. 이것은 육체적 생리에 그지 않고 정신의학적으로도 적용되는데, 이것은 뒤에 이어질 심리학적 개념과 밀접한 관련을 가지고 있다. 즉 외부로부터 받은 정신적인 스트레스는 생리학적인 기전과 더불어 상호 협조함으로서 방어를 하게 된다.

3) Resilience의 심리학적 개념

Resilience는 국내의 심리학에서 탄력성[2], 심리적 건강성[3], 회복력[4] 등으로 불렸으나, 최민아 등[5]에 의해 회복탄력성(psychological resilience)이라고 정리되었다. 이것은 밑바닥까지 떨어져도 꿋꿋하게 되튀어 오르는 능력으로서 위기나 역경을 극복하고 행복이나 긍정적인 상태로 돌아가는 인지능력 즉, 역경을 이겨내는 긍정적인 힘을 의미하며, 생애적 위기에서 바닥을 치고 올라올 수 있는 힘과 능력을 의미한다. 이에 그치지 않고 바닥에 떨어졌을 때 원래 있었던 위치보다 더 높은 곳까지 올라간다는 것까지 내포한다. 또한 그러한 사람을 '회복탄력성이 좋다'라고 표현할 수 있다.

김주환은 그의 저서[6]에서 '회복탄력성 지수(RQ: resilience quotient)'를 소개하였다. 이것은 회복탄력성을 나타내는 객관적 지표로, 사람들의 회복탄력성 정도를 알아볼 수 있다. 이의 측정을 위해 기존의 측정도구를 번역하고 정리한 'KRQ–53'이 개발되었다. 이것은 회복탄력성을 자기조절능력, 대인관계능력 및 긍정성을 세분화 하였고 이를 설문으로 측정하게 된다. 자기조절능력은 감정조절력, 충동통제력, 원인분석력으로, 대인관계능력은 소통능력, 공감능력, 자아확장력으로, 긍정성은 자아낙관성, 생활만족도, 감사하기로 각각 세분화된다.

---

2 홍은숙. 2006. "탄력성의 개념적 이해와 교육적 방안." 『특수교육학 연구』 41권 2호, 45-67.

3 이완정. 2002. "발달과정에서 위험요소에 노출된 유아의 심리적 건강성과 보호요인 분석." 『아동학회지』 23권 1호, 1-16.

4 김혜성. 1998. "회복력 개념 개발." 『대한간호학회지』 28권 2호, 403-413.

5 최민아·신우열·박민아·김주환. 2009. "커뮤니케이션 능력은 우리를 강하고 행복하게 만든다: 회복탄력성과 자기결정성을 통해 본 커뮤니케이션 능력의 역할." 『한국언론학보』 53권 1호, 199-220.

6 『회복탄력성: 시련을 행운으로 바꾸는 유쾌한 비밀』. 위즈덤하우스, 2011.

〈그림 2〉 회복탄력성(resilience)의 구성요소

2. Resilience와 세계시민성의 관계

1) Resilience의 의의

회복탄력성은 '정신적 건강' 혹은 '정신적 체력'에 비유될 수 있다. 신체적 체력이 좋은 사람이 물리적 충격이나 짐의 무게를 잘 견디는 것처럼, 회복탄력성이 좋은 사람이 외부환경의 악조건에 잘 견딘다는 것이다. 이것은 정신의학적으로 매우 중요한 의미를 가진다. 같은 외부의 스

트레스에도 사람의 회복탄력성에 따라 다시 튀어오를 수도 있고 그대로 깨질 수도 있다는 의미이다.

이러한 회복탄력성이 우리나라에서 특별한 의의를 갖는 것은 한국인의 회복탄력성이 다른 나라에 비해 상대적으로 약하기 때문이다.[7] 즉 한국인이 외국인에 비해 외부의 충격이 왔을 때 회복하는 능력이 적거나 회복하는 사람의 비율이 적다는 뜻이다. 우리나라의 자살률이 OECD 평균의 3배에 달하는 것도 이와 무관하지 않는다. 회복탄력성은 고정된 것이 아니라 향상될 수 있는 만큼, 사회적인 공감대와 논의가 필요하다.

신체적 건강	심리적 건강
근육의 양	회복탄력성
체력	회복탄력성 정도
짐의 질량	스트레스의 크기
신체적 피로	곤란한 상황에 직면
운동	회복탄력성 증진

〈표 1〉 회복탄력성의 신체적 비유

2) 세계시민성과의 관계

회복탄력성과 세계시민성의 관계는 크게 두 가지 측면에서 살펴볼

7 『회복탄력성: 시련을 행운으로 바꾸는 유쾌한 비밀』. 위즈덤하우스, 2011.

수 있다. 첫 번째는 세계시민성이 개방성과 다양성을 전제로 하고 있고 경직된 사고를 경계한다는 점에서 회복탄력성의 요소인 소통능력이나 공감능력의 향상에 도움이 될 수 있다는 점이다. 즉 세계시민성의 교육과 확산은 자연스럽게 회복탄력성에 긍정적인 영향력을 미치고 이것은 정신건강의 향상으로까지 이어질 수 있다.

또 하나의 측면은 한국인의 회복탄력성이 약하다는 면에서 볼 때, 세계시민성을 통한 세계적인 의식수준 향상이 회복탄력성에도 좋은 영향을 줄 수 있다는 점이다. 특히 한국문화의 특성상 강압적인 군대문화와 수직적인 유교문화 등이 사회의 여러 영역에서 영향을 미치고 있는 것이 사실이다. 이러한 정신적 억압이 될 수 있는 문화들은 정신적 여유를 위축시키고 외부의 악조건에 대해 방어할 수 있는 정신적 면역력을 떨어뜨리게 된다. 이러한 부정적인 요소들을 세계적 수준의 이타성과 상호성의 적용으로 희석시켜간다면 보다 유연한 사고와 강인한 정신건강을 유지할 수 있을 것으로 본다.

2장
교육·문화·종교 시민성

01

시민들의 시민성 함양과 지속적 연구 배경

심연수(호남대학교 인문사회과학연구소 소장)

이 장에서는 한국사회에서 시민성을 지속적으로 연구하고 시민들의 시민성 함양이 필요한 이유를 다음과 같이 살펴본다.

첫째, 해방 이후로 그동안 한국사회 발전과정에서 정치사회경제적 갈등을 가져온 가장 근본적인 문제의 하나를 찾아보자면 '정의원리(principle of justice)'가 지속되고 하나의 정체성으로 확립되지 않았다는 점과 시민성 함양의 부재를 연결해서 생각해 본다.

제1공화국 이후부터 각 정권이 내세운 정치구호는 많았지만 무수한 정치구호의 배후에 구성되어 있는 정의원리는 제대로 형성되지 않았다.

단적인 예로 '정의란 강자의 이익이다'는 고대 철인의 주장이 우리의 과거 정치에서 분명하게 나타났다. 하지만 이스튼(David Easton)의 정의에 의하듯이 정치는 "가치의 권위적 배분"이라고 할 수 있다. 이런 개념적 규정에 의하여 볼 때, 한국 정치에서 배분을 정의롭게 할 수 있는 주체는 누구였던가? 그리고 어떤 원리에 기준을 두어서 정의롭게 배분을 해왔던가? 불행하게도 한국정치에서는 배분을 정의롭게 할 수 있는 주체가 다수가 아닌 소수에 의해서 이루어지고 있으며 그리고 배분의 기준 또한 합의와 협의에 의한 기준이 아닌 소수의 힘 있는 권력자들의 의지에 의해서 지속되고 있다. 바로 이런 점이 한국 정치의 위기의 한 원인이 되었다.

물론 한국정치에서 반복적으로 등장하는 '위기' 현상은 복합적이어서 어떤 단일 원인만으로는 규명해 낼 수 없을 것이다. 하지만 이스튼의 정치개념을 놓고 볼 때 그간 한국의 성장과정에서 배분의 기준이 공정하였는지 반문해보면서 한국정치의 위기의 한 원인과 연계시켜볼 필요가 있다. 한국사회는 민주주의와 자본주의의 원활한 연계 속에서만 그 안정을 유지해 나갈 수 있다. 한국사회의 위기의 원인을 보는 시각에는 여러 가지의 측면이 있겠으나 민주주의와 자본주의 체계의 원활하지 못한 연계점에서 그 원인을 찾아 볼 수 있다.

자유민주주의 국가로서 한국사회에서 시민들의 생활에서 무엇보다도 중요한 것이 합의를 통한 정의원리를 형성하는 것이다. 한국의 정치체계는 기본적으로 오토포이에시스(autopoiesis: 자기갱신)적인 체계로서 국민적 합의를 통한 정의원리를 산출하여 정치적 위기와 사회적 위기를 극복할 필요가 있다. 한국사회의 정체성 확립에 있어서 그 무엇보다도 요구되는 것이 국민적 합의를 통한 '가치의 권위적 배분력'이다.

일반적으로 오토포이에시스적인 체계는 조직적으로 환경으로부터 어느 정도 폐쇄적인데 외부환경에 대한 물질에너지의 교환을 통한 측면에서의 정의원리를 도출하는 것이 무엇보다 필요하다. 진정으로 한국사회가 지속가능한 사회로 성장 발전해 나가기 위해서 시민사회의 복합적인 환경에서 오토포이에시스적인 체계로서의 기능을 하는 정의원리를 확립하는 것이 필요하다.

그리고 오토포이에시스적인 체계로서의 기능을 하는 정의원리를 확립하기 위해서는 에너지와 정보의 흐름을 용이하게 하는 정의로운 환경을 만들어나가는 것이 필요하다. 그러면서 권위주의 정권에서 증가된 엔트로피의 감소를 위한 사회적 노력과 합의를 하는 것이 무엇보다 필요하며 아울러 네겐트로피를 증대시키는 것이 필요하다. 이런 다이나믹한 시스템에서 구성원들과 시스템은 긍정적인 부의 피드백이 필요하다. 구성원들인 시민들의 건전하고 비판적인 사유를 배경으로 하는 시민성을 함양해 나가는 것은 시스템의 발전에 있어서 일종의 부의 피드백으로 작용한다.

둘째, '인류세(人類世, Anthropocene)' 시대 지구 관리의 필요성이 급증하고 있으며 하나의 지구촌에서 살아가는 전 세계의 시민들에게 시민성 함양은 필요하다.

지구 전체에 존재하는 모든 것은 하나의 생명체처럼 상호 유기적으로 연결되어 있다. 과학기술의 발달과 사고의 외연확장으로 인한 세계화와 무국경현상은 이제 세계인을 하나로 묶고 있다. 인류 존엄성 실현과 복지 확대를 위해서 인간의 선을 확대 재생산하기 위한 세계화와 개방화 못지않게 악의 존재도 항상 인류 번영 주변에 맴돌면서 확대재생산하고자 하는 경향을 멈추지 않고 있다. 산업혁명 이후로 인간은 주변환경개발을 위한 기술합리적 이성의 활동영역을 우주에까지 확장시키고 있다. 인류세를 주장하는 학자들은 대부분 지구 역사 중 백악기 말 생물종의 75%가 멸망한 이후로 비슷하게 산업혁명의 영향으로 인류의 생태계 파괴가 이루어져서 향후 500년 동안 지구 생물종의 20-50%까지 멸종할 수도 있다는 주장을 하고 있다. 인류세에 대한 관심이 점증하는 것은 자연적인 과정이라기보다는 지구를 하나의 시스템으로 볼 때, 지구시스템이 인류생존과 활동에 심각한 영향을 미치고 있다는 점을 인간들이 깨닫고 있다는 의미이다. 화석연료의 사용으로 나타난 온실가스는 지구온난화와 기후변화를 낳았다. 과다한 질소는 호수와 바다로 흘러들어가서 식물플랑크톤이 과도하게 번식하고 바다에서 산소가 사라져 죽음의 물로 변하게 된다. 인간의 욕심에 의한 숲과 습지가 파괴되고 방사능과 콘크리트 잔해 및 플라스틱 쓰레기는 인류세의 화석이 되어가고 있다. 당장의 이익과 욕심의 탐닉 지향적 지능의 발전은 이성의 반성적 사유로 회복되어야 한다.

독일의 현대 철학자 하버마스(Jürgen Habermas)가 비판했던 기술지배적 합리성을 회복시킬 반성적 비판사유능력을 함양해 나가야 한다. 훈련받지 않고 습관적이지 않은 반성능력은 단지 기술 도구적 합리성에 종속되어 위기를 모면하기 위한 변명과 거짓행동의 수단으로 작용하게 된다. 오늘날에 한국사회의 많은 문제점들은 반성적 사유능력 배양에서 찾을 수 있다. 보편적 복지와 선택적 복지에서의 갈팡질팡하는 정치권의 모습은 현실에 대한 철저한 분석과 미래에 대한 처절한 책임감과 실천력의 부족에서 나온다. 근대화에 길들여진 기술합리적 이성의 비만증세는 선거공약에서도 복지문제로 유권자들에게 여전히 다가가고 있다. 유권자들도 길들여진 유혹에서 벗어나려는 반성적 비판사유가 부족하다. 현재의 증세 및 복지문제는 다름 아닌 정치영역에서 비판적 사유능력의 부족에 기인한다. 학교교육 등에서 비판적 사유능력의 배양은 한국정치의 반성적 사유능력을 향상시켜 정치생태계의 생존발전을 가능하게 할 것이다. 인류세 시대에 한국의 산업화와 근대화 과정에서 매몰되었던 반성적인 비판이성 능력을 갖도록 하는 것이 교육계와 사회 각 영역에서 필요하다.

셋째, 2015년 메르스 확산은 한국사회의 안전 불감증 현상을 여실히 드러내 주었다. 아직도 끝나지 않은 질병 확산이지만 한국사회에 처절한 반성의 기회를 주고 있다. 또한, 촛불시위에서 노정되었듯이 부패와 부정에 대한 소위 깨어있는 시민론의 발상에서 시민성 함양이 필요하다.

과거 임진왜란이 발생했을 때 조정을 중심으로 한 조선사회는 무사안일주의, 무사태평, 무책임감 등으로 범벅이 되어 있었다. 역사적 교훈에서 분명히 인식할 수 있는 바, 평상시 시민들의 분명하지 않은 태도와 소신 없는 행동은 위기 시 결단력 있는 행동을 가져오지 않는다. 이번 메르스 확산 과정에서도 초기 대응 실패와 한국인들의 온정주의적 병실문화가 그 문제점으로 지적되고 있다.

체계이론(system theory)에서 볼 때, '나'와 주변을 경계 짓는 사고와 행동은 자기조직화를 갖게 한다. 평상시 '나'와 다른 환경과를 구별하지 않으려는 태도는 위기시 무책임감을 낳게 한다. 이런 태도는 사회적으로는 무사안일주의와 무사태평의 기조를 이루게 한다. 흐리멍덩한 생각을 평상시 키우다 보면, 그런 인물들이 책임지는 자리에서 막상 책임을 지지 못하는 깨어있지 못한 정부로 비판을 받게 된다. 깨어있는 시민들은 자신들과 주변을 경계 지으면서 보다 적극적이고 책임감 있게 자신을 조직해 나간다. 그만큼 책임을 갖는 생활태도를 낳게 되는 것이다.

하지만 한국사회의 갈등 및 부패와 부정은 과거 단선적인 인과관계로 풀 수 없는 현상들이 많다. 즉 복합적인 원인을 갖고 있는 문제들인 것이다. 전 지구의 생명체들은 전체로서는 하나의 부분으로서 또 다른 생명체를 구성하고 있다고 볼 수 있으며 모든 생명체들은 유기적으로 가깝게 또는 멀게 반드시 연결되어 있다. 그러나 이런 부분들도 다른 것들과는 경계를 갖고 있다. 다른 존재하는 것과 경계를 분명하게 짓고 자신의 특성을 분석하고 자신만의 개성을 유지하기 위한 부단한 활동을 '비판체계사고(critical systems thinking)' 활동이라고 부를 수 있다.

한국에서 메르스 확산과 같은 문제들은 '깨어있는 시민'들을 만들기 위한 비판 체계적 사고활동이 저조해서 나타난 현상이다. 임진왜란 때 정부는 무능하였지만 깨어있는 전국의 의병들이 정부를 각성하게 하였고 결국 국난극복의 큰 힘이 되었다. 이번 메르스 확산에서도 '깨어있는 시민', 의사와 간호사들은 마치 의병처럼 위기를 극복하게 하는 큰 힘이 되고 있다. 앞으로도 한국사회가 '깨어있는 시민'들이 책임 있는 행동을 하도록 비판체계사고 능력을 향상시켜 나간다면, 한국사회는 보다 성숙하게 될 것이다. 최근 공무원연금 개혁 진통 과정에서도 '깨어있는 시민'들이 정확한 정보판단을 했다면 그런 진통은 발생하지 않았을 것이다. 연금법 갈등은 과거 정부에서 비롯되어온 문제였는데 왜 당시 정확한 연금과 경제상황에 대한 분석을 하지 못했는지를 반성해야 한다. 당시 관련된 사람들이 복잡한 변수들에 대한 다양한 해법을 놓고 격론을 벌인 다음 연금 관련 법안을 만들었다면 어떠했을까? 물론 당시에도 열심히 노력을 했었다고 변명할 수는 있겠지만, '깨어있는 시민'들이 비판체계적 사고로서 정확한 정보판단을 했다면 오늘날과 같은 연금 관련 갈등은 줄어들었을 것이라고 본다. 부정확한 정보판단은 정책실패에 이르고 궁극적으로는 정부실패(government failure)를 낳을 수도 있다.

선진사회는 비교적 좋은 법제도로서 사회를 잘 통제한다. 평상시는 잘 몰랐지만 위기가 닥쳐올 때, 후진사회에서는 혼란과 갈등을 해결할 수 있는 관련법이 없거나 있어도 제대로 작동하지 않는다. 인간 사회에 필수적인 법은 '깨어있는 시민'들이 현상에 대한 투철한 사명감으로 철저한 분석을 바탕으로 만들어져야 한다. 대충 만들어지면 결국 그 부담은 고스란히 시민들에게 되돌아간다. 최근 대한민국 사회에 인문학 열풍이 불고 있다. 실정법에 대한 인문학적 정신은 결국 자연법사상에 이르게 한다. 그런 자연법은 평상시 비판체계적 사고를 하는 '깨어있는 시민'들이 볼 수 있고 다룰 수 있는 영역이 될 것이다.

넷째, 근대화, 산업화와 정치발전 과정에서 한국시민들은 수많은 트라우마를 갖고 있다. 이런 트라우마 극복과 치유를 위해서는 국가사회적인 노력이 필요하겠지만 시민들의 개별적인 노력도 요구된다. 집단적이든 개인적이든 '인격공감'에 의해서 트라우마를 치료해 나가기 위해서는 시민성 함양이 필요하다.

정신적 외상인 '트라우마'는 인간에게 충격적 경험이 잠재의식에 각인되었다가, 때때로 무심코 떠올리는 기억으로 드러나 심각한 정신적 고통을 유발하는 병증이다. 외상 후 스트레스 장애(Post-Traumatic Stress Disorder, PTSD)는 신체적인 손상과 생명의 위협을 받은 사고에서 정신적 외상을 받은 뒤에 나타나는 질환으로서 세월호 참사 이후 한국사회에 많이 등장하는 용어이다. 하지만 참혹한 사건·사고를 자주 접하는 경찰관과 소방관, 그 피해자들을 대하는 간호사나 심리치료사들에게도 2차 트라우마가 나타난다고 한다. 하지만 정보화의 발달로 인하여 사건사고의 현장이 제3자에게 감정이입되어 사고의 당사자인 것처럼 공포·분노·불면·우울과 같은 정신 증상을 겪을 수 있다. 대형사고 이후에 연쇄적인 안전사고에도 영향을 미칠 수 있다.

2014년 4월 세월호 참사 현장, 특히 배가 뒤집어져서 고귀한 인격들이 '수장'되어 가는 장면은 전 세계에 중계된 것이나 다를 바가 없었다. 그것을 바라보는 세계의 수많은 인격들은 사고의 당사자인 것처럼 공포·분노·불면·우울과 같은 정신 증상을 겪을 수 있다. 동정이나 공감으로 번역되는 'sympathy'의 어원에서도 나타나듯이, 인격들은 원래 다른 사람의 기쁨과 즐거움보다는 고통과 죽음에 대해 느끼는 정도가 더욱 강한 것 같다. 그러나 피해자에게 동정(sympathy)을 품고 위로하는 등의 실천은 또 다른 공감(empathy)이다.

세월호 참사 유가족 관련 트라우마에 대한 관심이 집중되면서 광주광역시에도 5·18민주화운동의 아픔을 치료하기 위한 센터가 있다는 사실이 전국에 알려졌다. 그러나 트라우마 치료의 목표를 어디에 두는가를 생각해 보면서 의문이 생기기 시작한다. '국가폭력'이란 용어가 어디서부터 시작되었는지는 모르겠지만 무분별하게 사용되는 경향에 대해서 지적하고 싶다. '국가'와 '정부' 그리고 '정권'은 분명히 구별되는 용어이다. '국가폭력'은 국가를 어떻게 보아야 하는 문제와도 결부되는 용어이다. 그리고 국가를 구성하는 요소는 많이 있는데 특정 정치나 정권 등에 의해 이루어진 폭력을 국가 전체와 동일시해서는 안 된다. 트라우마 치료 목표가 특정 정치적 이데올로기에 천착되어서는 안 된다. 또 다른 증오, 복수나 고통을 야기하는 차원을 원하는 인격은 아무도 없을 것이다. 또한 정치적 이데올로기의 개념을 내포하게 되는 특정 시공간적 집단사유 방식을 지향해서도 안 된다. 시민성(citizenship)의 회복에 두고 세계시민성을 지향하는 방식이 되어야 한다.

기원전 1세기경의 로마의 정치가이며 철학자인 키케로(Cicero)는 『의무론』(De officiis)에서 인격(persona)은 다른 인간과 공유하는 공통적 본성, 즉 이성적 능력, 각 개인의 고유한 신체적, 정신적, 기질적 특성들,

어떤 우연이나 상황이 우리에게 강제하는 사회적 역할, 자기 자신의 결정과 선택에 의해서 우리에게 주어지는 것들로 구성되어 있다고 하였다. 트라우마의 치료는 인격을 구성하고 있는 구성부분에서 손상된 측면을 보완해 주는 방향이어야 한다. 외국의 자살 방지 사례에서 사회의 모방자살을 방지하기 위하여 자살보도를 자율 규제한다는 모 방송사의 보도를 접한 적이 있다.

세월호 참사 희생자 가족들이 겪는 고통에 대한 동정과 공감이 사회적으로 확산되었다. 희생자 가족들과 함께하는 외상 후 스트레스 장애나 2차 트라우마가 발생하는 경우에 치료의 목표를 인격 회복에 두어야 한다. 키케로가 언급한 인격의 구성요소 중 어디에 더 상처를 입었는지를 분석해서 적극 대처해 나가는 것이 현명하다. 프란치스코 교황이 방한 중에 세월호 희생 유가족들과 만나 공감하는 장면을 기억한다. 또한 교황이 로마로 돌아가서 한국인들에게 오히려 위로를 받았다고 한 것은 무엇을 의미하는 것일까? 다름 아닌 인격에 대한 공감(empathy)이었을 것이라고 생각한다.

하지만 무슨 이유 때문에 인격공감론을 제시하는가? 세월호 참사 이후 세월호 희생 가족들과 사회구성원들과의 관계에 대한 문제인식에서 비롯될 수 있다. 정신적 외상인 '트라우마'는 충격적 경험이 잠재의식에 각인되었다가, 때때로 무심코 떠올리는 기억으로 드러나 심대한 정신적 고통을 유발하는 병증이다. 인격이란 무엇인가? 인격의 어원인 페르소나(Persona)는 희랍어 프로소폰(위격)에서 왔다고 하며 '가면'(역할, 캐릭터)을 의미한다. 로마시대에서 이 말은 '가면, 극중역할, 옷이나 옷을 입은 사람, 가장 거짓속임수'를 의미했다. 사회체계 내에서의 역할로서의 페르소나는 키케로 이후부터 연극, 법정, 국가기관, 가정 등에서의 특별한 역할들의 복합체로 나타났다. 키케로는 『의무론』에서 네 가지의 페르소나가 있다고 했다. 첫째, 다른 인간과 공유하는 공통적 본성, 즉 이성적 능력, 둘째, 각 개인의 고유한 신체적, 정신적, 기질적 특성들, 셋째, 어떤 우연이나 상황이 우리에게 강제하는 사회적 역할, 넷째, 자기 자신의 결정과 선택에 의해서 우리에게 주어지는 것들이 그것이다. 중세 철학에서 인격의 존재론적 의미(철학적, 신학적 의미)는 이성적 본성을 지닌 개별적 실체(Boethius, 480–524), 이성적 본성 안에 그 자체로서 자존할 수 있는 존재(Thomas Aquinas, 1225–1274)로 다루어져서 페르소나 개념이 신, 천사, 인간에서 공통적으로 사용되었다. 중세에는 〈위격〉을 이성적 본성을 지닌 〈자주체hypostasis〉의 일종으로 만들고, 다른 〈위격〉들과의 관계에 의해서 일차적으로 정의되는 〈자주체〉로 만드는 노력의 과정이 있었다. 근대철학에서는 심리학적 의식으로 전환되었다. 데카르트(Descartes)는 인격을 존재의 자율성이 아닌 자기의식(자아)의 관점에서 이해하였다. 흄(Hume)은 인격을 감각들의 다발로 환원시켜 버렸고, 프로이드(Freud)는 본능적 충동으로 대체하였다. 피히테(Fichte), 헤겔(Hegel) 같은 관념론자들은 이성을 인격의 구성이 아니라 절대시해서 인격과 동일시하였다. 셸러(M. Scheller)와 부버(M. Buber)는 근대 인권유린 사태 이후 인격 개념의 반성적 결과로서 상호주관적 대화적 방법을 제시한 바가 있다. 또한 칸트(Kant)는 인격을 주지주의에 따른 오성의 판단작용, 이성의 합리적 계산판단작용으로 보면서 이성주의적 이해를 하고자 하였다. 하지만 셸러는 정신, 감정, 선호, 사랑, 미움, 의욕과 같은 감정은 선천성이 있으며 '마음의 질서' '마음의 논리'가 존재한다고 하였다. 즉, 감정도 감지작용, 선호 및 경시작용, 사랑과 미움의 작용을 한다고 주장했다. 그는 감성주의적 이해를 통해 정서적 직관의 선호작용과 정서적 선험성(emotional apriorism) 등으로 인격을 이해하고자 하였다. 인격은 이성적 법칙에 따르는 작용활동의 논리적 주체인 동시에 감정의 여러 지향적 작용들을 통합해 주는 것이고 모든 작용들의 중심체이다. 전형자가 의욕하고 행동했던 방법을 배운다. 마음과 태도의 변화는 의지와 행동보다는 윤리적 가치, 가치 선호, 사랑과 미움과 같은 직관과 관련이 있다. 감정도 가치처럼 위계질서가 있다. 해로움을 주는 존재에 비판하면서 받는 사람에게 무관심한 것은 올바른 감정이 아니다. 피해자에게 동정(sympathy)을 품고 위로하는 등의 실천을 하는 것은 공감(empathy)이다(이인재 397–429).

융(Jung)은 무의식을 개인적인 개인무의식과 이보다 깊고 강력한 집단무의식으로 나누었다. 이 관점에 따르면 직립하는 사람을 보지 않은 유아일지라도 인류에 유전된 집단무의식이 작동하여 스스로 직립을 한다는 것이다. 그리고 유아는 무의식의 영향 하에서 가면을 쓴 존재 페르소나(persona)로 일생을 산다. 개인무의식은 경험을 통하여 개인의 내면에 잠재하는 그림자와 같은 의식으로 한 인간의 생각, 감정, 행동에 영향을 주는 반면 집단무의식은 민족이나 종족 등에 유전되는 집단의 공통된 정신이며 심상이다. 집단무의식은 인식되거나 의식되는 경우가 거의 없지만 인격 전체를 지배할 뿐 아니라 집단적으로 유전되므로 매우 강력하고 광범위하다(김재영). 결국 인격에 대한 이해의 부족에서 트라우마 이해의 불충분성이 나온다.

그렇다면 인격을 어떻게 봐야 할 것인가? 공감을 통해서 바라볼 수 있다. 공감은 시민성의 한 구성요소이다. 공감의 어원적 의미는 다른 사람의 고통이나 열정을 내 안에서 느끼는 것을 의미한다. 연민(compassion)의 어원학적 뿌리는 고통을 함께 하는 것을 의미한다. 연민은 인간 생명의 기원과 유지, 종말과 관련된 문제에서 인간 고통에 대응하여 도덕적으로 합당하다고 여기는 행위들을 뒷받침하기 위하여 사용된다. 연민이 부족할 때 범죄가 발생한다는 범죄이론이 있다. 마찬가지로 공감 부족은 자연히 범죄발생에도 영향을 미칠 수 있다는 가설이 성립한다. 인간중심주의적 상담이론에서 상담자가 갖춰야 할 태도가 공감이다(Rogers). 상담에서 공감의 차원은 1) 상대를 이해하는 활동(이해방식, 이해 깊이, 이해의 초점) 2) 체험차원에서의 공감(동일유사감정적 반응경험, 상호작용하는 체험, 조화로운 리듬 유지) 3) 행동차원에서 공감(행동의사소통으로 표현) 4) 관계차원에서 공감 등이 있다.

인격 공감을 통한 심리 상담은 상담자의 성숙한 인격이 내담자의 부적응이거나 병리적인 행동, 태도, 신념 등을 성숙한 방향으로 변화시키는 것을 목적으로 하는데, 성숙한 인격을 위해 무의식적 역동과 그것의 지배로부터 벗어나 자유로울 수 있어야 한다. 만약 상담과정에서 자신이 알 수 없는 무의식의 지배를 받게 되면 내담자에 대한 따뜻하고 공감적인 이해 대신 부당한 적개심과 파괴성을 보이게 되고 상담에 방해를 받게 된다. 자아 영역이 확대되고 의식이 깨어날수록 타인을 이해하

고 공감, 수용하는 능력이 무한히 넓어질 수 있다.[1]

그렇다면 현재 한국사회에서 복잡하게 얽혀있는 트라우마의 치유는 결국 인격과 관련된 것이 아닌가? 시민들의 복합적인 성격의 인격에 어떤 구성요소에서 정신적 고통이 나오고 있는지를 파악하고 인격(personality)의 동일성(identity, 혹은 정체성) 유지에 보다 관심을 기울일 필요가 있다. 현대심리이론에서 '의식'의 통시적인 통합과 지속의 문제로 인격 동일성을 파악해 보듯이. 트라우마 치유에 있어서 보다 학제적인 접근 필요성이 제기된다.[2]

세월호 참사 이후 한국사회의 대처과정을 지켜보면 1) 상담학적 접근 노력, 2) 정치 법률적 접근 노력 등이 있었다. 그러나 프란치스코 교황의 방한 과정에서 세월호 참사 희생자 가족들이 교황을 만나고 나서의 반응을 관찰하면서 한층 트라우마 치유에 접근했다는 잔상을 갖게 되었다. 인격의 만남과 그 과정에서 공감을 통한 트라우마 치유법이 효과를 거두고 있었다. 따라서 인간학, 그 중심에서 인격에 대한 한국 사회의 깊은 성찰과 연구가 한국인의 기억에 내재되어 고통을 해결할 수 있는 총체적 해법이 될 수 있다. 인격 공감을 할 수 있는 시민적 자질과

---

1 http://www.toni.co.kr/170. 검색일: 2014년 10월 18일.

2 트라우마 치유에 있어서 Meninger Treatment Interventions Project(TRIP : Gabbard 등 1988 ; Horwitz 등 1996)의 연구결과는 환자의 내적 경험에 대한 공감적 확인(empathetic validation)을 가지고 전이해석을 하는 것이 가장 중요하다고 하였다. 외과의사가 수술 전에 마취를 하는 것처럼, 정신치료자도 환자 내부에서 발생하는 일에 대한 외적인 전망을 제공하기 전에 환자의 경험에 대한 긍정(affirmation)을 통하여 지지환경(holding environment)을 만드는 것이 필요하다(이경규 2).

책임감을 향상시키는 노력으로 결국 트라우마를 극복할 수 있을 것이다.

다섯째, 경제적 시민으로서 현대인들은 경제생활의 3대 영역인 생산, 소비, 배분에 있어서 시민성을 함양해야 한다. 경제생태계를 지속가능하게 발전시켜나가기 위해서는 특히 소비자 시민성이 매우 필요하고 중요하다.

선진 국가에서는 많은 학술적 연구를 하고 있는 분야이기도 하다. 특히 경영경제 분야에서 중요하다. 한 소비자의 경험으로는 그가 살고 있는 아파트의 시스템에어컨이 고장이 났다. 그러나 폭염의 상황에서는 에어컨 수리 기사의 인기는 상종가이다. 그 소비자 아내의 차종이 H사의 차종인데 광주광역시의 대표 수리공장에서 수리를 받으려고 인터넷 접수를 하자 1달 정도를 기다려야 했다. 에어컨 수리도 마찬가지였다. 그런데 그 소비자는 이상하다고 생각했다. 에어컨을 가동하는 것은 1년에 1달 정도이고 새집으로 이사해서 실제로 에어컨을 사용한 기간은 불과 2–3달 정도일 텐데 고장이 나있었던 것이다. 그는 그 회사에서 정한 제품 보증기간을 뒤져보니 콤프레셔를 빼고 1년인가로 기억하였다. 하지만 콤프레셔 보증수리기간이 생각보다는 짧았다. 개발과 발전의 과정에서 건설과 제조업 등은 소비자 위주가 아닌 개발자와 행정 규제와 법제정자가 주체가 되었다. 그러나 경제생활에 있어서 시민들은 깨우쳐야 궁극적으로 경제생태계의 주역이 될 수 있다. 소비자의 시민성이 부족하게 되면 경제생태계는 훼손된다. 시민성은 보통 권리뿐만 아니라 자질의 측면 양쪽에서 논의해야 할 것이다. 시민의 경제생활에 있어서 권리뿐만 아니라 자질 측면에서도 관심을 두어야 한다.

여섯째, 한국인들, 시민들의 과거 전통사상에서 시민성을 찾고 지속될 영역이 존재한다.

세계시민, 다문화 상황에 적합한 자기 문화 정체성은 어떤 성격의 것이어야 하고 어떻게 모색해야 할 것인가? 세계시민, 개별 문화들이 배타적으로 자기 특성만을 주장하는 것, 다른 문화와의 '차이'를 인정하고 존중하지 않는 것, 그럼으로써 인류 공동체 전체가 문화적으로 조화와 공존을 이루지 못하는 상황이 점차 심화되는 것일까? 세계화 시대 다문화 상황에서 우리 모두에게 절실히 필요한 것은, 긴밀하게 상호연결된 이 세상에서 차이 때문에 위협감을 느끼는 대신 자신이 커질 수 있다고 느끼는 법을 배우는 일이다.

한국인의 전통적인 의식과 문화 안에는 서로의 다름을 배타적으로 구분하고 배척하기보다 전체적으로 모두를 포용하고 존중하려는 조화와 공존의 특성이 존재한다. 단순히 모든 것을 뒤섞어버리는 혼합주의를 의미하지 않는다. 또한 전체적인 대립과 갈등을 피하기 위해 인위적으로 개별 특성들을 손상시키거나 전체성 안에 개별 정체성을 함몰시켜버리는 방식으로 이루는 조화와 공존을 의미하지도 않는다. 한국인의 전통적인 조화와 공존의식은 개별 정체성을 유지하면서도 그들 개별 정체성이 서로 갈등하고 대립하지 않는 것을 의미한다. 어느 하나에 의해 다른 것들을 일방적으로 획일화하지 않고, 서로의 존재를 위협적인 대치 관계로 인식하지도 않고, 서로의 '차이'를 존중하면서 전체적으로 하나를 이루는 것을 의미한다.

세계시민에 적합한 문화 정체성은 자기 독특성을 있는 그대로 드러내면서 동시에 전체적으로 다른 문화와 갈등 대립하지 않을 수 있는 것이어야 한다. 세계시민으로서의 한국인이 전통적으로 지니고 있는 자연스러운 조화와 공존의 특성은 이런 세계화 시대 다문화 상황에 가장 적합한 한국 문화 정체성일 수 있다.

참고문헌

김재영. 2014. "행복한 삶의 묘약과 힐링의 인문학." 호남대 인문주간 인문공감콘서트 프로시딩.

박승찬. 2007. "인격 개념의 근원에 대한 탐구."『인간연구』제13호, 83-119.

박인철, "공감의 현상학: 공감의 윤리적 성격에 대한 후설과 쉘러의 논의를 중심으로."『철학연구』99권.

이경규. 2001. "경계선 인격장애의 정신치료: 정신치료기법을 중심으로."『정신분석』제12권 제1호.

이인재. 1997. "셸러의 가치윤리학과 도덕교육." 진교훈 외 공저.『윤리학과 윤리교육』. 서울: 경문사.

http://www.toni.co.kr/170. 검색일 2014년 10월 18일.

02

전남 지역 민주시민교육의 현황과 전망*

심연수(호남대학교 인문사회과학연구소 소장)

광의의 시민교육(civic education)은 공동체(community)의 구성원들과 미래구성원들로서 가져야 할 믿음(beliefs), 책무(commitments), 역량(capabilities) 그리고 행동(actions)에 영향을 미치는 모든 과정을 말한다.[1] 민주시민교육은 말 그대로 민주적(democratic) 공동체를 지향한다. 민주시민

* 본 장은 2014년 5월 21일(수) 오후 2시부터 순천대 사회과학대(48호관) 200호(2층)에서 호남대 인문사회과학연구소가 주최한 "지방선거를 통한 민주시민의식 함양과 지방언론의 역할 모색"이라는 주제의 『민주시민교육세미나자료집』에서 발표한 자료를 정리한 것임.

1 스탠포드철학사전: http://plato.stanford.edu/entries/civic-education. 검색일 2014년 5월 1일.

교육에서 제도와 공동체는 가치(value)와 규범(norms)을 전달하고 학교에 국한된 교육은 아니며 아동과 청년들에 국한되지도 않는다. 가정, 정부, 학교, 종교, 대중매체는 평생민주시민교육 과정에서 일단의 제도들이다. 토크빌(Alexis de Tocqueville)은 지역에서 정치참여를 하는 것(local political engagement)은 시민교육의 한 형태라고 하였다.[2] 각종 제도들을 통해 사민(私民)이 아닌 공민(公民,civics)으로서 믿음, 책무, 역량, 행동을 갖게 하는 교육이 시민교육이다.

이런 의미에서 공민은 시민과 같은 말이며 국가 사회의 일원으로서 그 나라 헌법에 의해 모든 권리와 의무가 있는 자유민의 특성을 갖고, 지방 자치 단체의 주민 가운데 일정한 자격 요건을 구비하고, 그 자치 단체의 공무(公務)에 참여할 권리와 의무를 가진 사람을 말한다. 시민론(civics)은 권리와 의무가 중요한 부분을 차지하는 시민성(citizenship)의 이론과 실제적인 측면을 다루는 분야이다. 다시 말해서 정치체와 정부의 어디까지 시민들의 의무과 권리가 미치는가를 주요 관심사로 다루어왔다. 최근 세계화가 진척되면서 벌어지는 세계시민성(global citizenship) 논쟁은 바로 세계시민들이 하나의 우주선인 지구에 대해서 의무와 권리 관계를 확장하는 데까지 나아가고 있다. 정치와 윤리적 전통맥락에서 시민론은 시민들에 대한 교육을 지칭해왔고, 그 역사는 중국에서의 유교와 그리스의 플라톤에까지 소급시켜서 다루어왔다. 또한, 시민론에

2 "Town meetings are to liberty what primary schools are to science; they bring it within the people's reach, they teach men how to use and enjoy it."(Tocqueville 2000, 67).

서 시민들의 공동체에서의 궁극적 행동을 언급하고자 할 때는 투표(voting) 행태를 대표적으로 다루어왔다.

전남지역의 시민교육은 가정, 정부, 학교, 종교, 대중매체 등을 통해서 이뤄지고 있지만 여기서는 궁극적으로 전남지역민들의 시민교육의 정점은 투표에 귀착된다는 측면에서 2010년 지방선거에서의 투표 행태를 분석하여 전남지역 시민교육의 현황과 향후 개선방안을 살펴본다.[3]

2010년 전남 지방선거당시 민주시민의식 분석방법

1. 전남지방선거의 특징

2010년 6월 2일 실시한 제5회 전국동시지방선거는 지방자치제도가 도입된 이래 가장 큰 폭의 지역 권력을 재구조화하는 선거였으며, 교육감과 교육의원을 동시에 선출하는 선거로서 유권자는 8번의 선거권을 동시에 행사하는 실험적 선거였다. 광역 및 기초단체장 선거제도는 소선거구제 하에서 단순다수대표제를 채택하고 있는 반면에, 지방의회 선거구제는 광역의회와 기초의회가 서로 다르다. 광역의회는 소선거구

3 이하 원고 내용은 다음의 내용에서 발췌하여 민주시민교육관련 함축성을 제시해 본 것이다. 호남대 인문사회과학연구소, 2010, 2010년 제5회 전라남도 지방선거 진단분석: 선거과정·정책·홍보.

제-비례대표병립제이지만 비례대표의 비중이 워낙 작아서 지역주의의 벽을 넘기에는 역부족한 것으로 평가되고 있으며, 기초의회는 비례대표 및 중선거구제를 병립하고 있었다. 선거 결과를 보면 22개 기초자치단체중 7곳에서 무소속 후보가 당선되었으며, 투표율도 64.3%로 전국 평균보다 10% 가까이 높은 수치를 기록하였다.

그러므로 2010년 전남 지방선거는 제도개혁과 정치변화가 적용·운용되는 시기였을 뿐만 아니라 새로운 환경을 맞아 민주시민교육과 관련해서 제도와 과정에서 지향해야 할 바가 무엇인지를 반추하는 계기를 제공하는 중요한 선거였다고 할 수 있었다.

2. 유권자의식 조사 연구방법

지방선거에 대한 종합적이고 세밀한 평가를 위하여 참여관찰, 문헌연구 및 양적인 조사연구를 중심으로 하였다. 양적 조사의 설계에 관한 기본 내용은 다음과 같았다.

모 집 단	전남 22개 시·군 단위 유권자
표본 크기	750명
표본 추출	전남의 22개 시·군 단위를 표본으로 -지역별 분포를 고려한 할당(단순무작위추출법)

조사 방법	구조화된 질문지를 통한 자동전화응답 조사법 (Auto Calling System)

자료 수집	구조화된 질문지(Structured Questionnaire)
조사일시	2010년 06월 08일(화)

본 연구의 조사의 대상이 되는 모집단은 전남에 거주하는 만 19세 이상의 성인남녀이고, 표본의 크기는 750명이었다. 표본 추출은 전남지역을 4개 권역으로 구분하여 만 19세 이상 인구수를 고려한 다단계층화 무작위 표본추출(Multi–stage Stratified Random Sampling) 방법을 사용하였는데, 표본추출의 단계는 다음과 같았다.

제1단계: 22개 시·군 투표구를 표집 틀로 활용

- ○ 제5회 전라남도 지방선거 시·군별 투표구를 표집틀로 하여 표본추출
- ○ 지역별, 성별, 연령별 등 3개 변수를 기준으로 층화
  - – 지역별: 4개 권역별 시·군 층화
  - – 성별: 남녀 2개 층으로 층화
  - – 연령별: 20대(19세 포함), 30대, 40대, 50대 이상 등 4개 층으로 층화

제2단계: 층별 표본추출단위 확정

- ○ 지역별 선거인수를 기준으로 한 표본 분배를 통해 지역별 표본

추출 단위(Primary Sampling Unit of region) 확정

○ 성별 선거인수를 기준으로 한 표본 분배를 통해 성별 표본추출 단위 확정

○ 연령별 선거인수를 기준으로 한 표본 분배를 통해 연령별 표본 추출 단위 확정

제3단계: PSUr, PSUs, PSUa를 교차하여 최종 PSU 확정

○ 지역별 표본추출단위(PSUr), 성별 표본추출단위(PSUs) 그리고 연령별 표본추출단위(PSUa)를 교차

○ 지역별, 성별, 연령별 최종 표본추출단위(PSU) 확정

제4단계 : 조사대상자 추출

〈그림 1〉 조사 설계 및 표본추출

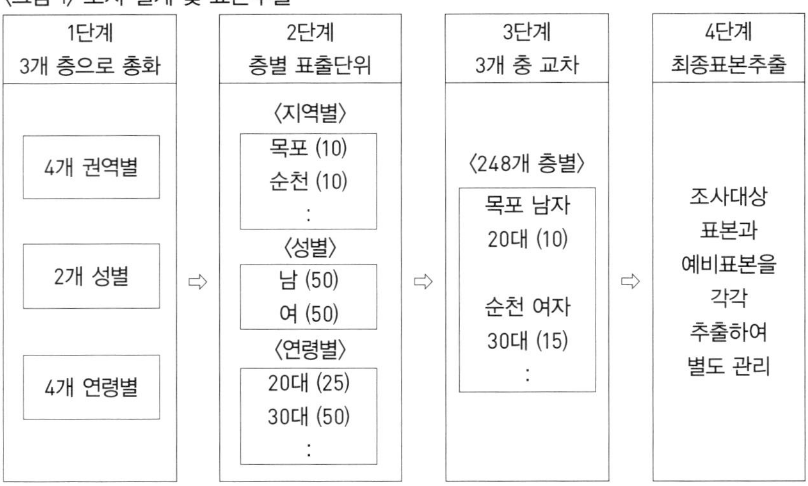

이 조사 결과는 다음과 같은 방법으로 처리하였다. 첫째, 조사대상자의 특성인 배경 변인 문항과 명명척도로 구성된 문항의 빈도를 파악하기 위하여 단순빈도분석(simple frequency analysis)을 실시하였다. 둘째, 조사대상자의 특성인 배경 변인 문항과 명명척도로 구성된 문항과의 집단별 특성의 차이를 파악하기 위한 검증을 실시하였다. 셋째, 연구에 필요한 자료의 통계처리는 SPSS 프로그램을 이용하여 분석하였다.

응답자의 특성을 보면 다음과 같다. 첫째, 유권자 설문조사 응답자 750명에 대한 성별 분포를 살펴보면 남자 370명(49.3%), 여자 380명(50.7%)이었으며 표본오차 ±3.57P, 95% 신뢰수준이었다. 둘째, 기타 연령, 학력, 소득수준 별 분포는 여기서 제시하지 않았다. 셋째, 투표한 응답자는 711명(94.8%), 기권한 응답자는 39명(5.2%)이었다.

유권자 투표행태 분석을 통해 파악해본 전남 민주시민교육 특성

1. 정당정치는 책임정치라는 의식이 혼미한 상황

2010년 전라남도 지방선거는 민주당 공천에서 탈락한 경쟁력 있는 후보가 출마함으로써 본선거가 활력을 띄었으며, 이로 인해 선거 결과 역시 22개 기초자치단체 중 7곳에서 무소속 후보가 당선되었고 투표율도 64.3%로 2006년 제4회 지방선거와 거의 비슷하게 나타났으며, 전국 평균투표율(54.5%)보다 10% 가까이 높은 수치를 기록하였다.

〈표 1〉 전남 지방선거 투표율(%)

구시군명	투표율(%)	
	2006년	2010년
합계	64.3	64.3
목포시	49.9	50.4
여수시	54.8	58.0
순천시	54.3	61.4
나주시	69.6	69.6
광양시	60.6	62.4
담양군	70.2	67.4
장성군	70.0	71.8
곡성군	77.5	76.5
구례군	78.8	79.6
고흥군	75.5	74.4
보성군	75.8	72.4
화순군	70.1	69.2
장흥군	73.9	72.6
강진군	70.1	71.9
완도군	74.2	74.9
해남군	73.5	66.8
진도군	75.9	75.6
영암군	66.5	54.4
무안군	72.6	65.2
영광군	74.7	69.0
함평군	73.8	70.0
신안군	74.7	76.6

※ 전국 평균 투표율 : 2006년 51.6%, 2010년 54.5%

전남도지사 선거에 한나라당 김대식, 민주당 박준영, 민주노동당 박웅두, 평화민주당 김경재 총 4명의 후보가 출마하여, 개표 결과 민주당의 박준영 후보가 629,984표(68.3%)를 획득하여 도지사로 당선되었다. 박준영 당선자는 전남 22개 기초자치단체중 3개 시·군(광양시, 영광군, 함평군)을 제외한 나머지 지역에서 65%이상의 고른 득표율을 보였다. 2위는 한나라당의 김대식 후보로 13.3%를 득표하였다.

교육감 선거에서는 김경택, 장만채, 곽영표, 김장환, 신태학, 윤기선, 서기남 7명의 후보가 출사표를 던졌으나, 그 중 3명(신태학, 윤기선, 서기남)이 중도에 사퇴하였으며, 진보진영을 대표하는 장만채 후보가 총 453,760표(54.95%)를 득표하여 당선되었다.

기초자치단체장 선거에서는 총 22개의 기초자치단체장들 중에서 민주당 후보가 15개 기초자치단체장 선거에서 승리하였으며, 7명의 무소속 후보도 대부분 민주당 공천에서 탈락한 후보자가 선출되었다. 당선된 7명의 무소속 후보 이외에도 대부분의 기초자치단체장 선거에서 무소속 후보와 민주당 후보가 개표 막바지까지 치열하게 경합하는 지역이 많았던 것도 특징 중의 하나였다. 이는 민주당의 정당공천에 상당한 진통이 있었음을 의미함과 동시에 이에 대한 지역 주민의 반발이 투표로 이어졌음을 의미한다.

기초자치단체장선거에서 정당의 공천을 받은 후보는 30명이었으며, 무소속 후보는 36명으로 정당공천을 받은 후보보다 무소속 출마자가 더 많았음이 이를 뒷받침해주고 있다. 정당별 공천 현황은 민주당 22명, 한나라당 2명, 민주노동당과 국민참여당이 각각 3명으로 나타났으며, 영암군은 무투표로 당선되었다.

2. 분별력 있는(deliberative) 민주시민교육

2인 이상을 선출하는 선거구에서 주요 정당들은 대부분 복수후보를 공천하게 되는데, 이 경우 동일한 정당에서 출마한 후보자 중 선행기호를 부여받은 후보가 당선 가능성이 훨씬 높았다. 투표자들은 정당 선호를 가지고 있지만 그 정당에서 공천 받은 후보자들 간의 차이를 알지 못하는 경우가 많기 때문에 선행기호 후보를 선택하는 경향이 있다. 투표자들이 선거에 대한 관심이 적고 후보자들에 대한 정보가 없을수록 이러한 현상은 더욱 심하게 나타났다. 아래의 표는 동일한 정당에서 공천한 후보들의 기호순위가 당선에 얼마나 영향을 미치는지를 극명하게 보여주었다.

〈표 2〉 복수공천 후보 중 선행기호 후보의 당선율(제5회 지방선거 기초의원)

시·도별	선거구수	단일후보	복수후보	가번당선	나번당선	다번당선	라번당선	가번당선 확률
서울특별시	160	67	93	90	3	0	0	96.8
인천광역시	40	6	34	32	2	0	0	94.1
대전광역시	21	20	1	1	0	0	0	100.0
대구광역시	44	9	35	35	0	0	0	100.0

광주광역시	25	5	20	12	8	0	0	60.0
울산광역시	19	12	7	4	3	0	0	57.1
부산광역시	70	34	36	33	3	0	0	91.7
경기도	151	51	100	94	5	1	0	94.0
강원도	51	15	36	28	6	2	0	77.8
충청북도	46	8	38	34	4	0	0	89.5
충청남도	61	26	35	25	7	3	0	71.4
경상북도	102	29	73	56	13	4	0	76.7
경상남도	95	42	53	42	8	3	0	79.2
전라북도	72	19	53	30	19	4	0	56.6
전라남도	82	20	62	39 (62.9%)	21 (33.9%)	1	1	62.9
합계	1039	363	676	555	102	18	1	
복수후보 출마 선거구에서 기호별 당선 확률(%)				82.1	15.1			

동일한 정당에서 가번과 나번 후보를 공천했다면 이론상 두 기호의 후보자가 당선될 확률은 각각 50%일 것이었는데, 실제로는 후보 순위가 투표에 결정적인 영향을 미치게 되었다. 전라남도 기초의회의 경우 전체 82개 선거구 중 62개 선거구에서 당선자를 배출한 정당은 복수후보를 공천하였으며, 그 중 가번 후보의 당선자가 39명으로 가번의 당선 확률은 62.9%이었다. 이에 비해서 나번 후보의 당선율은 33.9%에 그치고 있었다. 아래의 〈표 3〉은 정당공천이 없는 교육의원 선거에서 후보 순위별 당선 분포를 정리한 것으로, 투표에서 순위가 얼마나 당선 여부에 영향을 미치는지를 단적으로 보여주고 있다. 표는 앞의 기초의회의원 선거처럼 후보자의 순위가 부여된 것은 아니지만 투표지에서 첫 번

째 후보가 매우 높은 당선 확률을 보이는 것을 알 수 있었다. 전국적으로 77명의 당선자를 분석해 보면 그 중 64.5%에 해당하는 49명이 첫 번째 후보자 순위를 부여받았다. 이에 비해 투표용지에 두 번째 등재된 후보는 절반에도 미치지 못하는 27.6%의 당선율을 보였다. 전라남도의 경우 전체 5명의 후보자 중에서 첫 번째 순위를 부여받은 후보자 3명, 두 번째 순위를 부여받은 후보자 2명이 당선되어 기타 순위를 부여 받은 후보자는 1명도 당선되지 못하였다.

〈표 3〉 교육의원 선거에서 후보자 순위가 당선에 미치는 영향

시·도별	선거구 수	첫 번째 후보자	두 번째 후보자	기타 후보자	첫 번째 후보 당선율
서울특별시	8	5	0	3	62.5
인천광역시	5	4	1	0	80
대전광역시	4	1	2	1	25
대구광역시	5	5	0	0	100
광주광역시	4	3	0	1	75
울산광역시	4	2	2	0	50
부산광역시	6	4	2	0	66.7
경기도	7	5	2	0	71.4
강원도*	5	3	1	0	60
충청북도	4	3	1	0	75
충청남도	5	4	1	0	80
경상북도	5	4	0	1	80
경상남도	5	1	4	0	20
전라북도	5	2	3		40
전라남도	5	3	2	0	60

합계	77	49	21	6	
기호별 당선 확률(%)		64.5	27.6	7.9	

물론 이 같은 현상이 나타나는 궁극적 원인은 유권자들에게 있다고 볼 수도 있을 것이다. 달리 말해서, 유권자들이 후보자에 대해 좀 더 알고 선호하는 후보를 선택했다면 첫 번째 후보의 당선율이 그리 높지 않았을 것이다. 결국, 첫 번째와 두 번째 후보가 당선율이 높은 데에는 다수의 투표자들이 다른 종류의 선거에서 앞선 번호인 당시 한나라당이나 민주당을 택하였기 때문에 앞에 위치한 후보자들의 당선 비율이 더 높아진 것이라고 해석되었다.

3. 민주시민교육에서 정확한 선거정치정보 제공

상당히 많은 투표자가 현행과 같은 많은 선거가 동시에 치러지는 선거를 반대하였다. 이에 대한 이유 중에는 14일이라는 선거기간이 선거정보를 충분히 습득하지 못하는 것이 원인이었다. 그러나 선거운동기간이 정보습득에 중요한 요인인지에 대해서는 쉽게 판단할 수 없었다. 왜냐하면 선거운동기간을 연장한다 하더라도 다수의 선거를 구분하여 투표 결정을 하는 것이 쉽지 않을 수 있기 때문이다.

투표율을 높이기 위한 방안으로 현재 14일로 되어있는 법정 선거기간을 연장하는 데에 대해서 유권자의 56%는 효과적일 것이라는 응답을, 30.8%는 효과가 미비할 것이라는 응답을 하였다. '선거기간 연장이 투표율 향상에 효과적'이라는 응답은 여성(50.8%)보다는 남성(61.3%), 낮은 연령(19세~29세: 59.1%), 보수적인 성향이 강한 유권자(61.3%), 월 가구소득 100~199만원(63.8%)에서 높게 나타나는 특징을 보였다.

〈표 4〉 선거기간 연장 효과

구 분		(사례)	매우 효과적	대체로 효과적	거의 효과 없음	전혀 효과 없음	잘모름	합계
			%	%	%	%	%	%
전 체		(750)	15.7	40.3	25.4	5.4	13.2	100.0
성별	남자	(370)	19.9	41.4	22.2	7.5	8.9	100.0
	여자	(380)	11.6	39.2	28.5	3.3	17.4	100.0
연령별	19/20대	(114)	27.3	31.8	18.2	13.6	9.1	100.0
	30대	(129)	13.7	41.2	33.5	5.3	6.3	100.0
	40대	(153)	13.8	39.8	31.6	4.9	10.0	100.0
	50대	(127)	11.3	41.1	27.5	6.0	14.1	100.0
	60대 이상	(227)	14.8	44.0	19.1	1.2	20.9	100.0
시군별	강진군	(20)	3.2	47.7	25.7	2.9	20.6	100.0
	고흥군	(27)	14.4	47.2	27.1	1.1	10.2	100.0
	곡성군	(11)	27.0	14.9	20.0	.0	38.1	100.0
	광양시	(43)	27.2	27.4	30.9	.7	13.8	100.0
	구례군	(10)	14.2	39.9	28.2	.0	17.7	100.0
	나주시	(31)	12.4	49.0	8.4	18.6	11.6	100.0
	담양군	(24)	27.2	22.7	22.1	18.2	9.9	100.0
	목포시	(88)	6.8	46.4	25.1	8.4	13.2	100.0
	무안군	(38)	23.4	53.2	14.3	1.5	7.6	100.0
	보성군	(31)	6.1	40.4	26.8	2.4	24.3	100.0
	순천시	(109)	23.3	36.6	24.7	4.9	10.5	100.0
	신안군	(9)	37.3	26.6	8.6	.0	27.5	100.0

시군별	여수시	(113)	14.1	35.8	37.2	1.5	11.3	100.0
	영광군	(26)	9.7	62.3	13.7	2.2	12.1	100.0
	영암군	(31)	13.1	38.9	42.1	.0	5.9	100.0
	완도군	(24)	16.1	24.8	38.2	.0	20.8	100.0
	장성군	(18)	6.8	51.3	21.6	6.3	14.0	100.0
	장흥군	(16)	10.9	39.6	12.9	10.6	26.0	100.0
	진도군	(15)	15.9	50.0	9.5	9.1	15.5	100.0
	함평군	(22)	17.2	51.7	16.6	8.9	5.6	100.0
	해남군	(23)	20.1	40.0	28.0	.0	12.0	100.0
	화순군	(22)	5.6	37.0	16.1	29.0	12.3	100.0
보수/진보	매우 보수적	(149)	23.8	37.3	17.1	13.0	8.9	100.0
	다소 보수적	(223)	12.4	46.7	24.9	3.4	12.6	100.0
	중도	(163)	10.1	40.2	26.1	3.7	19.9	100.0
	다소 진보적	(137)	17.4	40.2	27.7	5.0	9.7	100.0
	매우 진보적	(77)	18.6	28.0	37.5	.4	15.5	100.0
학력 정도	중졸 이하	(184)	23.2	39.7	14.9	3.1	19.1	100.0
	고졸	(297)	12.5	46.6	20.9	5.1	14.9	100.0
	대학 이상	(269)	14.2	33.8	37.5	7.2	7.4	100.0
소득 정도	100만 원 미만	(208)	14.3	43.3	18.5	6.5	17.4	100.0
	100-199만 원	(149)	16.8	47.0	18.6	4.3	13.3	100.0
	200-299만 원	(158)	12.4	43.7	30.1	1.4	12.5	100.0
	300만 원 이상	(181)	18.9	33.5	33.8	9.7	4.1	100.0
	잘 모름	(53)	17.3	23.1	29.0	.9	29.7	100.0

4. 민주시민교육의 지적기능 강화

교육감 선거를 둘러싸고 제기되고 있는 주요 쟁점은 낮은 투표율에 따른 대표성 문제, 교육감 후보 자격 문제, 정당 및 시·도 지사의 선거

통로 개방(교육감후보자의 정당 공천 및 시·도지사 선거 후보자와 러닝메이트) 문제, 교육감 선거방식(직선제 vs. 간선제) 그리고 지방선거와의 분리 문제 등이었다. 교육감을 '직접선출'하는 방식과 '간접선출'하는 방식에 대한 응답결과는 다음과 같았다.

〈표 5〉 교육감 선거방식 선호도

구 분		(사례 수)	직접선거	간접선거	잘 모름	합계
			%	%	%	%
전 체		(750)	58.3	28.4	13.3	100.0
성별	남자	(370)	57.1	31.9	11.0	100.0
	여자	(380)	59.5	24.9	15.6	100.0
연령별	19/20대	(114)	57.6	23.1	19.3	100.0
	30대	(129)	68.1	27.7	4.2	100.0
	40대	(153)	62.8	30.9	6.4	100.0
	50대	(127)	49.9	34.0	16.1	100.0
	60대 이상	(227)	54.8	26.5	18.7	100.0
시군별	강진군	(13)	33.9	39.5	26.6	100.0
	고흥군	(56)	80.7	11.4	7.9	100.0
	곡성군	(21)	64.9	31.3	3.8	100.0
	광양시	(47)	61.2	14.2	24.5	100.0
	구례군	(16)	35.1	35.0	30.0	100.0
	나주시	(30)	52.2	23.4	24.4	100.0
	담양군	(17)	57.0	17.7	25.2	100.0
	목포시	(83)	57.9	34.7	7.4	100.0
	무안군	(16)	52.9	32.7	14.4	100.0
	보성군	(26)	55.5	41.3	3.1	100.0
	순천시	(97)	65.2	23.0	11.8	100.0
	신안군	(21)	54.1	38.4	7.5	100.0
	여수시	(100)	61.5	26.5	12.0	100.0
	영광군	(19)	39.9	35.1	25.0	100.0
	영암군	(18)	68.5	21.5	10.0	100.0
	완도군	(23)	54.0	43.2	2.8	100.0

시군별	장성군	(30)	47.9	35.1	17.0	100.0
	장흥군	(13)	56.8	24.1	19.2	100.0
	진도군	(18)	60.6	29.9	9.4	100.0
	함평군	(29)	50.2	31.7	18.1	100.0
	해남군	(32)	49.3	34.5	16.2	100.0
	화순군	(26)	48.7	43.2	8.2	100.0
보수/진보	매우 보수적	(119)	63.0	22.9	14.1	100.0
	다소 보수적	(227)	55.2	35.3	9.5	100.0
	중도	(189)	56.0	25.8	18.2	100.0
	다소 진보적	(141)	60.4	27.3	12.3	100.0
	매우 진보적	(74)	62.2	24.3	13.5	100.0
학력정도	중졸 이하	(176)	54.9	20.6	24.4	100.0
	고졸	(304)	58.5	28.7	12.8	100.0
	대학 이상	(270)	60.3	33.0	6.7	100.0
소득정도	100만 원 미만	(230)	60.4	21.4	18.2	100.0
	100-199만 원	(155)	58.9	27.8	13.2	100.0
	200-299만 원	(156)	63.6	32.9	3.5	100.0
	300만 원 이상	(151)	51.5	37.0	11.5	100.0
	잘 모름	(57)	51.8	22.6	25.6	100.0

설문 결과 유권자의 58.3%가 '직선제'라고 응답하였으며, '간선제'라는 응답은 28.4%로 직선제를 더욱 선호하는 것으로 나타났다. 교육감 선거 방식에 대해서는 유권자를 이념적으로 구분할 때 진보적인 유권자(62.3%)와 보수적인 유권자(63.0%) 층 모두에서 직선제를 선호하는 것으로 나타났으며, 학력이 높을수록 직선제에 대한 선호도가 높은 것으로 조사되었다. 성별에 따른 선거방식 선호도는 남자(57.1%)와 여자(59.5%)에서 유의미한 차이를 보이지 않았으나, 연령별 선호도에서는 30대(68.1%)에서 직선제에 대한 선호도가 가장 높은 것으로 파악되었다.

5. 시민의 책무(commitments) 관련 민주시민교육 강화

투표율 향상을 위한 설문조사 결과 전남 유권자들은 '기권자에게 벌칙을 주는 의무투표제'가 투표율 향상에 도움이 될 것으로 보았다. 응답자의 64.6%는 민주시민교육 강화가 투표율을 높이는데 상당한 영향을 끼칠 것으로 답변하였다. 이 같은 설문조사의 결과를 종합적으로 고려하면 투표율을 높이기 위해 선거관리위원회가 투표자에게 혜택을 제공할 수 있는 다양한 방안들을 마련하는 것도 필요하지만, 의무투표제의 도입이나 민주시민교육을 강화하는 노력도 요구된다.

6. 민주시민교육에서 지적 분별능력 강화 방안 마련

〈표 6〉 전남도지사 후보자의 주요 정책 사안들에 대한 입장

정책사안	김대식 (한나라당)	박준영 (민주당)	박웅두 (민주노동당)	김경재 (평화민주당)
친환경 무상급식 전면실시				
F1 코리아 그랑프리 대회 추진			x	
쌀 대북지원 전면실시	신중			
4대강 개발추진			x	x
J프로젝트 추진			x	
2013 순천만정원박람회 추진			x	
호남고속철도 조기완공				

농수산물 최저가격 보장제도 실시				
영산강 하구둑 개선사업			x	x
남해안 선벨트 종합계획추진			x	

4명의 전남도지사 후보자들을 보면 민주노동당 후보자를 제외한 다른 3명의 후보자들 간에는 실질적으로 큰 정책적 차이가 존재하지 않았으나, 유권자 대상 설문조사 결과는 후보자들 간에 정책적 차이가 있는 것으로 나타났다. 이러한 결과는 유권자들이 실질적으로 후보자들의 정책적인 공약에 대해 주의 깊게 살펴보지 않은 결과라고 볼 수 있다.

7. 매니페스토 정책을 분별하여 투표하는 시민교육 강화

6·2 지방선거에서 유권자들이 투표할 후보자를 선택할 때 고려한 사항은 정책/공약보다는 후보자의 행정능력을 우선시하는 것으로 나타났다. 기본적으로 모든 연령대에서 후보자를 선택할 때 가장 우선적으로 고려하는 것은 행정능력이며, 행정능력 다음으로 우선시하는 사항은 연령대별로 차이가 있었다. 19세를 포함한 20대의 경우 행정능력(33.3%) 다음으로 정책/공약(28.8%)을 우선시하여, 세 번째 기준인 소속정당(9.5%), 도덕성(9.5%)과는 많은 차이를 보이고 있었다. 30대의 경우 행정능력(27.2%), 정책/공약(23.7%) 순으로 고려한다고 답하였고 40

대의 경우 행정능력(31.1%), 도덕성(23.2%), 정책/공약(17.4%) 순으로 고려한다고 답하였다. 50대의 경우 행정능력(34.8%), 정책/공약(19.2%), 도덕성(18.1%) 순으로 고려한다고 답하였으나 정책/공약과 도덕성은 오차범위 내이었고, 60대의 경우 행정능력(26.8%), 도덕성(17.3%), 정책/공약(15.0%), 소속정당(13.9%) 순으로 고려한다고 답하였으나, 도덕성, 정책/공약, 소속정당은 모두 오차범위 내로 나타났다.

후보자들의 정책에 있어 차이를 인지하는 유권자들의 투표 시 고려하는 사항은 행정능력으로 나타났다. 후보자들의 정책 차이를 인지했다 할지라도 투표 시 고려하는 사항은 행정능력으로 나타났다. 다만, 후보자들의 정책에 전혀 차이가 없다고 생각하는 유권자들의 경우 후보 선택 시 고려사항과 관련해 잘 모름을 선택하였다.

8. 평생 민주시민교육이 반영된 투표율 행태

여론조사의 결과를 놓고 보면 투표하였다고 응답한 비율이 94.8%로 이는 실제 투표율과 비교하여 많은 차이를 보이고 있었다. 공민의 의무를 다하지 않는다는 것을 반영해 주고 있었는데, 연령이 높을수록 높은 투표율을 보이는 일반적인 현상이 그대로 나타났다. 구체적으로 19/20대는 80.9%, 30대 95.8%, 40대 96.8%, 50대 96.2%, 60대 이상 99%가 투표에 참여했다고 응답하였다. 이념 성향과 관련하여 매우 보수적인 성향의 유권자는 92.9%, 다소 보수적인 유권자는 91.5%가 선거에 참여하였으며, 중도적 성향의 유권자는 97.5%, 다소 진보적 성향의 유권자 96.1% 그리고 매우 진보적인 성향의 유권자 98.2%가 투표에 참여했다. 이 결과는 정치적 이념성향과 투표율과 그다지 인과관계가 없는 것으로 나타났다. 학력과 투표율에 큰 차이가 없음을 나타내고 있었으며, 구체적으로 중졸 이하의 응답자 중 94.4%, 고졸 응답자의 96.2% 그리고 대학 이상의 응답자의 93.4%가 투표에 참여했다고 응답하였다.

출신지별로 보면 광주/전라 지역 출신의 응답자 중 94.4%, 인천/경기 93.7%, 대전/충청 100%, 서울 100%, 대구/경북 100%, 부산/울산/경남 96.8%, 기타 지역 100%가 투표에 참여해서 광주/전라 지역 출신이 타 지역 출신보다 다소 투표율이 떨어지고 있는 경향을 보여주었다. 시·군별 투표율을 보면 강진군, 구례군, 나주시, 무안군, 신안군, 영광군, 장성군, 함평군, 해남군, 화순군의 경우 응답자의 100%가 투표에 참여를 한 반면, 광양시 88.9%, 목포시 84.4%, 여수시 87.8%, 완도군은 90.6%만이 투표에 참여하였다고 응답하였다. 유권자의 설문조사를 토대로 살펴보면 대체적으로 도시지역보다는 농촌지역인 군 지역 유권자의 투표참여 비율이 더 높게 나타났다. 여기에는 연령대와 관련된 측면도 반영되었다고 판단된다.

참고문헌

심연수. 2009. "국회의원들의 홈페이지 내용분석을 통한 정의로운 시민성 함양을 위한 정치콘텐츠 현황연구." 『인문사회과학연구』 제22집. 호남대학교 인문사회과학연구소, 41–68.

______. 2010. "한국사회에서 정치적 시민성의 의미." 『인문사회과학연구』 제27집. 호남대학교 인문사회과학연구소, 5–28.

______. 2008. 『시민성과 교육』. 광주: 광인문화사.

인터넷 검색: 중앙선거관리위원회 역대선거정보시스템.

호남대 인문사회과학연구소. 2010. 2010년 제5회 전라남도 지방선거 진단분석: 선거과정·정책·홍보.

Tocqueville, Alexis de. 2000. *Democracy in America: The Complete and Unabridged Volumes I and II*. New York, New York: Bantam Classic.

03

광주정신과 호남 문학 속의 세계시민성*

백승현(호남대학교 인문사회과학연구소 연구위원)

호남대학교 인문사회과학연구소는 그동안 세계시민성을 주제로 다양한 연구를 진행하고 학술지를 발간함으로써 주목할 만한 인문학 성과를 내고 있다. 특히 인문사회과학연구소의 '세계시민성 연구'를 테마로 한 지속적인 학술지 발간과 관련 연구 축적, 세계시민성 교육 등 세계시민성의 대중화와 확산을 위해 오래도록 연구하여 학문이나 지식을 많이 쌓아 놓고 있다.

---

* 이 원고는 2017년 12월 20일 호남대학교 국제회의실에서 열린 '2017 호남대학교 인문사회과학연구소 학술대회' 발표문을 재구성하였음.

본고는 '광주정신과 호남 문학 속의 세계시민성'이라는 주제로 광주라는 지역적 기반 속에서 생산된 호남 문학이라는 범주 안에서 세계시민성을 고찰하고자 한다. 연구 대상은 호남 문학 속의 세계시민성이고 연구 논점은 그 세계시민성이 광주정신과 어떻게 연계되는가 하는 점이다.

현재까지 세계시민성에 대한 연구는 '세계시민 의식의 척도 개발', '세계시민 교육', '세계시민성 교육을 통한 시민성 함양 효과', '노동 인권과 세계시민성' 등 세계시민성 이론의 적용을 위한 척도 개발, 세계시민성의 정치·경제적 수용, 세계시민성의 교육적 활용이라는 기초 연구가 이루어져 있다. 여기에 더해 청소년, 직업, 정치의식, 민족성과 역사적 정체성, 환경·생태 문제와 세계시민성이라는 후속 연구까지 지속적으로 이루어져 왔음을 알 수 있다.

세계시민성의 정의, 범주, 연구 성과들을 차용하고 연구의 대상을 인문학의 한 분야인 문학과 역사 영역으로 확산시켜 세계시민성이 지역 역사와 인문학적 지평의 학문 체계인 문학에 어떻게 적용될 수 있는지가 본 논문의 연구 논점이다. 본고의 의의는 이런 방향의 후속 연구를 지속하면서 관련 연구가 의미 있는 것인지를 계속 탐구하는 지표 설정일 것이다.

세계시민성의 여러 요소 속에서 특히 광주정신과 도시 정체성에 부합하는 요소인 민주 인권 평화라는 세계시민성을 축출해보고 호남 문학 속의 민주 인권 평화라는 세계시민성을 살펴보겠다.

호남 문학의 뿌리는 여러 갈래에서 찾아볼 수 있으나 우선 한국문학의 르네상스 시기라 할 수 있는 16세기 호남 가사문학권 문단의 가사와 한시, 즉 시가문학이 대표적인 주류이다. 이 시기의 한시 작가인 석천 임억령의 한시 속에서 자연주의적 시각으로 호남 사림의 대표적인 정신적 세계인 풍류와 평화의 시 세계를 살펴보겠다.

이어서 조선 후기 대표적인 철학자인 정약용 선생의 한시를 살펴보면서 호남에 유배와 있던 실학의 거장이 생각했던 인권에 대한 생각을 살펴보겠다.

이어서 임란의병, 한말 의병, 광주학생독립운동, 4·19혁명, 광주민주화운동으로 이어지는 역사 속에서 의향 광주의 정신사를 일궈왔던 시민들의 민주적 의식을 살펴보겠다. 현대 시인인 서은 문병란 선생의 시에는 광주정신과 세계시민성의 의미가 고스란히 담겨 있는데 이 시에 나타난 세계시민성을 살펴본다.

그리고 결론에서는 이 호남 문학 속의 세계시민성을 미래에 어떻게 이어가고 세계시민성을 어떻게 확산시키고 연대시킬 것인지를 살펴보고자 한다.

1. 세계시민성과 광주 도시 정체성

'세계시민성 인문학의 필요성과 영역'이라는 논문은 세계시민성 인문학의 필요성과 범주, 영역에 대해 목적과 목표를 잘 설정해놓고 있다.

이 논문에서는 왜 세계시민성 인문학이 필요한지에 대해 다음과 같이 주장하고 있다.

'한 국가의 국민의 일원 또는 시민으로서의 자아실현을 넘어 국제적 차원에서 자아실현을 통한 삶을 위해 '세계시민성 인문학'이 요청된다(심연수 2015, 9).

또 이 논문에서는 또 세계시민성 인문학의 목표를 다음과 같이 3가지로 잡고 있다. 새로운 패러다임의 세계시민성 인문학을 정립하고 세계시민성 구현 능력을 함양하는 훈련 프로그램을 개발하며, 시민의식 미흡으로 나타나는 사회병리 현상을 치유하는 것이 목표다(심연수 2015, 11).

또 '유교, 도교, 불교, 동양철학의 인간성과 시민성 관련 연구와 서양 사상의 역사철학, 종교철학, 정치철학, 교육철학, 심리학, 역사학, 인문학 등의 연구 영역을 근간으로 한다.'고 하여 세계시민성 인문학의 범주를 역사, 철학, 정치, 교육, 심리학 등의 인문학으로 확장시키고 있다.

또 '우리나라의 퇴계나 율곡의 소중화론에서 우주적 세계 질서라는 구상을 통해 세계시민 사상을 유추하여 한국에서의 세계시민 논의를 한국적 정체성에서 연구하는 것도 필요하다.'고 하여 한국적 사상사와 철학사 속에서 세계시민성을 논의하는 것도 필요하다는 논점을 제시하고 있다.

세계시민성 인문학의 핵심 키워드로 세계시민성이 관용과 예절, 평화에 대한 믿음의 요소를 포괄하고 있어야 함을 말하고 시민적 자질로는 배려와 관용, 민주적 절차, 세속화의 과정을 반드시 핵심 요소로 포괄하고 있어야 한다고 주장하고 있다(심연수 2015, 18).

세계시민성 구성 요소에 대한 국제 사회의 표준인 'UN 헌장'은 2008년에 제정되었는데 여기에서는 인권, 평등, 자유를 통한 사회적 진보와 인류 생활수준의 향상이라는 목적의식과 인권, 자유, 평등권에 대한 보장과 진보를 통한 생활과 삶의 질 향상이라는 인류 보편의 가치관이 설정되어 있다.

> 우리 연합국 국민들은 우리 일생 중에 두 번이나 말할 수 없는 슬픔을 인류에 가져온 전쟁의 불행에서 다음 세대를 구하고, 기본적 인권, 인간의 존엄 및 가치, 남녀 및 대소 각국의 평등권에 대한 신념을 재확인하며, 정의와 조약 및 기타 국제법의 연원으로부터 발생하는 의무에 대한 존중이 계속 유지될 수 있는 조건을 확립하며, 더 많은 자유 속에서 사회적 진보와 생활수준의 향상을 촉진할 것을 결의하였다.
>
> 그리고 이러한 목적을 위하여 관용을 실천하고 선량한 이웃으로서 상호 간 평화롭게 함께 생활하며, 국제평화와 안전을 유지하기 위하여 우리들의 힘을 합하며, 공동이익을 위한 경우 이외에는 무력을 사용하지 아니한다는 것을, 원칙의 수락과 방법의 설정에 의하여 보장하고, 모든 국민의 경제적 및 사회적 발전을 촉진하기 위하여 국제기관을 이용한다는 것을 결의하면서, 이러한 목적을 달성하기 위하여 우리의 노력을 결집할 것을 결정하였다.[1]

1 국제연합 헌장 '전문', 비공식 번역, 인터넷 자료. 강조 서체는 필자.

유엔 헌장에 언급된 세계시민성에 대해 살펴보았다. 위에서는 세계시민성의 국가적 목표는 인권, 평화, 자유, 진보이며, 시민적 목표 즉 인류가 각자의 삶 속에서 실천해야 할 목표는 관용과 평화 안전 그리고 발전을 위한 연대였다.

다음으로 '세계 인권 선언문' 속의 세계시민성을 살펴보기로 한다. 1948년 6월 국제연합 인권위원회에 의해 선언문이 완성되었고, 같은 해 12월 10일 파리에서 개최된 제3차 국제 연합 총회에서 채택된 세계 인권 선언문은 세계의 보편적 가치인 세계시민성에 대한 논점을 제공해준다.

세계시민성의 목적이 자유, 정의, 평화로 개념화되어 있으며 그렇게 하기 위해 평등하고 양도할 수 없는 인권이 절대적으로 필요하다는 것이 천명되어 있다.

> 인류 가족 모든 구성원의 고유한 존엄성과 평등하고 양도할 수 없는 권리를 인정하는 것이 세계의 자유, 정의, 평화의 기초가 된다. 인류가 언론의 자유, 신념의 자유, 공포와 궁핍으로부터의 자유를 향유하는 세계의 도래가 일반인의 지고한 열망으로 천명되었다.[2]

다음은 광주 인권헌장이다. 광주 인권헌장은 2012년 제정되었으며 광주가 인류 보편적 가치인 인간 존엄성과 자유, 평등, 연대의 원칙을

---

2 국제연합 '세계 인권 선언문', 비공식 번역, 인터넷 자료. 강조 서체는 필자.

실현하는 인권 도시를 정체성으로 해야 한다는 시민적 염원을 선언으로 담아낸 헌장이다.

> 광주는 이 땅에 민족정기와 민주주의를 일으켜 세운 빛과 희망의 도시다. 우리는 민주성지의 시민으로서 자유와 평화를 사랑하고 인권을 존중하며 법과 질서를 지키고 책임을 다하는 건강한 시민사회 건설에 힘과 슬기를 모은다.
>
> 우리는 선조들이 따뜻한 마음씨를 바탕으로 근면하고 성실한 시민생활을 추구하며 자연과의 조화 속에 이웃과 더불어 사는 아름다운 공동체를 실현한다.
>
> 우리 광주 시민은 동학 농민 혁명, 3·1운동, 광주 학생 독립운동의 자랑스러운 역사를 계승하고 4·19혁명과 5·18민주화운동의 숭고한 정신에 입각하여 우리 삶의 터전인 광주가 인류의 보편적 가치인 인간 존엄성과 자유, 평등, 연대의 원칙을 실현하는 인권도시가 되어야 한다고 믿는다.[3]

광주 인권헌장에서는 자유, 평등, 연대의 원칙을 실현하는 인권도시 광주의 인권에 대한 역사적 정체성이 드러나 있다. 인권 평화 민주도시라는 정체성을 가진 광주광역시는 민주, 자유, 평화, 인권을 광주 시민의 삶의 목적으로 규정하고 있으며, 시민의 삶에서 관용(따뜻한 마음씨), 진보적 삶(근면하고 성실한 시민생활), 자연과의 조화, 연대를 통한 아름다

3 '광주 인권 선언문', 비공식 번역, 인터넷 자료. 강조 서체는 필자.

운 공동체 실현을 목표로 하는 시민헌장을 제정해 공동체의 정체성으로 삼고 있음을 알 수 있다.[4]

2. 호남 문학 속의 세계시민성

1) 석천 임억령의 시와 평화

식영정은 송강정, 환벽당과 함께 전남지방 기념물 제1호로 담양군 남면 지곡리 별뫼(星山) 마을에 위치하고 있으며, 정면 2칸, 측면 2칸이다. 이 식영정은 1560년(조선 명종 15년) 서하당 김성원이 스승이며 장인인 석천 임억령을 위해 지었다고 전해지며 이때 임억령은 담양 부사(1559~1561)를 그만두고 이곳에 은거하면서 김성원, 고경명, 정철 등과 교유했다. 이때는 호남 가사문학이 조선 중기의 문학을 이끌던 가사문학의 시대다.

임억령(林億齡, 1496~1568)의 자는 대춘(大椿), 호는 석천(石川)이다. 어려서 눌재(訥齋) 박상(朴祥)에게서 글을 배웠으며 1516년(중종 11년)에 진사가 되고 1525년에 식년문과에 병과(丙科)로 급제했다.

1545년(명종 1년) 을사사화가 일어나 그의 아우 백령(百齡)이 소윤(小

4 '광주 인권 선언문', 비공식 번역, 인터넷 자료. 강조 서체는 필자.

尹)에 가담하여 대윤(大尹)파의 많은 선비를 추방하자 억령이 글을 보내 경계했으나 듣지 않으므로 벼슬을 버리고 고향에 돌아왔다. 그러나 다시 기용되어 금산군수로 있었는데 백령이 원종공신(原從功臣)의 녹권(祿券)을 보내오자 그는 산골짜기에 들어가 제문을 지어 고사를 지내고 녹권을 불살라 버렸으며 군수직을 사임하고 해남으로 돌아왔다.

1552년 동승부지, 병조참의 등을 역임하고 강원도 관찰사를 거쳐 1557년 담양부사가 되었으며 1560년에는 김성원이 식영정을 짓고 초청하므로 식영정에 머물면서 도학을 강론하는 한편 시도 가르쳤다. 임억령은 성산의 아름다운 풍경을 주제로 식영정 이십영(息影亭 二十詠)과 서하당 팔영(八詠)을 비롯하여 수백 수의 시를 지었다.

식영정 이십영의 시 중에서 첫 번째는 '창계백파(蒼溪白波)' 즉 환벽당과 식영정 사이를 흐르는 창계천이 끊임없이 흐르면서 나타나는 흰 물결의 묘취(妙趣)를 읊은 시이다.

古峽斜陽裏(고협사양이)
蒼龍噴水銀(창용분수은)
囊中如可拾(낭중여가습)
欲寄熱中人(욕기열중인)(박준규 · 최한선 2000, 130)

석양 해질 무렵 산골짜기에서
창용이 은물결 내뿜는다
주머니 속에 거두어 담을 수 있다면

더위에 지친 사람에게 부쳐주고 싶다

식영정 앞을 흐르는 창계천의 물결을 마치 용이 날아가며 은물결을 내뿜는 것처럼 표현하고 있으며 산골짜기의 그 시냇물이 흘러내리며 형성된 몸과 마음의 시원함을 주머니에 거두어 더위에 지친 모든 사람들에게 부쳐주고 싶은 마음을 담았다.

당시 은일자적 자연에 은거한 시인묵객들이 자연 속의 안빈낙도를 사대부적 관점에서 정치에 비겨 시화한 것에 비해 석천 임억령은 관용과 배려의 애민 사상으로 자연과 자연 속의 백성들을 살펴보는 눈을 가졌던 것이다. 배려와 애민의 시적 관찰이 아니면 이런 시구가 만들어질 수 없었을 것이다. 이것은 호남 가사문학권 가사와 시화에 나타나는 특징이기도 하다.

'식영정 20영'의 마지막 결사는 '선유동'이다. 식영정이 있는 성산동을 신선이 사는 곳이라고 지칭하고 있다. 식영정이 있는 누정 공간이 아름다운 자연의 승지(勝地)임을 강조하고 있다.

蒼溪小洞天(창계소동천)

明月淸風裏(명월청풍리)

時下羽衣翁(시하우의옹)

不知何道士(불지하도사)(박준규·최한선 2000, 132)

푸른 시내 흐르는 작은 동천은

밝은 달 맑은 바람 속이구나
요즈음 우의를 입은 신선 같은 저 늙은이
어느 곳 도사인지 알 수 없구나

서석산(무등산)을 벗 삼아 구름처럼 자연을 즐기는 길손이 바로 자신이며 우의 맑은 바람 속에서 우의를 입고 지나는 늙은이를 도사에 비겨 바로 자신과 동격의 시벗으로 여기고 있다. 자연 속에서 시묵(詩墨)을 벗 삼아 명리에 지배받지 않고 사는 즐거움을 시골 촌로도 함께 누리고 있음을 감정 이입시킨 한시이다. 여기에도 관용과 배려의 애민 사상으로 자연과 자연 속의 백성들을 살펴보는 눈을 가진 호남 선비의 시적 관심이 녹아 있다.

석천 임억령이라는 조선 중기 시인의 한시를 통해 호남민의 삶의 정서를 하나 알 수 있는데 그것은 평화와 자연주의, 정치에 물들지 않으려는 풍류 정신, 민중을 배려하는 관용과 포용의 정신이다.

또 사대부로서 계급 사회적 질서에 눈 익은 세계관이 아니라 백성에게도 등등한 입장에서의 배려를 보이는 세계시민성의 정신을 보여주고 있다. 자연 속에서 은둔해 세상의 명리와 정치적 이해를 모두 잊고 초월적 평화 속에서 살려고 노력한 풍류와 은일의 사림 정신이 잘 드러나고 있다. 평화의 자연주의 정신이다.

2) 다산 정약용의 시와 인권

정약용(丁若鏞, 1762~1836)은 본관이 나주로 호는 다산(茶山)이며 광주(廣州: 현 경기도 남양주시 조안면) 출생이다. 경기도 암행어사, 병조참의, 규장각 부사, 곡산부사를 역임했다. 1801년 황사영 백서사건에 연루되어 강진에 유배되었다.

그 곳 강진 다산(茶山) 기슭에 있는 윤박(尹博)의 산정을 중심으로 유배에서 풀려날 때까지 18년간 학문에 몰두 실학을 집대성했다. 저서로 『목민심서(牧民心書)』, 『경세유표(經世遺表)』, 『흠흠신서(欽欽新書)』 등 500여 권의 저서를 남겼다.

> 蘆田少婦哭聲長(노전소부곡성장)
> 哭向縣門號穹蒼(곡향현문호궁창)
> 夫征不復尙可有(부정불복상가유)
> 自古未聞男絕陽(자고미문남절양)
> 舅喪已縞兒未澡(구상이호아미조)
> 三代名簽在軍保(삼대명첨재군보)
> 薄言往愬虎守閽(박언왕소호수혼)
> 里正咆哮牛去皁(이정포효우거조)
> 生生之理天所予(생생지리천소여)
> 乾道成男坤道女(건도성남곤도녀)
> 騸馬豶豕猶云悲(선마분시유운비)

況乃生民思繼序(황내생민사계서)(송재소 2015, 221)

노전마을 젊은 아낙 그칠 줄 모르는 통곡소리
쌈터에 간 지아비가 못 돌아오는 수는 있어도
남자가 그 걸 자른 건 들어본 일이 없다네.
시아버지는 삼상 나고 애는 아직 물도 안 말랐는데
조자손 삼대가 다 군보에 실리다니
가서 아무리 호소해도 문지기는 호랑이요
이정은 으르렁대며 마굿간 소 몰아가고
자식 낳고 또 낳음은 하늘이 정한 이치기에
하늘 닮아 아들 되고 땅 닮아 딸이 되지
불깐 말 불깐 돼지 그도 서럽다 할 것인데
대 이어갈 생민들이야 말을 더해 뭣 하리요

다산 정약용 선생의 '애절양(哀絶陽)'이라는 시다. 이 시의 저작 배경을 정약용은 '첨정'이라는 글에서 밝히고 있다.

"이것은 가경 계해년(1803) 가을에 내가 강진에 있으면서 지은 것이다. 그때 갈밭에 사는 백성이 아이를 낳은 지 사흘 만에 군적에 편입되고 이정이 소를 토색질해 가니, 그 백성이 칼을 뽑아 자신의 양경을 스스로 베면서 '내가 이것 때문에 이러한 곤액을 받는다.' 하였다. 그 아내가 양경을 가지고 관청에 나아가니 피가 뚝뚝 떨어지는데, 울기도 하고 하소연하기도 했으나, 문지기가 막아 버렸다. 내가 듣고 이 시를 지었다."

조선 후기의 군정(軍政)이 이토록 심각하고도 문란했던 것은 조정이 부패하고 관리가 부패한 탓이었다. 이 시에서 다산 정약용 선생의 철저한 현실 비판적 실증주의 시 세계를 살펴볼 수 있다.

다산 정약용 선생은 실학을 집대성한 위대한 학자였다. 이 실학자가 조선 후기의 군정으로 인한 향리의 한 민중의 삶을 이야기함으로써 그 시대의 민중 인권과 시대상의 상관관계를 표현했다. 그것은 실학자로서의 시선이었다. 이렇게 잘못된 시대를 개혁하지 않으면 안 된다는 투철한 현실 인식 속의 개혁 의지였다. 그리고 이 주제 의식을 확고하게 시에 표현했다. 그리고 인권의 개선을 통한 사회와 삶의 질 고양이라는 주제의식을 잘 표현해주고 있다.

조선 후기의 백성들의 인권이 어떠했는지를 철저히 비판적이고 현실적인 시각에서 분석하고 혹독한 시대 상황의 무엇이 문제의 근본인지 성찰하고, 그것을 사회 제도와 국가 체제의 문란에서 찾았다. 그리고 정치 개혁이라는 주제 의식 속에서 백성들의 인권과 삶의 질 고양을 위해 사회 체제의 개혁이 필요하다는 주제 의식을 담았다.

3) 서은 문병란의 시와 민주

서은(瑞隱) 문병란(文丙蘭, 1935~2015) 시인은 전남 화순에서 태어나 광주에서 활동한 현대 시인이다. 시인의 시집에는 개인적인 서정이나 실존적 고독과 방황을 형상화한 시들도 있고, 1970년대 이후 역사와 현실에 입각한 민족문학 시인으로서 시대정신을 노래한 시를 남기기도 했다.

1959년 현대문학에 김현승 시인의 추천으로 시 '가로수'를 발표하면서 등단한 시인은 순천고등학교, 광주제일고등학교 교사를 거쳐 조선대 국문과 교수를 역임했다. 『죽순 밭에서』, 『벼들의 속삭임』, 『5월의 연가』, 『양키여 양키여』, 『무등산』, 『견우와 직녀』 등의 시집을 냈다. 민족문학작가회의 이사, 민주교육실천협의회 국민운동본부 대표를 역임했다. '원탁시' 동인으로 활동했다.

광주라는 도시 역사 정체성을 탐구하며 시 창작을 시작했고 그 도시의 민주 인권 현장에서 역사의식을 주제로 한 시를 썼으며 민주화의 도정을 외면하지 않으면서 광주정신과 함께한 광주의 시인이다.

만류하는 목사 아버지의 손길 뿌리치고
내가 안 죽으면 누가 대신 죽어야 합니까?
도청 앞 분수대 앞에 달려 나가
맨주먹으로 탱크에 저항하다 죽어 간 신학 대학생 류동운이가
마지막까지 끌어안고 사랑하다 간 꿈과 낭만과 자유의 도시

아버지, 어머니, 우리는 여기서 좌절하면 죽습니다.
여기서 항복하면 안 됩니다. 우리는 싸워야 합니다.
고등학생 영진이가 외치며 총구멍 난 앳된 가슴으로 끌어안았던

희망과 사랑과 우정이 넘치던 도시

아직도 끝나지 않은 기나긴 싸움
광주는 결코 광주만이 아닌
민중, 민족, 인류 공동의 운명
인간의 양심을 대신하여
민족의 비극을 대신하여
반독재, 반유신, 반군부 집권,
반민족, 불의를 무찌르기 위하여

두 번 세 번 다시 죽는 죽어 다시 살아나는
너는, 죽음을 넘어 돌아오는
영원한 희망이다 사랑이다
재 속에서 추리는 뼈 마지막 남은 이 시대의 싸움이다.

문병란 시인의 '頌歌(송가)—광주에 바치는 노래'라는 시의 일부이다. 이 시는 1985년 5·18광주민주화운동 5주기 추모식이 열린 광주 북구 망월동 묘역에서 낭송된 시이다.

문병란 시인은 이 시에서 민주도시 광주의 정체성을 확고하게 이야기하고 있다. 5·18 시민군들을 이야기하면서 죽음으로 꽃핀 민주주의에 대한 속죄 의식과 함께 이들을 기리고 있다.

문병란 시인은 이 시에서 광주가 민주의 성지, 인류 공영의 지성과 자유를 보여준 도시, 지성과 낭만 꿈의 도시라고 규정하고 있다. 긴 시에서 시인은 광주의 민주도시 정체성 그리고 시민성 광주의 도시가 가진 정체성까지 이야기하고 있다. 이것은 세계시민성의 요소 중 민주 의식의 시적인 표현에 다름 아니다.

앞서 광주 인권헌장은 광주가 인류 보편적 가치인 인간 존엄성과 자유, 평등, 연대의 원칙을 실현하는 인권 도시를 정체성으로 해야 한다는 시민적 염원을 선언으로 담아낸 헌장이고 이는 세계시민성인 자유, 평등, 연대의 원칙을 실현하는 인권도시 광주의 인권에 대한 역사적 정체성이 드러나 있다고 언급했다.

문병란 시인은 바로 이 광주라는 도시의 역사 정체성, 즉 광주 인권헌장에 나타난 자유, 평등, 연대라는 세계시민성을 아직 군부독재의 시대였던 1985년에 시로서 선언한 것이다.

3. 호남 문학과 광주시민정신 그리고 세계시민성 교육

위에서 호남 문학 작품의 대표작이라고 할 수 있는 3편의 시를 통해 세계시민성을 살펴보았다. 16세기, 19세기, 20세기로 이어지는 호남 문학의 시편들에 흐르는 세계시민성이 무엇인지를 살펴보고 그것이 광주정신이라는 보편적 가치와 어떻게 연계되는지를 살펴보았다.

이것을 통해 호남 문학의 중요한 주제의식을 살펴볼 수 있었다. 호남

지역에서 호남의 역사 속에서 창작된 문학 작품들은 광주 전남민의 삶과 정신을 결정체로 보여주었다.

문학은 그 시대와 그 지역에서 삶을 함께한 사람들의 공동의 정신과 삶의 표현이다. 호남 문학은 호남이 역사 속에서 살아온 사람들의 삶과 정서를 결정체처럼 보여주고 있다. 그리고 호남 문학은 광주라는 도시가 안고 있는 정체성을 연역법으로 대변해주고 있다. 그리고 과거와 현재 미래로 이어지는 광주시민 정신을 대변해주고 있다. 그것이 민주 인권 평화라는 세계시민성이었다.

그렇다면 이렇게 호남 문학을 통해 발굴된 세계시민성을 어떻게 발현할 수 있을 것인가? 광주시민들과 모든 국민들에게 광주정신에 깃든 세계시민성을 교육해야 한다. 다양한 방식을 통해 광주정신을 세계화하기 위한 교육을 실시해야 한다. 민주주의 역사를 문화 콘텐츠로 만들어나가 아시아문화중심도시 사업과 연계해야 한다.

그리고 광주는 이 도시의 역사를 미래 브랜드로 만들어나가기 위해 노력해야 한다. 민주, 인권, 평화는 인류 공영의 정신사적 자산이다. 이것은 어떤 상황과 어떤 시대에도 사라질 수 없는 브랜드이다. 이렇게 세계시민성이 발현된 광주 역사와 정신인 민주·인권·평화의 정신을 승화시켜야 광주 도시 발전이 이루어질 것이다.

호남 문학과 세계시민성의 발현이라는 주제로 세계시민성에 대해 살펴보았다. 결국 세계시민성 인문학은 통합적 자아실현, 인류 사회의 평화 공존, 관용의 세계 시민사회 건설 등과 같은 목적의식에 부합해야 한다는 것을 결론으로 맺을 수 있다.

본고는 앞으로 세계시민성이 호남학이나 호남의 인문학과 어떤 연계를 맺고 있는지를 탐구하고 분석하는 연구의 범위를 확장하는 출발의 의미를 갖는다고 할 수 있다.

호남 정신과 지역학의 세계시민성이 어떻게 세계시민성으로 확산되고 있는가, 이 세계시민성이 문화콘텐츠로 미래에도 활용 가능한가 하는 관점들은 연구의 가능성이 넓다고 할 수 있다.

참고문헌

광주광역시. 2012. “광주 인권 헌장”. 광주광역시 홈페이지.

김신중·조태성. 2017.『시조와 가사의 이해』. 서울: 역락.

김지선. 2017. “유네스코의 세계시민교육 논의와 성과”. 서울교육대학교 석사논문.

리종이. 2017. “세계 시민주의 논쟁점에 대한 연구”. 경북대학교 대학원 석사논문.

박준규·최한선. 2000.『속세를 털어버린 식영정』. 서울: 태학사.

송재소. 2015.『시로 읽는 다산의 생애과 사상』, 서울: 세창출판사.

심연수. 2015. “세계 시민성 인문학의 필요성과 영역”.『인류세 시대의 세계시민성』. 서울: 광인문화사.

유네스코 한국위원회. 1997.『유네스코 관계 법규집』.

전형철. 2016.『다시 읽는 서은 문병란의 시』. 서울: 모던포엠사.

04

종교와 시민
– 영화 〈내 이름은 칸〉, 〈미션〉을 중심으로

박정환(호남대학교 인문사회과학연구소 연구위원)

1. 들어가는 말

종교를 주제로 한 영화는 우리 주위에서 흔히 볼 수 있다. 시민성이란 주제를 생각하며 어찌 보면 시민과 종교는 어울리지 않는 단어일지도 모른다는 생각을 하게 된다. 그러나 조금만 양자의 정의를 생각해 보면 이 두 가지 개념에서도 동일한 내용을 발견할 수 있다. 기본적으로 종교인은 자신의 구원을 이루려는 것을 목표로 한다. 그러나 그 어느 종교도 자신의 구원만을 이루라고 하지 않는다. 세계의 종교들은 기독교나 불교, 이슬람 할 것 없이 모두 타인과의 공존을 이야기한다. 즉 나를 사랑하고 절대자를 사랑하듯이 남을 사랑하라고 이야기한다. 기독교의 십계명은 1절에서 4절까지는 신에 대한 절대적인 헌신을 강조하지만 나머지 여섯 계명은 인간 사이의 윤리를 다룬 것으로 결국 기독교의 십계명은 첫째, 하나님에게 헌신하라, 둘째, 하나님을 사랑하듯 네 이웃을 사랑하라는 것으로 요약된다. 불교 또한 스스로의 깨달음을 이루고 나서 타인을 위해 자비를 베풀라고 말한다. 부처는 깨달음을 얻고 난 후 자신이 깨달은 내용을 중생이 이해할 수 없을지도 모른다는 생각에 설법을 망설이다가 결국 중생에 대한 자비심으로 45년간 설법을 하였다. 한 사람이라도 구제받지 못한다면 열반에 들지 않겠다는 서원을 하는 보살 또한 자비심의 화신으로 볼 수 있다. 이슬람은 자신의 수입 중 2.5%를 반드시 불쌍한 사람에게 자선으로 베풀 것을 의무화하고 있다. 이렇듯 종교는 반드시 나 이외의 다른 사람을 돌아볼 것을 강조한다.

그렇다면 시민성의 개념에는 이런 정신이 들어있을까? 시민이란 국가, 인종, 민족을 초월하는 개념이다. 특히 세계시민이란 말은 시민으로서 그 어떤 한계도 짓지 않는 개념으로 평등한 인간관계를 전제로 한다. 시민이란 개념 역시 타인과의 공존을 중시하는 것이다. 여기에는 이타주의와 상생의 개념이 들어가 있다. 시민성의 개념을 좀 더 깊이 들여다보면 시민성이란 시민으로서 가져야 할 마땅한 권리와 시민으로서 반드시 지켜야할 의무로 구성되어 있음을 알 수 있다. 권리의 측면에서 보면 자신이 시민으로서 누릴 자유가 있는 것이고 의무의 측면에서 보면 시민으로서 행하여야 할 준칙이 있는 것이다.

종교와 시민을 함께 생각하며 나는 종교시민이란 단어를 생각해 보았는데 이는 종교인으로서의 권리와 시민으로서의 권리, 종교인으로서의 의무와 시민으로서의 의무를 갖춘 사람이라고 할 수 있다. 즉 권리의 측면에서 보면 자신의 구원을 이루는 것이고 의무의 측면에서는 타인의 구원에 동참하는 것이다. 우선 자기가 자신의 구원을 위해서 절대자에 헌신하고 궁극적 실재를 체험한 후 자신의 깨달음을 가지고 남에게 사랑과 자비를 베푸는 것이 종교시민인 것이다.

따라서 나는 종교와 관련된 영화를 보면서 시민의 정신을 들여다보기로 했다. 여기에 〈내 이름은 칸〉과 〈미션〉 두 영화를 택하여 종교인이면서 시민의 정신을 지니는 것이란 무엇인지를 살펴보고자 한다. 〈내 이름은 칸〉은 종교가 다른 사람에 대한 시민성신을 요구하고 있고, 〈미션〉은 소수민인 원주민과의 공존을 통한 시민정신을 드러내고 있다.

2. 〈내 이름은 칸〉을 통해 본 종교시민성

영화 〈내 이름은 칸〉에서 주인공 칸이 아프간에서 사망한 친구 마크의 장례식장에서 떠올리는 내용은 꾸란의 5장 32절이다.

지상에 아무런 해악을 끼치지 아니한 자 중에서 한 사람이라도 살해했다면 그것은 모든 백성을 살해하는 것과 같으며 또한 한 사람을 구제하는 것은 모든 백성을 구제하는 것과도 같다.

한 생명을 죽이는 것은 세상 전체를 살해하는 것과 같으며 한 사람을 구하면 세상을 구하는 것과 같다는 것이다. 이슬람 테러집단이 신의 이름으로 자살폭탄 테러를 감행하며 무고한 사람들을 살해했다고 한다면 이슬람의 경전 꾸란에 의하면 인류 전체를 살해한 것과 같다는 것이다(안신 2013, 328). 이슬람뿐만 아니라 유일신 종교인 유대교와 기독교에도 이와 비슷한 구절이 있다.

하나의 생명을 구하는 것은 세상을 구하는 것이다(탈무드).

네 이웃에게 베푼 것은 곧 나에게 한 것이다(기독교).

결국 유일신 전통을 대표하는 세 종교에는 모두 한 개인에 대한 생명을 모든 이의 생명처럼 소중히 하라는 메시지가 담겨 있다. 유대인의 홀로코스트를 다룬 스필버그의 영화 〈쉰들러 리스트〉에서 주인공 쉰들러가 유대인을 구한 답례로 받은 반지에는 “하나의 생명을 구한 것은 세상을 구하는 것이다”라는 글귀가 새겨져 있었다. 쉰들러로 인해 목숨을 구한 사람들이 금이빨을 녹여서 반지를 만든 후에 그와 같은 글귀를 새긴 것이다. 쉰들러가 구한 각각의 생명들이 그가 세상을 구했다고 느끼게 한 것이다. 한편 예수도 누가 네 이웃이냐는 질문에 길에서 강도를 만난 사람을 구해준 것은 제사장도 아니요, 레위 사람도 아닌 사마리아인이었음을 상기시키며 누가 이웃인지를 말하고 있다. 길거리에서 죽어가는 사람에게 베푸는 것이 곧 예수를 섬기고 신을 섬긴 행위와 같다는 것이다. 우리는 곧잘 대의를 위한 희생을 말하지만 실상 내 주위의 이웃을 사랑하는 사소한 일조차 버겁다는 것을 느끼곤 한다. 그래서 모든 인간이 대접받고 공존하는 사회를 위해서 각 종교들은 이렇듯 나와 가장 가까운 힘없는 사람들을 돌아볼 것을 강조하고 있다.

따라서 한 사람의 생명이 이렇듯 소중할진대 이슬람의 테러단체들이 벌이는 테러행위는 그 어떤 명분으로도 합리화될 수 없다. 영화는 칸의 성장과정과 소소한 행복을 다루다가 9·11테러를 분기점으로 반전을 맞으며 폭력과 그 폭력으로 인해 소수민이 또다시 폭력을 맞아야 하는 상황을 그리면서 결국 분노와 슬픔을 해결하는 것은 똑같은 복수가 아니라 사랑이라는 것을 웅변하고 있다.

칸은 인도에서 태어나 미국으로 건너온다. 그는 어려서부터 어머니로부터 모든 종교는 동등하다고 배웠기에 자신은 이슬람을 믿으면서도 다른 종교에 대해 관용적인 입장을 지니고 있었다. 자폐증을 앓고 있던 칸은 미국으로 건너와 미용실을 하는 만디라를 만나 사랑에 빠진다. 칸의 동생은 만디라가 무슬림이 아닌 힌두교인이라 결혼을 반대하지만 결국 두 사람은 결혼하여 그녀의 아들과 함께 행복하게 살아간다. 그러던 와중에 9·11테러가 발생하고 상황이 바뀐다. 만디라의 미용실은 적자를 면치 못하고 이웃에 살며 친하게 지내던 마크가 아프카니스탄에

종군 기자로 갔다가 살해당하며 마크의 집과도 멀어진다. 결국 만디라의 아들을 무슬림이라고 놀리던 학교 아이들에 의해 만디라의 아들이 맞고 사망하는 사건이 발생한다. 만디라는 모든 것을 잃은 슬픔으로 세상을 증오하고 사랑하던 칸마저 미워하며 죽음의 원인이 자신과 칸에게 있다고 생각한다. 급기야 칸에게 미국 대통령을 만나서 "내 이름은 칸입니다. 저는 테러리스트가 아닙니다"라고 말하라고 요구하고 칸은 대통령을 만나기 위해 길을 떠난다. 칸은 여행 중에 종교로 인해서 발생하는 편견과 차별에 부닥치고 그 와중에서도 사랑의 정신을 잃지 않는다. 뜻밖에 칸의 행보는 무슬림들이 자신의 정체성을 다시 찾는데도 도움을 주고 마지막에 대통령을 만나서 "당신 이름은 칸이고 테러리스트가 아니다"라는 말을 듣고 모두에게 사랑과 화해의 정신을 보인다. 마침내 칸은 아내와의 약속을 지켰고 만디라와도 화해한다.

영화 〈내 이름은 칸〉은 9·11 이후에 미국사회에서 소수의 무슬림들이 테러리스트로 매도당하며 겪었던 아픔에 주목하고 있다. 그러면서 이슬람이 소수의 테러집단에 의해 폭력종교로 인식되고 있으나 본래는 평화의 종교임을 강조한다. 무슬림들이 반드시 지켜야 하는 다섯 기둥[1]의 내용만 보아도 그들이 얼마나 신을 사랑하고 평화를 갈망하는지를 알 수 있다.

이슬람은 우리에게 대부분 부정적 이미지로 다가온다. 대표적으로

1 샤하다, 기도, 단식, 자선, 순례 등 무슬림들이 반드시 따라야 할 다섯 가지 의무를 말한다.

테러와 폭력종교, 여성을 억압하는 종교, 금기와 규제가 많은 사회, 자기고집, 반미, 다른 종교 박해 등을 들 수 있다. 전쟁과 분쟁의 화약고이며 석유만 많았지 근대화가 더디고 자기주장이 너무 강해 시대착오적이며 글로벌 국제 질서에 순응하지 못한다고 여겨진다. 왜 그렇게 세계 초강자인 미국에 저항하면서 실익보다는 무모한 명분으로 국민을 고통 속으로 몰아넣고 있는지, 오일 달러로 국민들을 제대로 챙기는 것인지 등 많은 의구심을 불러일으키고 있다. 또한 자살폭탄 테러, 이슬람 근본주의, 수니파와 시아파의 갈등, 일부다처, 가혹한 신체절단 형벌, 지독한 여성 억압, 금기사상이 많고 외국인들이 쉽게 방문할 수 없는 곳, 돼지고기와 술을 금하고 여자들을 쳐다보지도 못하게 하는 종교적인 율법을 고집하는 사회, 알카에다와 IS가 가장 먼저 떠오르는 종교 등 그 이미지는 매우 부정적이다(이희수 2015a, 19-20).

이렇듯 우리에게는 부정적 이미지로 점철되어 있지만 사실 이슬람은 전 세계에서 16억 명이 믿고 있으며 57개의 나라가 이슬람을 국교로 하고 있는 세계 3대 종교 중 하나이다. 이슬람 인구 70%는 아시아에 있으며 유럽인 중 5천만 명이 무슬림이고 미국에는 700만 명이 있으나 신도가 가장 적은 나라로 한국과 브라질을 꼽을 만큼 이슬람과는 인연이 많지 않은 게 우리의 현실이다(이희수 2015a, 23-24). 비록 낯선 종교지만 이슬람은 실은 평화의 종교로서 세 번째 가는 세계 종교 중 하나이기 때문에 우리는 이슬람에 대해 보다 더 잘 알 필요가 있다. 그들이 믿는 종교는 매일 다섯 번씩 기도하고 가난한 사람을 위해 자신의 소득의 일부분을 항상 자선으로 기부하는 등 타인을 위한 배려와 공존의 종교이기 때문이다. 그 종교에 부정적인 면만 있고 정말 폭력적인 종교라면 세계 3대 종교로서 그 위상을 지탱할 수 없을 것이다. 무슬림들에게 그들을 신과 결속시켜주는 평화의 측면이 강하지 않을 수 없는 것이다. 5%도 되지 않는 폭력 집단이 전체로 인식되는 상황이 이슬람 전체를 폭력 집단으로 매도하고 있는 것이다. 서구 중심의 이슬람 이해와 부족한 정보가 우리를 이렇듯 편견에 빠지게 하는 것이다. 특히 영화의 중심축이 되는 사건이 9·11테러인데 역사적으로 보면 여기에는 서구와 이슬람 간의 오랜 반목이 뿌리깊이 내재해 있다. 2001년 9월 11일 오전 이슬람원리주의 과격단체 알카에다가 민간 항공기를 납치해 뉴욕에 위치한 세계무역센터에 충돌하여 수많은 사상자를 냈다. 그런데 이 사건의 배후에는 서구와 아랍의 갈등, 이슬람 포비아 등이 내재해 있고 이는 중세까지 거슬러 올라간다.

711년에 아랍 군대가 지브롤터 해협을 건너 스페인을 정복하고, 732년에는 파리 교외 푸아티에까지 진격한다. 1453년에는 콘스탄티노플이 오스만 제국에 함락되면서 이스탄불이 되고, 1683년에는 빈을 세 차례 공격한다. 711년에서 1683년까지 거의 천 년간은 이슬람 세계가 서구를 지배했던 시기이다. 이탈리아 남부와 프랑스 남부도 200년 이상 이슬람의 지배 아래 있었다. 이후 100년간 냉전 시기를 거친 뒤 전세가 역전되는 사건이 일어난다. 1798년 나폴레옹의 이집트 정벌이 그것이다. 이로써 유럽이 이슬람을 지배하는 시대의 서막이 열린다. 이때부터 200여년간 모든 이슬람 세계가 서구의 지배를 받는다. 그래서 1200년에 걸친 역사적 트라우마가 이슬람과 서구에 존재한다. 이슬람 세계가 서구에 가지고 있는 반감의 정체이면서 서구가 이슬람 세계에 갖고 있는 지독한 편견의 역사적 배경이다. 그 감정을 이슬람포비아(Islamphobia)라고 하는데 이슬람의 입장에서는 서구를 지배했던 1,200년을, 서구의 입장에서는 이슬람에 지배받았던 똑같은 시기를 서로가 가슴에 새기고 있는 것이다. 따라서 이슬람은 옛 영광을 되돌리고자 하고 서구는 이슬람에게 뒤쳐졌던 1,200년간의 역사를 절대 되풀이하지 않으려고 한다. 여기에 미국의 석유문제가 겹친다. 중동의 석유를 불법적으로 탈취했다는 인식이 아랍인들에게 있는 것이다. 이런 정서에다가 미국이 이스라엘을 건국하는데 도움을 주고 친이스라엘 정책을 펼치면서 아랍사람들과 원한의 감정을 가지게 된다(이희수 2015b, 84–86).

이런 뿌리 깊은 서구와 아랍 간의 내적 갈등이 당시 국제사회의 상황과 맞물리며 9·11테러가 일어났다. 이 사건 이후 10년만에 국내에서 이 〈내 이름은 칸〉이 개봉되었다. 당시 영화 〈내 이름은 칸〉은 이제까지 알던 이슬람을 바로 보자는 관심을 불러일으켰으며 한국사회는 비록 무슬림은 많지 않았지만 점차 다문화되어 가는 과정에 있었기에 한국인에게도 의미 있는 영화로 다가왔다.

〈내 이름은 칸〉에서 리즈완 칸의 배역을 연기한 배우 샤룩칸은 '발리우드의 왕'이라 불리며 실제로 자신이 무슬림으로서 힌두교 신앙을 가진 아내와 결혼했다. 그는 실제로 2007년 12월 캘리포니아에서 워싱턴 D.C.로 가는 비행기를 타려다가 테러리스트로 의심을 받아서 강압적인 몸수색을 당하는 바람에 비행기를 놓치고 만다. 자신의 과실로 비행기를 놓친 것도 아니지만 그는 어떤 보상도 주변의 위로도 받지 못한다.

그의 어깨를 짓누르는 종교에 대한 사회적 편견은 그에게 커다란 마음의 상처를 남긴다. 이것이 그가 이 영화에 출연한 계기이며 자신의 경험을 영화에 녹여내고 있다(안신 2013, 321).

영화에는 발달 장애인이 주인공으로 나오는데 그 이유는 은유적인 것으로 자기 세계에 갇혀 버린 사람들을 말하며 개방의 필요성을 자폐증을 통해 감독이 말하고자 했던 것이다. 주인공 칸이 앓고 있는 야스퍼거 증후군은 일종의 자폐증으로 소위 자기 세계에 갇히는 병이다. 그런데 칸은 사랑과 아픔을 통해 세상과 소통한다. 자신의 신앙에 진실한 것을 일종의 자폐증으로 받아들이는 종교인들이 있기에 소통의 장애를 가진 칸도 알고 있는데 정상인이 모르고 있다는 사실을 감독은 우회적으로 표현하고 싶었던 것이다(김기대 2013, 119).

영화가 주는 메시지는 어떤 편견과 차별도 사람을 구별지을 수 없다는 것이고 타인과 더불어 공존해야 한다는 것이다. 서로가 다른 인종이건 다른 민족이건 다른 종교인이건 간에 결국 모든 사람이 서로 존중하고 존중받아야 한다는 것이다. 여기서 우리는 종교와 시민을 연결시켜 볼 수 있다. 시민정신이란 것이 다름 아닌 타인과 공존을 강조하는 말이기에 시민정신과 종교를 연결시켜 본다면 이타주의를 가지고 타인과 동등한 존재가 되는 것은 서두에서 세 종교의 격언을 언급했듯이 내 주위의 한 사람 한 사람을 존중하고 사랑하는 것이며 이것은 시민의 정의와 부합한다고 할 수 있다. 시민이란 자신이 시민으로서 가져야할 권리를 정정당당하게 행사하면서 동시에 시민으로서 지켜야 할 의무를 성실히 시행하는 사람이라고 할 수 있다. 더욱이 세계 시민이라고 한다면 인종이나 민족, 종교를 넘어서는 일종의 경계를 초월한 존재라고 할 수 있다. 그러면서 앞에서 말했듯이 종교와 시민을 합해서 종교시민이라는 말을 할 수 있을 것이다. 권리와 의무의 측면에서 볼 때 자신의 구원을 이루는 것을 종교시민의 권리라고 한다면 타인의 구원을 위해 타인과 공존하는 것은 종교시민의 의무라고 할 수 있을 것이다. 종교시민이란 말이 낯설기는 하지만 어찌 보면 간단한 내용이다. 타인과의 공존을 목표로 하는 것이 종교의 근본정신이고 동시에 시민성의 근본정신이라고 한다면 종교시민이란 타인과 공존하기 위해서 자신의 평화와 구원을 찾아 타인과 이를 공유해 나가는 사람이라고 할 수 있을 것이다. 〈내 이름은 칸〉에서 주인공은 다른 종교로 인해서 미국사회에서 차별받고 편견을 경험하며 아픔을 느낀다. 이를 극복하기 위해 길을 떠나서 그는 결국 세상 사람들로부터 평화로운 사람임을 인정받고 이슬람을 떠나 모든 사람이 차별과 편견 없이 공존해야 함을 영화를 통해 보여주었다. 따라서 칸의 행보는 자신의 결백을 주장하고 무슬림의 결백을 주장하는 과정이었지만 칸은 자신의 무죄를 입증하여 자신의 구원을 이룬 사람임과 동시에 같은 무슬림과 타 종교인들을 화합시킨 종교시민성을 실현한 사람이라고 할 수 있을 것이다.

3. 〈미션〉을 통해 본 시민성

콜롬버스에 의해 발견된 신대륙 원주민들에 대해서 백인들은 정치적 정복과 정신적 정복을 하였다. 당시 가톨릭은 부패할대로 부패했고 외부로 눈을 돌려 제국주의화 하며 식민지를 건설해 나갔다. 특히 1517년 루터에 의한 종교개혁이 일어나서 교회를 쇄신하고 교황의 권위에 도전하자 가톨릭은 반종교개혁을 통해 쇄신운동을 펼치는데 그중 하나가 이냐시오 로욜라에 의해 설립된 예수회였다. 이 조직은 그들이 선교하는 지역 주민들의 전통을 존중하는 융통성을 가지고 선교를 하였고 관용적인 선교정책으로 많은 성과를 거둔다. 대표적으로 마테오리치는 중국에 가서 선교했는데 제사도 인정하고 중국의 상제와 기독교의 하느님이 같다고 하며 선교를 하였다. 그들의 전통을 인정한 것이다. 또한 라틴아메리카 원주민을 영혼을 가진 존귀한 존재로 여기며 선교활동을 하였다. 예수회 신부들은 순교를 각오하고 원주민들에게 다가가기 위해 그들의 언어를 배웠고, 원주민 사회의 정치, 문화, 종교, 관습을 이해하려고 노력하였다. 예수회 신부들이 라틴아메리카에서 전도 활동을 할 수 있었던 배경에는 물론 스페인 왕실의 이해도 한 몫 하였다.

예수회 신부들은 잔악한 노예상인들로부터 원주민들을 보호하는 자치구역을 만들었고, 많은 도망 노예들이 이곳으로 탈출해왔다. 영화 〈미션〉의 산 미겔 보호구역의 경우 90%가 이런 원주민 보호구역으로 이용되었다. 이곳은 안전한 지역으로 원주민의 피난처였다. 영화 〈미션〉

은 바로 원주민 자치구역이라는 장소에서 이를 수호하려는 예수회 신부와 이 지역을 몰수하려는 스페인 군대와의 대결을 묘사한다.

예수회 신부들은 과라니족을 보호하지만 노예상들에게 항상 위협을 받는다. 그 대표적인 사람으로 멘도사가 초반에 등장하는데 예기치 않은 사건으로 회심을 하고 신부가 된다. 자신의 부인과 잠자리를 같이 한 동생을 칼로 찔러 살해한 것이다. 깊은 죄악감을 느낀 멘도사는 짐을 지고 폭포를 거슬러 오르는 고행을 자청하고 마침내 자신이 잡아서 노예로 팔던 과라니족의 일원이 되어 새로운 삶을 살아간다. 멘도사의 회심 과정과 함께 후반부에 가브리엘 신부와 다른 방식으로 스페인 군대에 저항하는 모습은 관객들에게 진정한 사랑이 무엇인지를 질문한다.

결국 이 영화는 원주민도 우리와 똑같은 인간인가, 라는 질문을 던지고 있는데 이는 시민성과 연관을 지어 생각할 수 있다. 시민성의 태동은 한마디로 다양성을 인정하고 수평적인 관계를 중요하며 등장한 개념이다. 그러나 시민성이 태동하기 이전의 사회는 내가 옳고 너가 그르다는 관념이 존재했다. 특히 제국주의적 관점에서는 제국주의자들은 옳고 원주민은 그르다는 상하의 관념이 존재했다. 문화종교적인 면에서도 기독교를 최고의 정점으로 보며 나와 다른 남들을 그르다고 보는 이데올로기가 작용했다. 영화에서도 정복자들은 원주민을 선교의 대상으로 보지도 않고 같은 인간으로 취급하려 하지 않는 태도를 보이지만 시민사회의 정신은 수평적인 평등을 강조하는 사회로 나와 다른 남도 똑같은 존재로 인정하려는 모습을 보인다. 따라서 영화가 말하려고 하는 것은 나와 다른 남을 평등한 존재로 인정하는 것, 즉 원주민들도 평등한 시민사회의 입장에서 보면 고귀한 영혼을 가진 존재라는 것을 말하려고 하고 있다. 제국주의적이라고 하는 것은 정복자들에게만 정당한 것을 강조하려는 경향이 많은데 특히 이 영화는 제국주의에 반대하는 신부들의 모습과 원주민의 모습을 보여줌으로써 그들도 똑같은 인간으로 대우받아야 함을 강조하고 있다.

멘도사의 회심은 이런 면에서 시민성의 실현으로 볼 수 있다. 나와 너의 평등과 평화를 알아가는 과정에서 시민성을 실현한 것이다. 자신이 노예로 팔아먹던 원주민과 스스럼없이 어울린다는 것은 회심을 통해 그도 귀하고 그도 하늘이고 나도 하늘이라는 중요한 깨침을 얻은 것으로 볼 수 있다.

영화가 던지고 있는 또 하나의 질문은 진정한 선교가 무엇인가 하는 점이다. 영화는 선교를 할 때도 평등성이 전제되어야 한다고 설명하고 있다. 남과 나를 차등하지 않는 것, 내가 그들을 위해서 선교하고 가르치는 것이 아니라 나누는 것이라는 관점이 보인다. 그들보다 내가 진리를 한발 앞서 알고 있을 뿐이기 때문에 내가 남을 제도한다는 것은 잘못된 관념이라는 것이다. 부처가 진리를 이야기 하였지만 부처 또한 나보다 한발 앞서 진리를 알았을 뿐이라는 것이 대승불교의 입장이다. 즉 모두가 성불할 수 있다는 주장은 내가 너를 제도한다는 입장에서 한발 벗어나 모두에게 열려져 있는 가능성으로 진리를 보도록 한다. 모두가 부처라는 개념은 남과 나의 공존과 평화, 평등을 전제한 말인 것이다. 내가 남을 제도하는 것이 아니라 그들과 나의 평등성을 발견하는 것뿐이다. 따라서 선교는 그들과 내가 하나 된다는 의미가 있기에 이것은 세계시민성을 실현하는 측면에서 볼 수 있다.

영화에서 중요한 축이 되고 있는 제국주의적인 모습이 문제가 되는 것은 그 당시 선교의 방식도 제국주의의 힘을 등에 업고 혹은 제국주의를 위해 사용되었다는 점이다. 제국주의의 힘을 얻었다고 하는 것은 결국 내가 옳고 너희들은 계몽되어야 할 대상이라는 생각이 암암리에 깔려 있고 교화시킨다는 개념이 있는데 이러한 선교의 방식은 진화론에 영향을 받은 종교의 기원을 논한 것과 관련이 있다. 계몽주의 시대에는 애니미즘, 토테미즘, 마나, 페티시즘 등 다윈의 진화론의 영향을 받아서 종교도 진화했고 그 정점에 기독교가 있다는 생각이 있었다. 그러니까 미개한 종교가 있고 진화가 덜 된 민족이 있다는 생각이 있었던 것이다. 원주민의 신앙을 신앙 그대로 받아들이는 것이 아니라 진화의 정점에 기독교가 있었던 것이다. 그러나 현대는 이런 진화론적 관점을 배격한다. 그들도 나름의 합리성이 있고 원주민을 결코 미개하다고 볼 수 없기 때문이다. 따라서 제국주의적인 정복과 선교는 모두 시민성과는 대치점에 있다고 할 수 있겠다.

영화 마지막에는 스페인 군대의 진압에 맞서는 두 신부의 상반된 입장을 통해 진정한 사랑이란 무엇인지를 관객들에게 질문한다. 앞서 설명한 대로 멘도사는 친동생을 죽인 자다. 회심을 통해 거듭났지만 그는 스페인 군대에 무력으로 저항한다. 반면 가브리엘은 그리스도의 숭고한 정신을 실현하려는 인물이다. 그는 평화적인 저항을 한다. 영화 말미에 모두 희생되지만 각기 나름대로 사랑을 실천한 모습이었다. 결국 두 신부와 과라니족은 모두 살해되고 어린아이 몇 명만 남는다. 표면상으로는 이들이 멸망하고 패했지만 주교는 다음과 같은 보고서를 쓰며 진정한 승자가 누구인지를 말한다.

> 표면적으로는 신부 몇몇과 과라니족의 멸종으로 끝났습니다만, 죽은 것은 저 자신이고 저들은 영원히 살아남을 것입니다. 사람들의 마음속에서 말입니다.

4. 나가는 말

이상으로 〈내 이름은 칸〉과 〈미션〉을 통해 종교와 시민성을 연결시켜 보려고 시도했다. 각각의 영화에는 소수자들이 등장한다. 소수 무슬림이 그들이고 원주민이 그들이다. 두 영화 모두 이들이 결코 우리와 다른 존재가 아니라는 대 전제를 보여주고 있다. 중심에서 멀어져 있는 존재들, 권력을 가지고 있지 않은 사람들이 공존해야 한다는 것이 두 영화가 전달하는 중심 메시지이고 결국 이러한 메시지는 나와 남의 공존을 인정하고 더불어 살고자 하는 시민의 정신과 일치한다고 할 수 있다. 결국 세계 종교 모두 나와 남의 구원을 동시에 말하고 있지 않은가? 따라서 종교와 시민성의 접점은 나뿐만이 아니라 타인, 특히 소수자들도 배격하지 않고 포용할 수 있다는 점에 있을 것이다. 나는 종교적인 색채를 띤 두 영화를 통해 이를 종교시민이란 단어로 설명하고자 하였다. 나를 구원하는 권리를 행사하고 남과 함께 구원의 길을 동행하는 의무를 지닌 종교시민의 모습이 두 영화에서 적절하게 드러난 것 같다.

참고문헌

김기대. 2013. 『감독도 모르는 영화 속 이야기』. 서울: 도서출판 모시는 사람들.

안신. 2013. "영화에 나타난 자살과 종교치유에 관한 연구: 〈도가니〉 〈내이름은 칸〉 〈세 얼간이〉를 중심으로." 『종교문화비평』 23, 307-347.

이희수. 2015a. 『이슬람 학교 1』. 서울: 청아출판사.

______. 2015b. 『이슬람 학교 2』. 서울: 청아출판사.

최하진. 2014. 『영화가 부모에게 답하다』. 서울: 국민출판.

3장
생태 시민성

01

중앙정부와 자치단체 차원의 생태시민성 함양*

심연수(호남대학교 인문사회과학연구소 소장)

대한민국은 해방 이후 급속한 경제성장을 위하여 정부차원에서 여러 가지 의식개혁을 선도해왔다. 이전의 조선시대의 사농공상의 신분적 질서는 여전히 대다수 국민들의 잠재된 의식에 근거하여 물질문명과 경제성장의 저해요인이 되기도 하였다. 하지만 60년대부터 시작된 새마을 운동은 국민들의 정신의식을 개혁하는 일대 혁명적인 계기가 되었다.

비록 전 세계적 산업화의 진행에서 파급된 결과이지만 한국의 급격

* 본 장은 2009년 10월 22일 호남대 인문사회과학연구소 주최 국제학술대회에서 발표한 "저탄소녹색성장시대에 필요한 자치단체 차원의 시민윤리의식 제고방안"이란 논문을 재구성하고 확대발전시킨 것임.

한 경제성장의 여파로 국토환경은 훼손되었고 이로 인한 자연적 재해와 사회적 피해가 늘어나서 21세기 초반 한국 정부는 '녹색성장(Green Growth)', '녹색 새마을운동'을 기치로 새로운 정신의식개혁운동을 전개하였다.

녹색성장이라는 개념은 *Economist*(2000.1.27)지에서 최초로 언급되었고 다보스 포럼을 통해 널리 사용되기 시작했다. '아시아·태평양 환경과 개발에 관한 장관회의('05년)'에서 '녹색성장을 위한 서울이니셔티브(SI)'가 채택되었고 UN 아·태경제사회위원회(UNESCAP) 등 국제사회 논의가 본격화되었으며 OECD 각료회의이사회('09.6.24) 선언문에 녹색성장 관련 내용이 포함됨으로써 전 세계적 어젠다가 되었다.

인류세 시대 이후로 화석자원의 사용은 지구 온난화 현상을 촉발시켜왔다. 저탄소성장은 온실가스 배출을 최소한으로 줄이는 경제성장의 형태를 의미한다. 급격한 산업화와 경제성장으로 인하여 다량의 탄산가스가 대기로 배출되었고 이러한 가스가 태양열을 방출하지 못하게 함으로써 지구 온도가 높아지고 기후변화가 발생하였다. 기후변화는 인류의 멸망을 초래할 수도 있는 매우 위협적인 문제이며 전 세계가 함께 노력하여 해결해야 할 문제이다. 온실가스 배출을 줄이기 위한 에너지 저소비형 산업구조 개편, 신재생 에너지와 같은 청정에너지 보급과 개발, 저탄소기술에 대한 개발연구 투자와 저탄소산업 육성 등이 저탄소성장의 필수 요소이다.

녹색성장은 지속가능발전(경제발전·사회적 형평·환경보호 통합)의 추상성·광범위성을 정책 실현가능성 면에서 보완하자는 것이다. 즉, 경제성장을 하되, 경제성장의 패턴을 환경친화적으로 전환하자는 개념으로서 환경적으로 지속가능한 경제성장을 뜻한다. 따라서 녹색성장에는 환경적 측면을 강조하는 경제성장 추구라는 측면과 경제성장과 환경파괴의 비동조화(Decoupling, 非同調化) 실현이라는 양면성을 갖고 있다.

과거 한국 정부의 녹색성장 10대 추진방향을 보면 온실가스를 줄이는 저탄소 정책, 녹색기술을 새로운 성장 동력으로 삼는 정책, 고도의 융합기술정책, 새로운 일자리 정책, 기업의 경쟁력 강화 정책, 국토 도시 건축 교통개조 정책, 소비패턴까지 바꾸는 생활혁명, 녹색성장은 교육 환경정책, 환경 친화적인 세제정책, 국가브랜드를 높이는 외교정책 등으로 구성되었다(문화체육관광부 2008, 21-22).

또한 유네스코는 환경교육의 목표를 "인류로 하여금 생물학적, 물리적, 사회적, 경제적 및 문화적 제 요소들 간의 복잡한 상호관련성을 이해하게 하고 동시에 환경문제를 발견하고 해결하며 환경의 질을 관리할 수 있는 지식, 가치관, 태도 및 기능을 습득하게 하는 것"으로 정의하고 개인과 사회집단으로 하여금 환경문제에 대한 인식, 지식, 태도, 기능, 참여의 기회를 제공하고 도와주는 것으로 정의했다. 지구적 환경위기를 극복하고 저탄소 녹색성장을 위해서는 생태학적 환경위기에 대한 인식을 하고 과학기술 및 사회체제에 의한 노력도 중요하나 한 가치에 의한 교육적 방법, 즉 환경윤리교육을 통해 근원적 해결을 하는 것이 매우 중요하다(조용개 2006, 35). 즉, 환경윤리교육을 통한 생태시민성 함양이 매우 필요하다.

본 장에서는 생태시민성 함양을 위해 자치단체 차원에서 노력해야 할 측면들을 제시해 본다. 자치단체 차원에서 저탄소 녹색성장과 관련된 생활의식 실천 사례들을 살펴보고 국민인식조사 결과를 분석하여 자치단체(광주광역시 중심) 차원에서 더욱 요구되는 시민윤리의식 제고 방안을 검토해 본다.

1. 녹색성장 생활의식 실천현황과 정책: 중앙 및 지방정부

유엔환경계획(UNEP)은 한국이 세계 경제의 녹색성장을 선도하고 있다고 평가한 바 있다. 녹색기술투자 등 녹색인프라 분야에 대한 체계적이고 과감한 투자계획은 UNEP가 권고한 수준을 능가하는 모범사례로 보고 있고 녹색성장전략과 온실가스 감축전략의 연계 추진을 중요하게 평가했다. 한국의 전략이 성공하는 경우 경제시스템의 전환으로 성장과 기후변화 대응을 모두 달성할 수 있음을 실증하게 될 것으로 기대하였다. 유엔환경계획은 전 세계 국가들에게 녹색경제 인프라 부분에 과감한 투자를 권고하는 총론적 정책보고서인 *Global Green New Deal Policy Brief*(GGND: 향후 2년간 GDP의 1%를 녹색경제 인프라 구축, 건물의 에너지효율, 지속가능한 교통, 신재생에너지, 지속가능한 농업, 담수자원 관리 등 5대 핵심 분야에 투자하도록 권고)를 발간('09.3)한 바 있다.[1] 이러한 유엔의

1 http://www.greengrowthknowledge.org/sites/default/files/downloads/resource/A_Global_Green_New_Deal_Policy_Brief_UNEP.pdf. 2018년 2월 15일 검색.

평가를 받기까지 한국의 중앙정부와 지방정부에서는 저탄소 녹색성장을 추진하는데 많은 노력을 해왔고 특히 녹색성장을 위한 생활실천운동을 실시해왔는데 그 예를 들면 다음과 같다.

울산광역시와 에코폴리스 울산 범시민추진위원회에서 시행하였던 CLEAN GREEN 10 실천운동을 예로 들 수 있다. 이 실천운동은 울산 시민이 참여하여 함께 만들어 가는 사업이었다. 특히 에너지 절감으로 CO2를 줄이기 위한 사업 중 가정 용수 절약에 참여 아파트 절수기 설치와 전기절약, 버스 이용률 높이기, 생활쓰레기 재활용은 성과와 함께 주민 참여의식 고취 등에 기여한 만큼 꾸준한 지원과 새로운 정책개발로 재원을 확보하여 아파트뿐만 아니라 물 다량사용업소나 기업체에도 자발적으로 설치토록 지원하고 꾸준한 모니터링으로 관리하였다.

그리고 녹색생활의 실천으로 일상생활 속에서 온실가스를 줄이고 기후변화의 위기를 녹색성장으로 바꾸어 나가기 위한 범국민운동으로서 '녹색생활 실천 공동캠페인'이 과거 한국에서는 전국적으로 전개되었다. 2008년 10월에 출범했던 그린스타트 전국네트워크와 전경련·대한상의·중소기업중앙회 등 산업계, 대한주부클럽연합회·새마을운동중앙회 등 시민사회단체는 녹색성장위원회와 환경부·지식경제부·여성부 등 관련 정부기구와 '녹색생활 실천 협약'을 체결하고, 녹색생활 실천 캠페인 등 녹색생활에 대한 인식을 높이고 실천을 확산하기 위한 다양한 노력에 적극적으로 참여하고 협력하였다. 민간에서 산발적으로 진행해왔던 녹색생활 캠페인이 산업계 및 정부와 연계되어 상승효과가 발휘되었다. 녹색생활 관련 제도와 정책도 범부처적으로 연계되어 더욱 체계화되었다. 그린스타트 전국네트워크를 중심으로 산업계와 시민사회단체가 캠페인을 주도적으로 추진하여 사회 전 부문에서 녹색생활운동이 정착될 수 있는 계기가 되었다.

시민들에게 지속가능한 지구를 위한 시민의 자질과 권리를 깨우치는 계기가 되었다. 생태시민성 함양을 위한 제도적 노력이 보다 적극적으로 이루어진 셈이다. 당시에 한국 정부는 온실가스 진단 및 교육 국민실천운동(그린리더를 활용하고 초중등학생의 참여를 통해 온실가스 진단을 추진하여 행사와 교육의 시너지효과 제고), 그린스타트 캠페인(녹색교통운동, 녹색생활운동) 등을 전개하였다.

중앙정부와는 별도로 광주광역시는 저탄소 녹색성장을 위한 3대 전략(기후변화 적응 및 에너지 자립, 신성장 동력 창출, 삶의 질 개선과 국가위상 강화), 10대 정책과제(저탄소 사회 구축, 탈석유·에너지 자립강화, 기후변화 적응역량강화, 녹색기술·산업의 개발, 산업의 녹색화 및 녹색산업 육성, 산업구조의 혁신, 녹색경제 기반 조성, 녹색국토·교통의 조성, 생활의 녹색혁명, 세계적인 녹색성장 모범국가 구현)을 제시하고 다음의 표와 같은 시책을 실시하였다.[2]

지속가능한 생태도시 광주실현						
5 대 분야	=	자연 환경	생활 환경	자연 자원	환경과 경제, 사회 통합	지구 환경
		자연생태 자연경관 공원녹지 토양, 지하수	대기환경 물환경, 하수 상수도 소음, 악취	수자원 폐기물 순환 에너지	환경산업 환경교육 그린거버넌스	온실가스 감축

2 https://www.gwangju.go.kr/html/down/04/2011/2-6_2011.pdf(검색일 2018년 2월 16일).

□ 자전거 교통분담 지원
- 자전거 이용 환경개선(자전거 주차장 확대, 전용차로제 도입)
- 대중교통 연계망 우선 구축(시범도시 선정 집중지원)
- 도심내 주차 및 대여, 대중교통 환승 시스템 구축
- 한국형 고부가 가치 자전거 산업육성 지원
  (세계자전거 박람회, 세계자전거 경주대회 등)

지속가능한 생태도시 광주실현

□ 지방공공청사·시설에너지 효율화 추진
- 지방청사 LED 조명, 태양광·지열 냉난방 등 절약형 시설도입
- 체육관, 운동장 등 공공시설에 태양광, 히트펌프(Heat Pump), 빗물이용시설 확대
- 행정정보화로 종이소비량 '12년까지 50% 절감
  – 지방세 전자신고·고지·납부, 수납체계 온라인화 등 개선
  – 위택스와 인터넷TV(IPTV) 연계로 안방 지방세납부서비스 제공
  – 공용경차·하이브리드차·전기차 확대

□ 민간건물 에너지 효율화
- 친환경 건축물 및 택지지구 장려
  (친환경 건축물 지방세 지원, 신재생에너지 공급시설 지원)
- 건물옥상 및 벽면 녹화조성

□ 「저탄소 녹색마을」 조성
- 지역주민의 주체적 참여를 통한 자연–문화–역사 등 지역특성을 고려한 녹색 생활 실천 거점 마을 육성
- 농어촌 지역에서 자체 생산된 유기성 폐자원, 목재, 유채, 태양광 등을 에너지로 활용하는 탄소순환시스템을 갖춘 녹색마을

□ 지역인재 육성 및 자치행정역량 강화
- 교육재정과 자치구재정지원을 통하여 인재양성과 주민자치실현
- 행정환경변화에 적극대응하고 조직역량극대화 등 선진행정구현
- 광주민주화운동정신을 계승하여 민주·인권·평화 성지로 육성

2. 호남거주민들의 녹색성장 인식도 조사결과

하지만 문화체육관광부가 2008년 10월 22일 발표한 〈녹색성장 국민 인식조사 보고서〉에 따른 녹색성장 인지도를 보면, 전체 국민의 48.8%가 녹색성장을 알고 있는데 반해서 호남권은 지역별로 볼 때, 38.4%로서 제일 뒤처져 있는 것으로 나타났다(문화체육관광부 2008, 75).

	사례수(N 1238)	있다(%)
평균		48.8
서울	273	49.0
인천/경기	334	48.8
영남권	333	55.2
호남권	138	38.4
충청권	160	44.0

그리고 〈광주지역 환경기술 개발센터〉에서 2009년 1월부터 2월까지 광주시민 2,114명을 대상으로 최근 기후변화와 관련해 시민들의 일상생활 속에서 실천의식 및 환경보전 의식을 알아보기 위해 대면 설문조사를 실시하였는데, 그 결과 53% 정도가 '저탄소 녹색성장'에 대해 "조금이라도 알고 있다"는 응답결과가 나왔다. 대체적으로 호남권 수치에 비해서는 광주시민들의 녹색성장에 대한 인지도는 높았으나 영남권에 비해서는 상대적으로 떨어지는 수치로 나타났다.

녹색성장을 어떤 경로를 통해서 알았는가라는 질문에 대해서 대부분의 국민들은 TV방송뉴스를 통해서 접했다고 응답했다(62.2%). 호남권 거주 응답자들은 상대적으로 종이신문과 인터넷사이트에서 접했다고 응답한 비율이 타 지역민에 비해서 상대적으로 높았지만 TV방송뉴스를 통해서 접했다는 비율은 상대적으로 낮았다.

	사례수 N 604	TV 방송 뉴스	인터넷 신문	인터넷 사이트	종이 신문	라디오 방송 뉴스	정부부처 홈페이지	주변 사람들	기타	잡지
		62.2	11.1	10	7.7	5.0	1.3	1.3	1.2	0.4
서울	134	55.3	11.4	13	9.4	3.0	4.2	1.9	1.2	0.6
인천/경기	163	61.3	14.1	10.1	5.6	6.5	0.3	1.3	0.8	
영남권	184	65.8	7.5	7.5	9.7	7.4	0.8	1.0	0.3	0.1
호남권	53	*57.7*	10.2	12.7	11.9	3.1		1.7		2.7
충청권	70	70.9	13.5	8.4	1.0	0.8		0.5	5.0	

한국의 발전을 위한 〔저탄소/녹색성장 관련 내용 교과서 반영/교육〕의 필요정도를 묻는 질문에 대해서 전체적으로 77.2% 국민들이 필요하다는 응답을 하였으나 호남권은 지역별로 제일 뒤처지는 반응을 보였다. 학교교육에서는 다소 뒤처지는 반응을 보였지만 성인교육 평생교육 차원에서 보완될 수 있는 측면이다.

	사례수	전혀 필요하지 않다 (①)	별로 필요하지 않다 (②)	①+②	그저 그렇다 (③)	필요한 편이다 (④)	매우 필요한 편이다 (⑤)	④+⑤
전체	(1238)	0.5	2.3	2.8	20.0	46.0	31.2	77.2
거주 지역								

서울	(273)	0.7	2.4	3.2	21.2	45.8	29.9	75.7
인천/경기	(334)	0.2	3.0	3.3	19.1	46.4	31.2	77.6
영남권	(333)	0.5	2.2	2.5	18.8	44.7	34.0	78.7
호남권	(138)		0.9	0.9	23.6	51.4	24.2	*75.5*
충청권	(160)	1.1	2.1	3.2	19.4	43.7	33.7	77.4

한국 발전을 위한 〔에너지 절약 및 재활용 국민실천운동 확산〕의 필요정도를 묻는 질문에 대해서는 전체적으로 85.1%의 국민이 필요하다는 인식을 갖고 있는데 호남권은 이보다 높은 반응을 나타냈다. 따라서 저탄소 녹색성장에 대한 캠페인이 보다 효과적일 수 있음을 알 수 있다.

	사례수	전혀 필요하지 않다(①)	별로 필요하지 않다(②)	①+②	그저 그렇다(③)	필요한 편이다(④)	매우 필요한 편이다(⑤)	④+⑤
전체	(1238)	0.7	1.2	2.	12.9	40.3	44.8	85.1
거주 지역								
서울	(273)	1.4	1.0	2.4	13.3	42.4	42.0	84.4
인천/경기	(334)		0.7	0.7	14.9	42.1	42.4	84.4
영남권	(333)	1.5	1.3	2.8	12.9	37.6	46.6	84.2
호남권	(138)		1.2	1.2	11.3	29.8	57.7	*87.5*
충청권	(160)	0.3	2.6	2.8	9.4	47.9	39.9	87.8

한국 발전을 위한 〔녹색 소비/녹색생활 확대〕의 필요정도를 묻는 질문에 대해서도 국민들은 필요성에 대해서 매우 높은 반응을 보이고 있는데 호남권(76.5%)은 평균치(81.2%)에 다소 못 미친다.

	사례수	전혀 필요하지 않다(①)	별로 필요하지 않다(②)	①+②	그저 그렇다(③)	필요한 편이다(④)	매우 필요한 편이다(⑤)	④+⑤
전체	(1238)	0.3	2.0	2.3	16.5	43.1	38.1	81.2
거주 지역								
서울	(273)	1.0	3.5	4.4	17.2	42.8	35.5	78.3
인천/경기	(334)		0.7	0.7	19.1	44.1	36.1	80.2
영남권	(333)	0.3	1.7	2.0	13.7	43.7	40.5	84.2
호남권	(138)		2.4	2.4	21.2	32.0	44.5	*76.5*
충청권	(160)		2.8	2.8	11.6	49.9	35.7	85.6

녹색성장의 환경문제 개선 기여도를 묻는 질문에 대해서도 역시 국민들은 녹색성장이 환경문제 개선에 큰 기여를 할 것으로 보고 있는 반면 호남권은 평균치(81%)에서 다소 못 미치는 반응을 보이고 있다(78.2%).

	사례수	전혀 기여하지 못할 것이다(①)	별로 기여하지 못할 것이다(②)	①+②	보통이다(③)	어느 정도 기여할 것이다(④)	매우 기여할 것이다(⑤)	④+⑤
전체	(1238)	0.9	3.4	4.3	14.7	56.2	24.8	81.0
거주 지역								
서울	(273)	0.1	2.0	2.1	18.0	59.5	20.5	80.0
인천/경기	(334)	0.4	2.1	2.5	15.8	56.6	25.0	81.6
영남권	(333)	2.9	7.4	10.3	10.9	50.3	28.5	78.8
호남권	(138)		1.5	1.5	20.3	50.9	27.3	*78.2*
충청권	(160)		1.5	1.5	10.1	66.5	21.9	88.4

녹색성장이 환경문제 개선에 기여하지 못할 것이라고 판단하는 이유를 묻는 질문에 대해서 전체 국민들이 대체적으로 다양한 견해를 밝힌데 반해서 호남권 거주자들은 녹색성장을 위해서는 기업실천과 투자가 선행되어야 한다는 견해를 보였다(78.7%). 또한 비율적으로 상당수 국민들이(28.2%) 보여주기식 개발과 탁상공론 때문에 녹색성장에 있어서 정부에 대한 불신의식을 갖고 있는 것으로 나타났다.

	사례수	보여주기식 개발, 탁상공론/정부불신	기타	기업실천/투자가 우선되어야함	잘 모름/그냥 그저 그렇다	환경문제보다는 성장/개발에 초점/우선	국민의식 미비/홍보부족	구체적 대책/정책부재, 실현가능성이 적음	무응답	기여하지 못함/오히려 더 악화
전체	(53)	28.2	14.9	12.3	11.6	10.2	9.3	7.7	3.4	3.3
거주 지역										
서울	(6)	36.9				28.1	6.9	12.5		15.8
인천/경기	(8)	21.3	53.4		10.4	9.6				5.4
영남권	(34)	28.4	9.9	14.0	14.7	8.7	13.2	5.1	5.2	0.7
호남권	(2)	21.3		78.7						
충청권	(2)	34.6			9.5			68.5		7.9

녹색성장 추친 시 가장 큰 장애요인이 무엇이냐는 질문에 대해서는 정부의 구체적인 정책 뒷받침이 미미하다는 견해(29.5%), 선진국 대비 환경 에너지 기술수준 경쟁력이 취약하다는 견해(24%), 에너지절약 및 환경보호에 관한 낮은 시민의식이 문제라는 견해(23.1%), 친환경 에너지

기업에 대한 투자 및 지원이 미비하다는 견해(12.8%), 법 제도적 미비(8.9%) 등의 견해를 밝히고 있다.

	사례수	정부의 구체적인 정책 뒷받침 미비	선진국 대비 환경/에너지 기술수준 경쟁력 취약	에너지 절약 및 환경보호에 관한 낮은 시민의식	친환경/에너지 기업에 대한 투자 및 지원미비	법/제도적 미비	기타
전체	(1238)	29.5	24.0	23.1	12.8	8.9	1.6
거주 지역							
서울	(273)	31.0	24.4	22.2	14.6	5.2	2.6
인천/경기	(334)	35.1	20.2	19.2	13.2	11.5	0.8
영남권	(333)	22.3	30.2	28.5	10.6	8.0	0.5
호남권	(138)	22.2	28.7	*21.2*	13.8	8.1	6.2
충청권	(160)	36.9	14.0	23.6	12.7	12.7	0.2

[환경보호 및 에너지 관련 태도]를 알아보기 위해서 가까운 거리에 도보 및 자전거를 이용하는가라는 질문에 대해서는 전체 국민들의 75.3%가 이용하는 것이 환경 보호 및 에너지를 줄일 수 있다고 보는데 반해서 호남권은 다소 떨어지는 반응을 보였다(72%).

	사례수	전혀 일치 하지 않는다 (①)	별로 일치 하지 않는다 (②)	①+②	보통 이다 (③)	일치 하는 편이다 (④)	매우 일치 한다 (⑤)	④+⑤
전체	(1238)	1.6	6.1	7.7	16.9	40.6	34.8	75.3
거주 지역								
서울	(273)	1.2	4.2	5.4	10.4	41.5	42.6	84.2
인천/경기	(334)	1.8	7.5	9.3	18.5	42.9	29.3	72.2
영남권	(333)	2.3	7.1	9.4	16.9	43.8	29.9	73.7
호남권	(138)	0.4	5.3	5.7	22.3	35.0	37.0	72.0
충청권	(160)	1.6	5.0	6.5	20.4	32.0	41.1	73.1

〔환경보호 및 에너지 관련 태도〕를 알아보기 위해서 대중교통을 이용하는 것이 환경보호 및 에너지를 줄일 수 있는가라는 질문에 대해서 70.8%의 국민이 그렇다는 견해를 보인데 반해서 교통 혼잡이 극심한 서울은 88.8%, 호남권은 64.3%의 반응을 보였다.

	사례수	전혀 일치 하지 않는다 (①)	별로 일치 하지 않는다 (②)	①+②	보통 이다 (③)	일치 하는 편이다 (④)	매우 일치 한다 (⑤)	④+⑤
전체	(1238)	2.0	8.6	10.6	18.7	31.1	39.7	70.8
거주 지역								
서울	(273)	1.1	3.5	4.6	6.6	32.9	55.9	88.8
인천/경기	(334)	1.2	9.6	10.9	18.6	31.2	39.2	70.5
영남권	(333)	1.8	12.2	14.0	23.1	34.0	28.9	62.9

호남권	(138)	0.9	7.2	8.1	27.6	29.8	34.5	64.3
충청권	(160)	6.5	8.6	15.1	22.3	22.8	39.7	62.6

[환경보호 및 에너지 관련 태도]를 알아보기 위해서 친환경 제품을 이용하는 것이 환경보호 및 에너지를 줄일 수 있는가라는 질문에 대해서는 전체 국민이 의외로 낮은 반응을 보였다(31.8%). 하지만 호남권 거주자들은 이에 비해서 40.5%(최고임)로 가장 높은 반응을 보였다.

	사례수	전혀 일치 하지 않는다 (①)	별로 일치 하지 않는다 (②)	①+②	보통 이다 (③)	일치 하는 편이다 (④)	매우 일치 한다 (⑤)	④+⑤
전체	(1238)	3.8	14.7	18.4	49.8	25.2	6.6	31.8
거주 지역								
서울	(273)	1.7	17.9	19.6	49.0	24.5	6.9	31.4
인천/경기	(334)	2.8	16.4	19.2	49.3	27.2	4.2	31.5
영남권	(333)	3.0	13.0	16.0	57.0	21.2	5.8	27.0
호남권	(138)	5.0	6.5	11.4	48.0	31.6	9.0	40.5
충청권	(160)	9.7	16.1	25.8	38.5	24.9	10.8	35.7

[환경보호 및 에너지 관련 태도]를 알아보기 위해서 1회용품을 자제하는 것이 환경 보호 및 에너지를 줄일 수 있는가라는 질문에 대해서는 전체 국민들의 50.7%가 그렇다고 반응을 보였는데 반해서 호남권 거주자들은 보다 높은 53.1%(두 번째로 비율이 높음)의 반응을 보였다.

	사례수	전혀 일치 하지 않는다 (①)	별로 일치 하지 않는다 (②)	①+②	보통 이다 (③)	일치 하는 편이다 (④)	매우 일치 한다 (⑤)	④+⑤
전체	(1238)	1.1	10.5	11.6	37.7	35.4	15.3	50.7
거주 지역								
서울	(273)	3.3	11.1	14.4	39.3	31.2	15.1	46.3
인천/경기	(334)		9.1	9.1	38.0	39.7	13.1	52.9
영남권	(333)	0.6	9.0	9.6	41.0	32.5	16.9	49.4
호남권	(138)		8.0	8.0	38.9	39.9	13.3	53.1
충청권	(160)	1.6	17.7	19.3	26.3	35.8	18.5	54.4

[환경보호 및 에너지 관련 태도]를 알아보기 위해서 환경유해물질 사용을 자제하는 것이 환경보호 및 에너지를 줄일 수 있는가라는 질문에 대해서는 전체 국민들의 38.9%, 호남권 거주자들 38.4%가 그렇다는 반응을 보였다.

	사례수	전혀 일치 하지 않는다 (①)	별로 일치 하지 않는다 (②)	①+②	보통 이다 (③)	일치 하는 편이다 (④)	매우 일치 한다 (⑤)	④+⑤
전체	(1238)	0.6	11.7	12.2	48.9	30.6	8.3	38.9
거주 지역								
서울	(273)	0.5	16.4	16.9	47.5	28.0	7.6	35.6
인천/경기	(334)	0.3	9.0	9.3	48.8	33.3	8.5	41.9
영남권	(333)	0.5	9.4	9.8	53.9	29.0	7.3	36.3

호남권	(138)	0.6	11.2	11.8	49.8	30.1	8.3	38.4
충청권	(160)	1.5	14.2	15.7	40.3	32.9	11.0	43.9

〔환경보호 및 에너지 관련 태도〕를 알아보기 위해서 재활용/분리수거를 하는 것이 환경보호 및 에너지를 줄일 수 있는가라는 질문에 대해서는 전체 국민들의 84%, 호남권 거주자들의 77.3%(최소임)가 그렇다는 반응을 보였다.

	사례수	전혀 일치 하지 않는다 (①)	별로 일치 하지 않는다 (②)	①+②	보통 이다(③)	일치 하는 편이다 (④)	매우 일치 한다 (⑤)	④+⑤
전체	(1238)	0.8	1.7	2.4	13.5	39.9	44.1	84.0
거주 지역								
서울	(273)	3.1	1.4	4.6	9.0	38.4	48.0	86.4
인천/경기	(334)		1.7	1.7	11.8	40.9	45.6	86.5
영남권	(333)	0.3	2.4	2.7	20.0	35.4	41.9	77.3
호남권	(138)		1.2	1.2	19.2	37.4	42.2	79.6
충청권	(160)		0.8	0.8	6.4	52.0	40.8	92.8

〔환경보호 및 에너지 관련 태도〕를 알아보기 위해서 에너지 고효율 등급제품을 구입하는 것이 환경보호 및 에너지를 줄일 수 있는가라는 질문에 대해서는 전체 국민들의 76.1%, 호남권 거주자들의 83.9%(최고임)가 그렇다는 반응을 보였다.

	사례수	전혀 일치 하지 않는다 (①)	별로 일치 하지 않는다 (②)	①+②	보통 이다 (③)	일치 하는 편이다 (④)	매우 일치 한다 (⑤)	④+⑤
전체	(1238)	0.7	2.3	3.0	20.9	46.0	30.1	76.1
거주 지역								
서울	(273)	1.5	3.2	4.7	23.0	36.0	36.3	72.3
인천/경기	(334)		1.8	1.8	18.6	47.7	31.8	79.6
영남권	(333)	1.5	3.4	4.9	23.5	47.1	24.5	71.6
호남권	(138)		0.8	0.8	15.3	51.5	32.4	83.9
충청권	(160)		0.4	0.4	21.6	52.1	25.9	78.0

[환경보호 및 에너지 관련 태도]를 알아보기 위해서 생활 속 에너지 절약을 하는 것이 환경보호 및 에너지를 줄일 수 있는가라는 질문에 대해서는 전체 국민들의 74.6%, 호남권 거주자들의 86.5%(최고임)가 그렇다는 반응을 보였다.

	사례수	전혀 일치 하지 않는다 (①)	별로 일치 하지 않는다 (②)	①+②	보통 이다 (③)	일치 하는 편이다 (④)	매우 일치 한다 (⑤)	④+⑤
전체	(1238)	0.8	2.7	3.5	21.9	43.5	31.1	74.6
거주 지역								
서울	(273)	3.1	2.7	5.8	23.4	41.8	29.0	70.8
인천/경기	(334)		1.7	1.7	21.5	42.9	33.9	76.8
영남권	(333)	0.5	2.7	3.2	26.9	38.4	31.4	69.9

호남권	(138)		0.7	0.7	12.7	54.9	31.6	86.5
충청권	(160)		6.5	6.5	17.4	48.4	27.7	76.1

〔환경보호 및 에너지 관련 태도〕를 알아보기 위해서 환경보호/에너지 절약 권유를 하는 것이 환경보호 및 에너지를 줄일 수 있는가라는 질문에 대해서는 전체 국민들의 60.4%, 호남권 거주자들의 65.9%(최고임)가 그렇다는 반응을 보였다.

	사례수	전혀 일치 하지 않는다 (①)	별로 일치 하지 않는다 (②)	①+②	보통 이다 (③)	일치 하는 편이다 (④)	매우 일치 한다 (⑤)	④+⑤
전체	(1238)	1.7	5.8	7.5	32.1	38.4	22.0	60.4
거주 지역								
서울	(273)	3.7	6.0	9.7	28.1	40.1	22.0	62.1
인천/경기	(334)	1.6	8.4	10.0	26.8	44.2	19.0	63.2
영남권	(333)	1.5	3.7	5.2	40.9	30.8	23.0	53.9
호남권	(138)		3.1	3.1	31.0	40.9	25.0	65.9
충청권	(160)	0.7	6.4	7.1	32.8	36.9	23.3	60.2

〔환경보호 및 에너지 관련 태도〕를 알아보기 위해서 환경보호/에너지 절약 단체 가입/활동을 하는 것이 환경보호 및 에너지를 줄일 수 있는가라는 질문에 대해서는 전체 국민들의 21.2%, 호남권 거주자들의 25.4%(두 번째로 비율이 높음)가 그렇다는 반응을 보였다.

	사례수	전혀 일치 하지 않는다 (①)	별로 일치 하지 않는다 (②)	①+②	보통 이다(③)	일치 하는 편이다 (④)	매우 일치 한다 (⑤)	④+⑤
전체	(1238)	20.0	28.0	48.0	30.7	13.7	7.5	21.2
거주 지역								
서울	(273)	22.3	26.4	48.6	34.1	8.1	9.2	17.2
인천/경기	(334)	21.1	27.4	48.5	25.8	18.9	6.9	25.7
영남권	(333)	14.3	31.7	46.0	35.2	13.7	5.1	18.8
호남권	(138)	16.3	23.2	39.5	35.1	16.6	8.8	25.4
충청권	(160)	29.2	28.6	57.8	22.3	9.8	10.1	19.9

[환경보호 및 에너지 관련 태도]를 알아보기 위해서 캠페인에 적극 동참을 하는 것이 환경보호 및 에너지를 줄일 수 있는가라는 질문에 대해서는 전체 국민들의 48.4%, 호남권 거주자들의 52.2%(최고임)가 그렇다는 반응을 보였다.

	사례수	전혀 일치 하지 않는다 (①)	별로 일치 하지 않는다 (②)	①+②	보통 이다 (③)	일치 하는 편이다 (④)	매우 일치한 다 (⑤)	④+⑤
전체	(1238)	2.4	9.4	11.8	39.9	34.3	14.0	48.4
거주 지역								
서울	(273)	3.7	9.4	13.1	43.0	30.1	13.8	43.9
인천/경기	(334)	1.4	9.0	10.4	38.4	37.0	14.2	51.2
영남권	(333)	1.9	9.5	11.4	40.2	35.3	13.1	48.4

호남권	(138)		3.5	3.5	44.2	38.0	14.3	52.2
충청권	(160)	5.4	14.8	20.2	33.1	30.9	15.8	46.7

환경 보호 및 에너지 절약 관련 단체 가입 및 활동 경험이 있느냐는 질문에 대해서는 전체 국민들의 82.5%, 호남권 거주자들의 83.7%(두 번째로 비율이 높음)가 그렇다는 반응을 보였다.

	사례수	과거에 가입한 경험이 있다.	현재 가입되어 있다.	과거에 활동한 경험이 있다.	현재 활동하고 있다.	가입 및 활동 경험이 없다.
전체	(1238)	8.1	2.9	5.8	0.7	82.5
거주 지역						
서울	(273)	6.1	1.8	5.3	1.5	85.3
인천/경기	(334)	5.7	4.1	7.7	0.1	82.4
영남권	(333)	9.7	4.0	6.4	0.1	79.8
호남권	(138)	7.9	2.3	4.1	1.9	83.7
충청권	(160)	13.0	0.5	2.8	0.9	82.8

3. 자치단체의 생태시민성 함양을 위한 노력

첫째, 생태적 삶의 방식을 영위하는 성인들을 위한 환경윤리교육이 실시되어야 한다. 오늘날의 지구는 다양한 복합적 원인에 의한 생태적 위기에 직면하고 있기 때문에 시민들이 생태적 삶의 방식을 영위할 수 있는 다양한 윤리의식 함양에 힘쓸 필요가 있다. 예를 들어서 생태적 소비생활이 필요한데 상기의 각종 지표에 의하면 환경 친화적 소비의식을 배양하는 것이 급선무이다. 환경 친화적 소비의식을 배양해 나가기 위해서는 성인들을 대상으로 생활쓰레기, 대기오염, 수질오염, 친환경적 상품이용에 대한 환경윤리 교육을 실시할 필요가 있다.

2018년 1월 15일, 17일, 18일에는 매우 심각했던 미세먼지를 줄여보려고 박원순 서울특별시장이 대중교통 수단을 무료로 이용하도록 했다. 미세먼지를 줄여보기 위한 대중교통수단 무료비용을 위하여 매일 50억 원씩 150억 원의 비용을 지불했으나 자동차 교통량은 각각 0.3%, 1.73%, 1.7% 줄어들었다고 한다.[3] 그러나 자치단체의 노력에 부응하여 서울특별시의 운전자들은 비협조적이었다. 미세먼지를 줄이기 위해서는 도덕적인 운전자가 되어야 한다. 한국의 자연환경이 생태적 위기에 처하는 것은 시민들이 이웃과 공동체의 이익을 위해서 자신의 이익과 편익을 조화롭게 감수할 수 있는 공공의식이 성숙해져야 한다. 따라서 빈약한 사회적 자본을 외형적으로 늘리는 노력도 중요하지만 자치단체는 시민들의 성숙한 의식, 생태시민성 함양을 줄이는 노력을 해나가야 한다.

둘째, 환경 거버넌스 접근 방식에 대한 재검토가 필요하다. 일반적으로 거버넌스는 협의적 의미와 광의적 의미로 나눌 수 있다. 협의의 거버

3 http://monthly.chosun.com/client/news/viw_r.asp?ctcd=A&nNewsNumb=201803100011 검색일 2018년 2월 21일.

넌스는 오래 전부터 국가나 시장기제와는 별도로 존재해 왔던 자연스런 조정양식의 원형으로서 파악하여, 시민사회 중심적인 접근을 하고 있다. 기존의 국가 중심적인 위계적 조정양식이 그 기능을 발휘하지 못하고 국가실패라는 한계상황을 맞으면서 그 대안으로 등장했는데, 거버넌스를 복합조직 또는 네트워크 등으로 부르면서 '외부에서 부과하지 않고 다양한 행위자들이 자율적으로 상호의존성에 기반을 두어 상호작용하는 구조나 질서를 창조하는 것'으로 정의한다(Kooiman and Vliet 64). 이러한 시민사회중심의 거버넌스가 작동하기 위해서는 시민문화를 강화하고 시민들의 자발적 행동을 촉진시키고 민주적인 사회기반을 지속적으로 개선해 나갈 필요가 있다.

따라서 자치단체 차원에서는 한편으로는 저탄소 녹색성장을 위한 시민사회문화를 강화하는 방안을 강구해 나가면서, 시민사회에서도 자발적으로 저탄소 녹색성장을 위한 노력을 해나가는 것이 필요하다. 한국의 민주주의 발전과정에서 볼 때, 국가적 차원에서 시민사회와 시민단체들의 조정역량이 확대되어 왔으므로 협의적 의미의 거버넌스는 저탄소 녹색성장의 성공을 위해서 적용가능하다고 본다.

문제해결에 필요한 각종 자원을 공동으로 활용하기 위해서 구성원간의 지속적인 상호작용과 상호의존성이 즉, 참여주체들 간에는 상호신뢰와 상호 호혜성을 기반으로 한 상호 협력적 관계의 형성이 요구된다.

하지만 시민사회에서 이해관계가 대치되어 상호대립적인 태도도 나타나기 때문에 다음과 같은 점을 고려해서 정책집행과 수행을 해야 한다. 행위자들의 참여를 통한 혜택이 참여에 따른 비용보다 높아야 한다. 저탄소 녹색성장을 위한 시민 사회적 노력은 궁극적으로 보다 많은 시민사회의 이익으로 돌아간다는 의미에서 시민윤리교육을 실시해 나가야 한다. 행위자들에게 참여 이외에는 다른 대안이 없어야 한다. 저탄소 녹색성장의 시민참여와 노력은 지속가능한 발전과 환경폐해로부터 우리를 구제할 수 있는 유일한 방법임을 인식시킬 수 있는 계기들을 마련해야 한다. 그리고 리더가 리더십을 발휘하여 장기적 혜택에 대한 믿음이나 반대급부를 제공할 수 있어야 한다. 자치단체의 장과 시민사회의 제 단체의 대표들은 이해관계가 달라서 저탄소 녹색성장에 반대할 수 있는 기업들을 중심으로 이해와 설득을 병행해 나가야 한다. 만약 이러한 세 가지 조건들이 제대로 충족되지 못할 경우에는 저탄소 녹색성장을 위한 거버넌스 체제의 참여자들 간에도 협력보다는 갈등이나 대립의 가능성이 높아질 수 있다.

다음으로 광의의 거버넌스는 정부 중심의 공적조직과 사적조직의 경계가 무너지면서 나타난 새로운 상호 협력적인 조정양식을 의미한다. 이는 협의의 거버넌스가 중시하는 시민사회의 다양한 행위자들과 더불어 협의에서는 포함하지 않는 국가와 시장도 포함하는 국가, 시민사회 및 시장 간의 파트너십을 통한 새로운 협력형태를 의미한다. 한국의 민주주의가 성숙하고 시민문화가 발전해가면서 과거 시민사회 중심의 협의적 의미의 거버넌스를 보완할 필요가 있다. 다양한 이해관계를 시민사회 중심으로는 해결하지 못하기 때문에 국가와 시장의 도움을 통해서 갈등을 조정해 나가야 한다. 중앙정부와 지방정부 및 시민사회 단체를 비롯한 시장은 지금보다 더욱 복합단위들을 포함시키는 상호 협력적인 네트워크를 구성해야 한다.

예를 들어서 광주광역시의 환경선언문에는 “사람과 자연이 조화를 이루며 함께 살아가는 ‘녹색평화의 도시’로 거듭나야 합니다. 환경오염이 가속화되고 생태계 파괴가 심각해지고 있는 지구를 살리기 위해서는 지역 환경을 살리는 일부터 시작해야 합니다. 푸른 광주를 가꾸는 일은 곧 인류의 유일한 삶의 터전인 지구를 살리는 길로 이어집니다. 지역공동체를 이루는 우리 시민 모두는 쾌적한 환경 속에서 살아갈 권리와 함께 환경을 알뜰히 가꾸고 지켜 나갈 의무도 지니고 있습니다. 맑고, 깨끗하고, 평온한 환경 속에서 번영하는 도시, ‘푸른 광주’를 만드는 일에 모든 시민과 기업 그리고 행정이 힘을 모아 최선을 다해야 합니다.”라는 내용이 있다. 또한 Eco-Project를 통해 푸른 광주를 위한 정책적 내용을 표방하고 있고 푸른 광주 21협의회를 구성하여 다양한 실천적 운동을 전개했다.

하지만 구체적인 내용에서 다만 환경교육이란 용어가 등장할 뿐이고 환경윤리의식 제고를 위한 교육적 노력은 미흡한 실정이다. 성인들을 위한 환경윤리의식 텍스트 개발과 지속적인 교육이 필요하다. 즉 환경교육에 대한 많은 관심과 사업과 캠페인성 노력은 많지만 가치관과 태도를 전환시켜나가는 환경윤리교육에 대해서는 매우 미흡한 수준이다.

오늘날의 사회에서는 중앙정부나 지방정부가 전적으로 정책결정과 집행을 할 수 없다. 이와 같은 협의체를 통해서 시민사회와 정부 간의 협력적 해결방식은 매우 바람직하다. 저탄소 녹색성장을 위해서도 사회의 이해관계자들이 상호협조적인 파트너십을 형성하여 문제를 해결하는 방식이 주가 되고 있는 것은 사실이다. 하지만 지금보다도 더욱 국가와 시장 그리고 시민사회단체 및 지방정부 차원에서 협력하여 공공문제를 해결하려는 측면에서 저탄소 녹색성장 접근이 필요하다. 이미 환경부도 환경관련 정책결정 초기단계부터 관계부처, 전문가, 시민단체, 산업체 관계자 등이 참여, 합의하는 신(新)거버넌스를 대기정책분야에 최초로 구성, 운영하고 있으며 지방정부도 추진하고 있다.

신거버넌스는 정책결정과 개발과정에서 시장과 시민사회 등 국민이 함께 네트워크를 구성, 공공문제를 해결하는 것으로, 다양한 이해관계를 사전에 조정하고 국민 눈높이에 맞는 정책을 개발함으로써 정책실패를 예방하고 품질도 개선하겠다는 취지인데, 시민사회에서 필요한 윤리의식을 고양시켜 저탄소 녹색성장을 성공시키기 위해서도 지방정부 차원에서 켐페인성에서 벗어나 시민사회에 보다 침투될 수 있는 방안들을 강구해 나가야 한다. 환경윤리교육은 총체적 환경을 고려해서 시민들이 자연생태계를 보호하고 개선하기 위한 자신의 책임을 깨닫게 해야 한다. 시민들이 윤리적인 동시에 정치적인 행위에 필요한 지식과 가치관을 지닐 수 있도록 해야 한다(변종헌 161). 그리고 다양한 그룹들이 자신들의 특수한 교육적 관심과 필요성을 갖고 참여하는 복합적인 면과 평생교육 차원에서 이뤄져야 한다.

셋째, 저탄소 녹색성장의 윤리적 근거에 대한 철학적 토대에 대한 합의가 필요하다. 가치에 관한 자연환경과 인간간의 관계에 따라 인간중심주의와 비인간중심주의로 환경윤리를 나눠볼 수 있다. 인간중심주의는 인간을 주로 보는 견해이고 환경은 도구일 따름이다. 비인간중심주의는 자연중심의 환경윤리를 주장하는데 개체론적 환경윤리(동물해방론, 동물권리론, 생명중심주의)와 전체론적 환경윤리(심층생태주의, 사회생태학, 생태사회주의, 정치생태학)로 구분된다(김명식; 한면희).

환경윤리교육에 있어서 관점은 크게 인간중심주의(anthropocentrism), 생물중심주의(biocentrism), 생태중심주의(ecocentrism)의 세 가지로 나눌 수 있다. 인간중심주의는 환경에 대한 인간의 도덕적 의무와 윤리문제가 인간 상호 간에서 발생된다고 보고 있다. 생물중심주의는 윤리적인 문제를 살아있는 생명체로 확대시켜서 보는 견해이며 생태중심주의는 인간은 생태계(혹은 자연환경)에 대해서 도덕적 의무를 지닌다는 관점이다(서홍교 127).

중앙이나 지방정부 차원에서 획일적으로 환경윤리교육을 할 수도 있으나 성인교육 평생교육 차원에서는 지방자치단체의 실정에 맞춰서 관점을 달리할 수 있다고 본다. 각 자치단체는 환경윤리교육의 관점을 분명히 갖고 있을 필요가 있다.

1) 환경윤리교육의 인식론적 전환

저탄소 녹색성장을 추진하는 윤리적 근거로서는 그동안 인간들이 자연과 인간관계를 잘못 인식하고 그릇되게 규정한 '인식과 가치판단의 위기'인 동시에 지나친 '인간중심주의적 행위양식의 위기'로 볼 수 있다(김남준 60). 인간에게 필요한 재원을 확보하고 생산하고 소비하는 것에 지나치게 매몰되다 보니 오늘날의 자연파괴현상이 나타난 것이다. 이런 측면에서 지금보다 전 지구가 하나의 생명체이며 모든 존재의 부분들이 상호 유기적으로 연결되어 있으며 생명체는 나름대로의 존재의미를 갖는 데에 대한 사고의 전환이 필요하다. 모든 생명체는 전 질서에서의 나름대로 차지하는 위계제적 가치를 존중받아야 하며 그런 선에서 가치를 유지해야 한다. 인간이 만물의 영장이라고 한다면 인간은 존재질서의 공평무사한 관찰자로서 인간들만의 이해관심이 아니라 다른 자연의 존재에 대한 이해관심을 숙고하여 생명체들의 생명의 지속성에 관심을 갖고 조율해 나가는 지혜가 필요하다. 인간과 함께 존재하는 자연세계에 대한 관심을 증진시켜 나가야 한다. 인간중심주의적인 환경에서 벗어나서 생태공동체적인 발상으로 환경을 인식하여야 한다. 환경과 인간의 관계정립을 위해서는 철학적 인간학에 토대를 두어 인간의 존재본질에 대한 논의가 출발점이 되어야 한다. 따라서 오늘날의 환경윤리교육의 필요성은 인간의 위기에서 찾아야 하며 위기 극복을 위해서 환경에 대한 인간의 내면의식의 전환을 필요로 하고 환경에 대한 윤리적 사색을 벗어나서 그 책임성을 강조하는 차원으로 적극적인 모색이 이뤄져야 한다.

2) 환경윤리교육에 있어서 집단인식의 전환을 위하여

환경윤리는 인간들의 환경과 환경문제에 대한 가치탐구와 문제해결을 도모하기 위한 분야이다. 환경윤리교육을 통해서 인간은 자연환경을 보전하고 환경에 대한 바람직하고 합리적인 인식과 태도를 갖게 된다. 인간과 환경과의 관계는 상호의존, 상호관계, 상호작용적 관계이다. 따라서 바람직한 환경인식과 행동을 할 수 있도록 가치체계를 변화시킬 수 있는 방안이 강구되어야 한다(지영숙·김민정). 특히 개개인의 인식전환도 중요하지만 집단들의 공통된 인식틀을 변화시키는 방향도 모색되어야 한다. 환경윤리교육은 가정, 학교, 민간단체, 자치단체 수준에서의 교육이 이뤄질 수 있는데 특히 시민사회의 민간단체 수준에서 환경윤리교육이 이뤄질 수 있도록 텍스트와 각종 시설의 정비가 필요하다.

<table>
<tr><th>환경윤리교육의 단계별 내용</th><th>자치단체 차원의
교육대상(민간단체보조)</th><th colspan="2">교육주체 및 방법</th></tr>
<tr><td>인간과 자연환경과의 어떤 영향을 주고받는가? 환경문제를 인식하는 단계</td><td rowspan="5">성인
(민간단체
A,B,C
……)</td><td>민간
단체</td><td>가치탐구</td></tr>
<tr><td>환경과 생명간의 상호관계를 이해 분석하는 단계로 대량생산, 대량소비, 대량폐기로 경제활동과 소비구조를 유지할 경우 어떤 변화가 올 것인가?</td><td>민간
단체</td><td>지식분석</td></tr>
<tr><td>환경친화적인 가치관과 행동양식을 선택하고 실천하는 단계</td><td>민간
단체</td><td>가치탐구</td></tr>
<tr><td>생태중심주의 가치관을
확립하는 단계</td><td>민간
단체</td><td>가치탐구</td></tr>
<tr><td>새로운 행동수행을 위한
반성 및 평가단계</td><td>민간
단체</td><td>지식분석
및 가치탐구</td></tr>
</table>

출처: (조용개 201, 222-232).

3) 환경윤리교육에 있어서 환경정의교육

전통적 환경교육이 생태학과 환경적 이슈, 시민들의 환경의식과 행동 등을 다루었다면 최근에는 저소득층과 인종적 소수집단의 사회 환경적 문제에 대한 관심이 증대하면서 이를 환경교육에 반영하려는 주장들이 제기되고 있다(최병두 135). 그리고 환경윤리교육에서는 경제개발과 환경보전에 관한 정치 사회적 논의를 배제하지 않는 정치·사회 교육적 노력도 포함되어야 한다. 이런 측면에서 자치단체 차원에서는 환경윤리교육에서 환경정의 교육적인 측면을 다룰 수 있어야 한다.

참고문헌

김귀곤 역. 1995.『유네스코 편, 환경교육의 세계적 동향』. 서울: 배영사.

김남준. 2008. "자연윤리학의 담론과 환경윤리교육."『윤리연구』 제68호.

김명식. 1996. "환경윤리에 관한 연구." 고려대 박사학위논문.

한면희. 1997. "환경윤리와 자연의 가치." 성균관대 박사학위논문.

김용환. 2004. "생태환경정의에 관한 연구."『국민윤리연구』 제55호.

문화체육관광부. 2008.『녹색성장 국민인식조사 보고서』.

______. 2008(12).『녹색성장, 대한민국의 그린오션 전략』.

변종헌. 2004. "환경윤리교육의 새로운 패러다임과 과제."『국민윤리연구』.

서홍교. 2004. "인간중심주의적 환경윤리와 환경윤리교육."『국민윤리연구』 제56호.

조용개. 2006. "생태중심주의 환경윤리의 철학적 함의와 교육적 대안."『환경철학』 Vol. 5.

______. 2001. "생태학적 위기 극복을 위한 환경교육 체계화 방안연구-환경윤리교육의 모형 정립을 중심으로." 대구가톨릭대학교 박사학위논문.

지영숙·김민정. 2003. "생태적 소비생활과 환경윤리."『생활과학』 제6호.

최병두. 2007. "지구공동체윤리로서의 환경정의와 환경교육."『공간과 사회』 제27호.

Kooiman, J & Van Vliet, M. 1993. *Governance and Public Management*, in K. A. Eliassen and J. Kooiman(eds.) *Managing Public Organization*, London: Sage Publisher.

02

실천 시민성이 거둔 심층생태학의 가시적 결과*

이승휘(호남대학교 인문사회과학연구소 부소장)
박병옥(호남대학교 인문사회과학연구소 연구위원)

1. 생태시민성의 대두

여기서는 생태시민성의 실천과 자연의 회복가능성의 차원에서 생태환경의 위기에 대처하는 시민성이 어떻게 길러져야 하는가를 살핀다.

* 이 원고는 2017년 12월 20일 호남대학교 국제회의실에서 열린 '2017 호남대학교 인문사회과학연구소 학술대회' 발표문을 재구성하였음.

20세기 중반에 오덤 형제에 의해 정립된 시스템생태학은 심층생태학과 표층생태학을 구분한다. 표층생태학이 모든 생태계의 중심을 인간에게 둔다면 심층생태학에서는 인간도 자연의 일부일 뿐이며, 우리가 살고 있는 자연생태계에서는 개별적으로 존재하는 생명 그 자체가 중심이 된다는 입장이다. 생명평등주의와 다양성과 공생의 원리를 취하고 계급과 착취를 반대하는 심층생태학을 통한 환경의 이해를 통해 환경과 생태를 접하는 인간의 시민성은 어떻게 규정할 수 있을까?

1) 환경보전을 위한 사회적인 여건변화

19세기 산업혁명 이후 급속한 공업화의 영향으로 전 세계는 각종 공해물질의 배출로 인한 환경오염으로 인간을 프함한 생태계의 위기가 고조되고 있어 환경오염의 피해로 인해 인간뿐 아니라 절대적 보전 및 보존을 요하는 자연의 훼손으로 인해 새로운 국면을 맞이하게 되었다. 아래의 표는 대표적인 사례이기에 경각심을 고취시키는 의미에서 재삼 상고하려 한다.

〈표 1〉 환경오염으로 인해 발생한 피해 사례

사건 명	발생 시기	피해 장소 및 피해 상황	발생 요인	재발 가능성
런던 스모그 사건	1952. 12.	영국 런던, 5일 간 4,000명 사망, 12,000여 명 이상 호흡기 질환과 심장질환으로 사망.	가정 난방, 발전소, 공장의 석탄 연소 시 발생된 매연과 이산화황.	중국의 산업화로 인한 대기오염 사고와 유사.

L.A. 스모그	1954. 7.	눈과 목의 점막 자극과 눈병과 호흡기 질환을 일으킴.	자동차 연소에 의한 탄화수소, 질소화합물, 황산화물 등과 태양광선의 자외선에 의해 발생.	최근 국내 수도권 대기오염과 유사.
수은중독 사건	1950 ~ 1965	일본, 미나마따시 대표적 중금속 오염 사건. 수많은 사망자와 기형아 출산. 중추신경장애. 시야 협착, 언어장애, 지각장애, 보행 장애, 시력장애, 근력저하, 사지 뒤틀림 증상이 발생.	공장의 무기수은 일부가 메틸수은으로 변화, 공장 폐수로서 미나마타 만에 계속 방출되어 어패류에 고농도로 농축되어 물고기를 많이 먹은 사람들이나 조류, 고양이 등에 많이 발생, 체내 농축.	
보팔 사건	1984. 12. 3.	인도 보팔시에 있는 유니언 카바이트사의 살충제 제조 공장에서 40여 톤의 메틸 이소시안염이 누출, 하룻밤 사이에 약 2천 명의 주민이 사망하고 60만 명의 부상자가 발생, 인구 75만 명의 보팔시 시민 대부분이 이 유독물질의 피해를 당함.	메틸 이소시안염은 무색 무취의 독성물질로 호흡기 장애, 중추신경장애, 면역체계 이상, 실명 등의 치명적인 피해를 일으킴.	

체르노빌 (Chernobil) 사건	1986. 4. 26.	구소련 우크라이나공화국 체르노빌 원자력발전소에서 발생한 사건으로 204명이 사망, 30km 이내에 거주하던 주민 13만 5천여 명이 다른 곳으로 이주하였다. 40만 명의 난민이 발생하고 900만 명 이상 이 직, 간접적으로 피해.		세계 최악의 핵사고로 2003년 12월 15일 영구적으로 가동을 중지하기로 하였다. 유사 사례로는 최근 일본의 후쿠시마 원전 사고.

2) 지구환경의 위기

지구는 자정능력의 상실로 말미암아 다음과 같은 대표적인 환경문제가 21세기 인류 최대의 현안과제로 나타나고 있다.

첫째, 지구온난화다. 지구 표면의 복사열이 지구 밖으로 방출되는 것이 차단됨으로써 지구 대기 온도가 전반적으로 상승하는 현상을 말하며, 석유나 석탄과 같은 화석연료를 사용할 때 발생하는 이산화탄소가 주범으로, 2007년 2월에 발표된 다보스포럼의 기후변화에 관한 정부간 패널(IPCC) 보고서는 지난 100여 년간 지구의 평균온도는 0.74℃ 상승, 해수면은 2100년까지 17-58cm 상승하고 지구온도는 1.8~4℃ 상승할 것으로 예측하고 있다.

둘째, 오존층 파괴다. 오존층은 태양 광선의 자외선을 대부분 흡수하여, 지상의 생명체를 보호하는 역할을 한다. 자외선은 파장이 짧은 광선으로 고에너지 자외선은 피부암, 백내장, 면역기능을 파괴, 약화시키며 이와 같은 유해한 자외선을 오존층이 막아주는 역할을 한다. 오존층 파괴물질은 CFCs(Freon 가스), Halon(할론), CCl_4(사염화탄소), Ch_3CCl_3(메틸클로로포름), Ch_3Br(메틸브로마이드)로 특히 CFCs는 안정성이 높은 물질로 120년 이상 지구 대기에 머문다.

셋째, 산성비다. 1960년대 후반부터 유럽과 북미대륙을 중심으로 발생한 산성비는 눈 또는 빗물의 산성도가 pH 5.6 이하인 경우를 산성비라 한다. 중화학공장, 화력발전소, 자동차 배기가스 등에서 발생하는 이산화황, 산화질소 기체가 수증기와 결합 황산과 질산을 형성, 호수와 하천오염, 피부질환, 농작물과 수목, 플랑크톤과 어류에 피해를 주는 것으로 전 지구적 문제이다.

넷째, 사막화다. 지구온난화와 기후변화에 의한 영향으로 황사지역 면적이 매년 확대되고 있다. 황사는 고비 사막, 타클라마칸 사막, 몽골 등에서 3천~5천m 상공으로 상승 초속 30m 편서풍으로 우리나라에 들어온다. 중앙아시아, 몽골, 중국의 황사지역이 확산일로에 있어 황사로 인한 생활불편과 공업화에 따른 대기오염, 오염물질의 이동으로 생태계에 위기를 초래하고 있는 실정이다. 국제협약으로 사막화 방지 협약이 있다. 황사는 고비 사막, 타클라마칸 사막, 몽골 등에서 3천~5천m 상공으로 초속 30m 편서풍으로 우리나라에 들어온다.

다섯째, 생물종 다양성의 감소다. 인류는 의식주와 관련된 다양한 생태계서비스를 생물로부터 얻어왔다. 생물다양성의 가치는 경제적·심미적·정서적 가치와 모든 생물은 평등한 생명권으로의 가치를 지니며 다양한 생물종으로 직접적 이익공유와 국가 천연자원의 보전, 유전적 다양성을 확보할 수 있다. 현재의 생물종의 감소는 생태계의 안정성 저하로 멸종을 가속화하며, 미래의 무한한 미래 자원의 가치를 소멸시키는 행위와 같다.

2. 심층생태학

1) 심층생태학의 의의

심층생태학(deep ecology)은 1973년 노르웨이의 철학자 네스(Arne Naess)가 최초로 사용한 용어로 생태계 위기의 근본적인 원인을 인간적 측면에서 평가하고 자연을 인간의 욕망을 충족시키기 위한 자원 또는 물질로 파악하려는 인간중심적 사고방식에 있다고 주장하는 이론 또는 철학이다. 표층생태학(shallow ecology)은 인간중심적 또는 인간을 그 중심에 놓는 관점의 생태학을 말한다. 심층생태론자들은 환경문제를 인간적 측면에만 집중하여 해결하는 자를 표층생태학자라고 비판한다. 심층생태학은 환경에 관한 인간중심의 사고를 거부하고 관계적이고 전체적인 범위에 조망하려는 도덕적 전체론, 비인간중심적 접근을 선호한다.

사회생태학과 에코페미니즘(ecofeminism)은 심층생태학 이외의 두 가지 철학학파로서 특히 제국주의, 자본주의, 인종차별주의는 본질이 착취적이고 반생태적인 사회적 지배의 전형이라고 하였다. 에코페미니즘은 가부장제의 폐단을 극복하려는 시도로 남성에 의한 여성의 가부장적 지배를 모든 착취의 원형으로 간주한다. 여성의 역사와 환경의 역사를 연결하며 에코페미니스트들은 여성의 경험적 지식을 생태학적 원천으로 생각한다.

심층생태론은 인간의 내부와 지구에 존재하는 모든 생명체의 본성이 본래 가치를 지니고 있기 때문에 인간은 생명을 유지하기 위하여 반드시 필요한 자원요소 이외에는 생명의 풍요로움과 다양성을 해칠 권리가 없다고 주장한다. 즉 인간도 자연의 일원이라는 사고에 입각하여 환경주의자인 조지 세션즈와 네스는 공동연구로 아래와 같은 8개의 강령을 주장하고 있다.

(1) 지구상의 인간과 인간을 제외한 생명의 안녕과 번영은 그 자체로서 가치를 가진다. 이 가치는 자연계가 인간에게 얼마나 유용한가 하는 문제와는 별개이다.
(2) 생명체의 풍부함과 다양성은 이러한 가치의 실현에 이바지하며 그 자체로서 가치를 가진다.
(3) 인간들은 생명유지에 필수불가결한 경우를 제외하고 이러한 풍부함과 다양성을 감소시킬 권리가 없다.
(4) 인간의 생명과 문화의 반영은 실제 더 적은 인구와 양립한다. 인간을 제외한 생명의 번영은 더 적은 개체수를 요구하기도 한다.

(5) 현재 자연계에 대한 인간의 간섭은 지나치며, 그 상황은 빠르게 악화되고 있다.

(6) 따라서 정책이 변해야 하며 이러한 정책은 근본적으로 경제적, 기술적 그리고 이데올로기적 구조에 영향을 미친다. 그 결과 발생하는 상태는 현재보다 향상될 것이다.

(7) 이데올로기의 변화는 더 높은 생활수준에 집착하기보다 주로 생활의 질과 내재적 가치에 대한 평가와 관련될 것이다. 그렇게 되면 단순히 큰 것과 꼭 필요한 위대한 것의 차이를 심오하게 인식하게 될 것이다.

(8) 이상의 강령에 동의하는 사람은 직·간접적으로 필요한 변화를 실천하려는 의무를 지닌다. 심층생태론은 생태적 세계관으로 전환하기 위해 동양의 노장사상과 선불교 그리고 기독교의 영성주의 등이 필요하다고 주장한다.

2) 심층생태학의 내용

(1) 보존과 개발

환경보호론자들은 숲을 이해하고 경험하는 데 있어 통일, 형태로 이해한다. 반면에 개발론자들은 기하학적인 중심에 관하여 이야기한다. 네스는 절대론은 피하고 반대자들과 솔직하게 비폭력 의사소통이 이루어진다면 문제해결에 접근할 수 있다고 보았다.

(2) 심층생태학의 2가지 기준

자아실현과 생물중심적 평등으로 '자아실현'이란 인간이 자신을 다른 나머지 자연과 상호작용을 통하여 존재하는 것이라고 한다. 자아실현은 필요와 이해관계, 욕구로 좋은 삶이란 근본적이고 참된 이해관계를 추구하는 것으로 자연세계와 하나가 되는 자아이다. '생물중심적 평등'이란 모든 생명체가 동등하게 서로 밀접한 관계가 있는 존재라고 믿는 것으로 모든 생명체는 동등한 본래적 가치를 가진다. 네스는 생명활동에 반드시 필요한 것들로부터 방해받지 않는 높은 수준의 삶은 전원생활이라고 했다. 반면에 드볼과 세션은 어떤 특별한 경지에 대한 사랑, 유희, 창조적 표현, 친밀한 관계 같은 내용도 포함된다고 보았다.

3) 심층생태학의 적용과 시사점

(1) 지구환경의 위기

20세기가 끝나고 21세기에 들어서도 지구는 심각한 환경위기가 지속되고 있어 인류의 가정 중요한 의제가 되고 있다. 계속적인 지구온난화, 기후변화, 오존층 파괴, 사막화, 해수면상승, 생물종다양성의 감소, 인구팽창, 황사 등 국제 환경문제뿐만 아니라 생태계의 위기를 불러일으키는 대기오염, 수질오염, 해양오염, 원자력오염, 토양오염 등의 환경오염과 더불어 지속적인 유해화학물질의 생산과 노출, 전자파, 생물의 이동에 따른 질병의 확산 등 범지구적 문제와 생활환경의 위기에 직면하고 있다. 또한 인간의 욕망에 의한 핵무기, 테러, 무역보복, 자국민을 위한 이기주의로 인류의 공동체적 패러다임 파괴와 상실로 생존에 위기를 초래하고 있어 전 세계 시민이 위협에 노출되어 있는 실정이다.

(2) 생태·환경의 회복

모든 문제를 고립적으로 이해하지 말고 시스템적인 관점에서 바라보고 해결해야 한다. 모든 문제들은 서로 연결되어 있으며, 상호의존적이다. 인구문제도 자원고갈에 의한 지역공동체의 몰락과 민족·종족 간 폭력사태로 이어졌다. 세계감시연구소(World Watch Institute)의 소장인 레스터 브라운(Lester Brown)은 지속가능한 사회란 '미래세대의 번영을 파괴하지 않으면서 우리 요구를 만족시키는 사회를 뜻한다.'고 정의를 내리고 있다. 세계감시연구소는 1984년부터 매년 지구환경보고서를 작성하여 지구환경의 위기를 전 세계에 알리고 있으며, 브라운은 지구정책연구소(Earth Policy Institute)를 창설, 환경정보의 확산에 기여하고 있다. 오늘날 환경문제는 모두 국제적으로 연결되어 있어 문제해결을 위하여 교육과 국제협력이 강조되고 있다.

(3) 시사점

이에 짚고 넘어갈 사항이 있다. 심층생태학 이론은 인간은 생명을 유지하기 위하여 반드시 필요한 자원요소 이외에는 생명의 풍요로움과 다양성을 해칠 권리가 없다는 것으로 오늘날 지구환경문제와 생태계 복원의 정의를 상기시키고 있다. 한편, 자연환경의 회복을 위하여 생태 시민성의 실천이 최우선적일 뿐 아니라 표층생태학, 심층생태학, 사회생태학, 에코페미니즘 이론의 개념 전개에 앞서는 전제조건이 되어야 할 것이다. 지구환경의 위기를 극복하기 위해서 심층생태 이론에 의거한 범지구적·실천적 시민성 운동의 전개가 필요하다. 이는 네스가 제시하고 있는 심층생태 이론 중 8개 강령의 실천이자 실현이 될 것이다.

환경문제가 범지구적 문제이듯이 생태시민성의 실천도 지역적 실천운동이 지구적 실천운동으로 적용되어야만 할 것이다. 조그맣게 시작한 시민성의 실천이 지구환경 위기 개선의 실마리가 될 것으로 확신한다.

지금은 모든 정보가 공유되고 특히 SNS로 무장한 시민사회의 역할이 큰 시기이다. 인간은 사회적 동물이다. 내가 먼저 사고하는 바를 행동에 옮기지 않으면 남들은 관심 없이 살아간다. 내가 먼저 혁신하고 실천해야 관심을 갖고 돌아보며 변할 수 있는 계기를 제공하는 것이다. 모든 지구의 구성원 중 오직 하나, 나로 인하여 범지구적 생명시스템이 작동될 것이라는 것을 확신한다.

3. 환경과 생태를 위한 생태시민성

1) 자연환경 복원운동

따라서 자연과 인간 사이의 관계가 온건한 상태(자연=인간)를 유지하려면 어떤 인간과 자연 간의 조화를 유지해야 할까?

〈표 2〉 각 민족별 자연에의 적응과 조화 양상 구분

자연에 복종한 경우	멕시코 농민과 아메리카인디언
인간에 복종한 경우	미국, 구소련
인간과 자연의 조화	과거의 한국, 중국, 일본

인류의 출현 이래 인류문화사가 확보되기 이전은 수렵의 시대로 자연과 함께하는 삶이었다. 그러나 현대문명의 주류인 서유럽과 북유럽 문명이 적극성, 과학성, 기술성에 의한 문화일원론적 가치로 변모하였다.

20세기 들어 기계와 과학기술의 급격한 발전에 따라 자연과 인간 사이의 부조화를 초래하여 환경오염이나 도시의 인구집중에 의한 스트레스, 자원의 고갈, 사막화, 프레온 가스에 의한 오존층의 파괴, 산성비에 의한 환경파괴, 자원고갈의 시대를 맞이하게 되었다.

인간에게는 높은 적응성(〈표 2〉)이 있다고 하지만 그 유전자에 조합되기 위해서는 최소한 천년의 세월이 필요하다고 한다. 서독의 국립 식생학 연구소장인 튜센(R. Tuxen)은 일본 농촌의 경작논을 중심으로 한 전원경관을 자연과 인위가 훌륭하게 조화를 이룬 반(半)자연이며 세계에서 유례가 드문 아름다운 경관이라고 격찬하였고 우리나라의 시골풍경과 흡사하여 동양의 전통미를 실감할 수 있는 덕목이라고 할 수 있다.

2) 환경·생태 의식의 진보

진보된 환경·생태 의식을 얻기 위하여 지식함양과 실천에 대한 올바른 인식이 필요하다. 풍부한 상상력을 불러일으킬 수단으로 환경과 생태에 관한 다양한 직·간접적 지식의 확보를 요한다. 과학적인 사고로 환경과 생태 문제를 해결할 수 있는 실천력까지 향상시키면 바람직한 사고의 실천이 될 것이다.

4. 사례를 통해 배우는 생태시민성

범지구적 생태위기 속에서 지속가능한 발전과 심층생태학의 원리에 따른 인간과 자연이 공존하는 삶을 위하여 지속적으로 실천하고 있는 광주광역시 남구 시민의 다양한 환경·생태보존 스토리를 통하여 실천 가능한 생태시민성을 내 마음 속의 거울에 비춰보고자 한다.

1) 대촌천 생강 살리기 운동

2012년부터 2017년까지 시민과 함께하는 생태환경 복원을 위하여 지역생태계 서비스의 핵심자원인 하천을 대상으로 범시민적 행동목표로 샛강이 살아야 하천이 건강할 수 있다는 인식 제고와 하천의 다양한 이용과 복원 및 보존을 위한 새로운 운동을 전개하였다.

생태환경 중 특히 하천 복원의 필요성 제기, 도심의 생태자원인 도심하천과 도랑을 살리기 위하여 민간인, 시민 단체, 전문가, 지자체의 환경 거버넌스를 구성하여 샛강 살리기로 운동의 범위를 전개시키게 되었다. 하천의 수질개선과 시민 삶의 질 개선, 공공환경 자원인 도랑과 하천의 중요성을 홍보하였다. 하천문화를 복원함에 있어 모든 참여자들이 주인의식을 갖고 임하는 시민정신의 실천적 과제를 만남의 시간마다 공유하였다.

(1) 대촌천(총연장 21.05km)은 광주광역시 남구에 수춘천(6.13km), 덕남도랑(1,130m) 등의 지천을 두고 지석천에 합류하는 영산강 수계 지방 2급 하천이다.

(2) 환경 거버넌스 활동

교수와 환경전문가 및 환경단체와 구간지킴이로 구성된 샛강지킴이, 광주광역시 남구 샛강지킴이, 남구 민간자율환경감시원 그리고 수생태 하천문화 스토리텔링 활동가들을 교육(《그림 1》), 선정하여 환경 거버넌스를 구성하였다. 내 집 앞 도랑과 하천은 내가 살린다는 주인정신을 갖고 시민정신을 발휘하며 적극적으로 도랑 살리기 활동에 임하였다. 그 결과 우선 광주천과 대촌천의 샛강 살리기에 학교기관과 민간인 그리고 정부기관과 지방자치단체가 협조적으로 참여하는 상태로 활동이 짧은 기간 동안 이루어지는 것이 아님에도 불구하고 지속성 있게 이루어져 샛강의 상태가 호전되고 있다는 평을 이구동성으로 하게 되었다.

〈그림 1〉 수생태 학습 프로그램을 통한 미래의 환경인 육성

2) 대촌천 수계 도랑 살리기 사업(환경부)

(1) 환경부 선도 사업으로 추진하는 도랑살리기 사업과 관련 자치단체와 수계마을 주민, 환경시민단체, 대촌천 샛강지킴이가 함께 마을별 도랑 살리기 추진위원회를 구성하여 협의에 의한 도랑 살리기를 추진하고 있다. 도랑 살리기 추진은 먼저 사업대상자를 선정하여 지방 환경청에 보고하고 환경부에서 결정하면 주민설명회와 간담회를 개최한 다음 사업을 결정한 후 사업 추진, 평가하여 보고하며 지속적 사업과 함께 사후관리 순으로 추진하였다.

(2) 도랑 살리기 추진실적

2012년부터 2017년까지 10개 도랑 사업을 추진['12(덕남 도랑), '13(안골 도랑), '14(노대 도랑, 안골 도랑), '15(노대, 안골, 학촌), '16(효천, 학촌), '17(효천 도랑 사후 관리)]하였다. 또한 광주 남구 도랑 살리기 성과를 바탕으로 타 시군 도랑 살리기 교육과 생물상 조사에 참여하여 전남 장흥군 대림도랑, 오추천, 보성 예당습지, 나주 시내 영산 도랑 사업에 참여 수계주민 교육과 생물상 조사를 하였다

(3) 도랑 살리기 사업대상은 도랑 공사가 아닌 환경친화적 도랑을 조성하는 사업으로 물길 조성, 도랑 청소, 도랑 생물상 조사, 주민환경 교육, 도랑 살리기 홍보 등을 추진하였다.

(4) 수생태 하천문화 스토리텔링 활동가 양성

도랑과 하천, 강을 살리고 수생태계 보존과 복원을 위한 수생태와 하천·문화 복원의 필요에 따라 가장 핵심적인 인적자원을 양성하기 위해 다양한 스토리텔링 기법을 적용하여 하천문화 스토리텔링 활동가를 양성(5회, 181명), 활동하고 있다(〈표 3〉).

〈표 3〉 하천문화 스토리텔링 활동가 양성

하천문화 스토리텔링 활동가 양성				
기수	스토리텔링 활동가	기간	교육회수	수료자
1	수생태 하천문화 스토리텔링 활동가	2013. 5.15 ~ 7.23	13	40
2	수생태 하천문화 스토리텔링 활동가	2014. 3.4 ~ 5.9	13	36

3	수생태 하천문화 스토리텔링 활동가	2015. 3.6 ~ 4.28	12	43
4	수생태 하천문화 스토리텔링 활동가	2016. 4.29 ~ 6.14	12	34
1	수생태 하천문화 활동가 양성	2017. 4.21 ~ 6.12	10	28

3) '물고기춤'으로 하천 살리기를 위한 생태시민성 실천

(1) 배경: 도시인근 지역으로 개발이 심화되어 오염되어 있는 대촌천 수계를 깨끗하고 생태적인 생활공간으로 복원하기 위하여 2011년 3월부터 하천과 도랑 살리기를 추진하면서 참여자의 행동을 유발하기 위한 방법을 환경단체에서 고민하던 중 도랑의 주인공인 물고기춤을 따라함으로써 재미와 공감에 의한 활기찬 시민참여로 성공적인 하천문화 복원에 활력이 되고 있다. 같은 말을 하고, 같은 옷을 입고, 같은 춤을 추는 것이 민족이듯이 춤은 사람을 감동케 하며 행동의 변화를 유발하는 좋은 Recreation으로 삶의 원동력이 된다(물고기 춤 창안자 메시지).

(2) 무용: 물고기춤은 물고기가 하는 동작을 따라하는 쉬운 무용으로 물고기의 특징인 가슴지느러미, 배지느러미, 등지느러미, 꼬리지느러미 춤으로 매우 역동적이다. 물고기춤은 최근 저작권을 등록(물고기 춤–Fish dancing, 2017.4.10.)하고 유튜브 등 SNS를 통하여 전파·확산시키고 있다(http://www.artsalive.ca/en/dan/dance101/forms.asp, http://www.thefree-dictionary.com/dance).

2014년 3월부터 병행교육을 실시. 대촌천 수계주민 환경교육(15회), 대촌천 산들길 걷기(1회), 무등산 환경보호 캠페인(6회), 제봉산 작은 음악회(1회), 덕남·노대도랑 주민(6회), 방림성당 노인대학(4회). 남구청 환경단체 4팀과 동영상을 제작하였다. 총인원 1,560명이 참여하여 2~3차원의 수준으로 긍정적인 동적 효과를 창출하였다. 향후 활동방안으로 샛강 살리기 운동의 효과적 실천을 위하여 도랑과 샛강의 수계주민들과 환경파수꾼들이 다양한 "물고기춤"을 체험하고, UCC로 전파하여 '성공적인 하천 살리기'의 효과적인 홍보 수단으로 삼아 전 국민적으로 활용하고 있다.

4) 생태시민성에 의한 반딧불이 복원

(1) 대촌천 반딧불이

2011년부터 오염하천인 대촌천 살리기 운동을 지속적으로 추진하는 과정에서 2014년 9월 6일 대촌천수계 상류지점인 덕남 도랑에서 최초로 늦반딧불(*Lychruris rufa*(*Olivier*))이 성충 6개체가 출현하였다. 이어서 2015년에는 덕남 도랑에 12개체, 대촌천 중류지역에서 186개체가 출현하였으며, 2016년에는 대촌천 중류지역 3km 제방과 산기슭 등에서 13회 조사결과 성충(adult)과 유충(larvae) 607개체가 출현하였다

대한민국의 다른 지역 도시에서 흔히 접할 수 있는 도시형 소하천인 대촌천이 지구의 온난화 영향에 따라 개방수면이 줄어들고, 습지가 확대되면서 풍부한 식생대가 형성되었으며 대촌천 수변에 왕성하게 서식하는 환삼덩굴 군락에서 늦반딧불이 먹이인 명주달팽이가 대량 서식하

고 있어 반딧불이 서식처로서의 안정적인 메타개체군이 형성되었다. 환삼덩굴은 호(好)질소성 식물로 잎과 줄기에 많은 잔가시가 있어 다른 식물을 죽이는 위해식물로 제거 대상이나 반딧불이 애벌레가 숨고 살기는 좋은 장소이다.

대촌천의 최초의 반딧불이 발견은 덕남 도랑 살리기 사업 도중 마을 주민으로부터 과거에 반딧불이가 많았다는 주민의 요청에 의하여 반딧불이를 조사하는 노력 끝에 이루어진 성과이다. 특히 환경단체인 (사)한국멸종위기야생동식물보호협회 광주지부 회원의 적극적이고 희생적인 노력은 귀중한 반딧불이 출현 확인과 보존의 밑거름이 되었다.

(2) 반딧불이 축제

2016년 시민단체의 주관으로 대촌천반딧불이보존회가 발족되어 추진사업으로 제1회 대촌천 반딧불이 체험학습을 하게 되었으며, 모집공고 3일 만에 630명이 신청하여 2016.9.8.~9.10까지(3일간) 야간에 12개 모듬의 탐방반을 편성 대촌 들녘과 천체망원경 관측, 반딧불이 탐사를 실시하여 참여자의 높은 호응을 얻었다.

2017년 반딧불이 보전을 위하여 상류 덕남 도랑 5회, 대촌천 13회의 모니터링으로 866개체의 반딧불이 출현을 확인하였다. 지속적 모니터링 성과로 대촌천 중류 3.5km 하류지역 500여 미터의 서식처를 발견 반딧불이 개체군이 확장되고 있음을 확인하였다, 또한 제2회 반딧불이 체험 학습은 2017.9.21.~9.23까지(3일간) 236가정 935명이 참여함으로써 성공적인 반딧불이 체험을 제1회 반딧불이 체험 학습에 이어 마칠 수 있었다. 이때에 어린이, 청소년, 젊은 세대 부부의 높은 관심과 참여도를 통하여 생태보존의 가치를 인식하게 하였다.

(3) 반딧불이 보존을 위한 노력

2011년 대촌천 샛강 살리기를 기점으로 그동안 수많은 수계주민과 시민의 참여에 의한 성과로 사라진 반딧불이가 2014년 이래 갑자기 도시근교 하천에 새로이 출현하여 지속적인 군집을 이루면서 생태시민성에 의한 수범사례로 널리 알려지게 되었다. 그동안 사업을 주도했던 시민단체에서는 반딧불이를 매개로 생태시민성을 실천하는 사례를 만들기 위하여 지속적인 모니터링, 관련 책자 발간 학회 연구 논문 발표, 지역공동체에 주인정신 전달하기, 반딧불이 체험학습을 주도하기 등 명실 공히 자연을 훼손하지 않으며 환경생태를 체험하는 보기 드문 생태복원실천운동을 주도하고 있다. 대촌천 늦반딧불이의 서식처 보존과 확산을 위하여 대촌천 반딧불이 보존회를 중심으로 지속적인 수계주민 교육과 친환경농업 계도, 반딧불이 먹이인 명주달팽이가 살 수 있는 환경 조성을 지속적으로 추진하고 있으며 앞으로 반딧불이 보호구역의 지정과 체계적인 보호대책 및 환경지표 곤충인 반딧불이를 이용한 지역브랜드 향상을 기대하고 있다.

앞으로 시민단체, 수계주민, 행정 협의를 통하여 시민이 함께하는 생태공동체를 만들어 남도지역의 에코토피아(Ecotopia)로 발전시키며 자연생물의 회복력(Resilience) 증진의 모범사례로 지속적인 연구와 시민홍보에 노력할 계획이다. 따라서 사업에 참여하는 시민의 생태시민성 함양과 노력을 바탕으로 지역의 공감대 형성과 타 자치단체와의 교류와 조사, 보존을 위한 자연회복의 사례를 전파할 계획이다.

〈그림 2〉 대촌천 늦반딧불이와 반딧불이 축제

① 늦반딧불이 애벌레

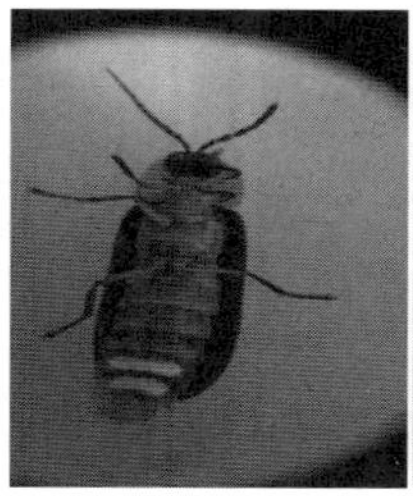

② 늦반딧불이 성충 (수컷)

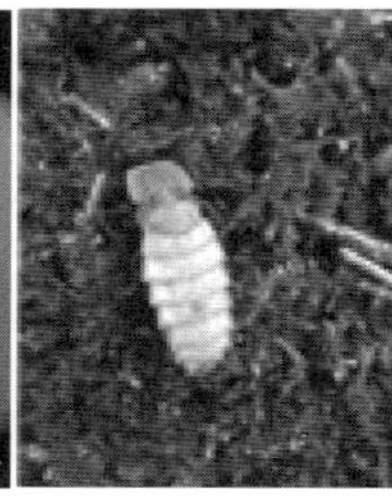

③ 늦반딧불이 성충 (암컷)

④ 명주달팽이

⑤ 대촌천 반딧불이 생태 축제 참석자들

⑥ 생태 투어를 마치고 팀원들과 추억 남기기

⑦ 대촌천 반딧불이 생태 축제 대책 회의 (광주광역시 남구청)

〈그림 3〉 광주광역시 남구 대촌천 생태자원

① 반딧불이 서식처(고수부지, 제방)

② 물속생물 표지판

5) 생태시민성 실천을 위한 우리의 자세

2017년 노벨평화상 수상자로 핵무기폐기국제운동(ICAN)이 선정되었다. 현재 1만5천 개 이상의 핵무기가 지구상에 존재한다. 선진국의 이기심은 자국의 이익을 위하여 모든 것을 파괴할 수 있다, 그러나 세계시민의 대부분은 평화와 공존을 원하며, 자연자원 보존을 위하여 다양하게 노력하고 있다. 심각한 지구생태의 위기 속에서 노벨상 수상은 생태시민성의 성과이다.

심층생태학은 생태계 위기의 근본 원인이 인간의 욕망 충족으로부터 비롯되었기에 지구환경 보전을 전제로 인간과 자연이 공존하려면 생태계를 존중하고 이해하는 측면을 규정하는 시야의 학문에 눈을 뜨게 하며 근본적으로 삶의 방식을 바꾸는 실천이 요구되고 있다.

환경·생태 보전을 위한 국내외 환경변화의 역사와 환경오염 사건을 살펴보면서 앞으로 지구생태보전을 위한 시민의 다양한 접근과 실천이 요구된다. 참고로 대한민국 시민성 실천의 모범사례로 6년간에 이루어진 광주 남구 대촌천 살리기 운동의 다양한 실천과 그에 대한 성과로 자연환경의 지표종인 늦반딧불이가 도시근교 하천에서 출현하여 시민의 생태체험으로 자연에 대한 외경심을 불러일으키며, 시민단체가 지속적인 서식처 관리와 행동으로 오염하천이 반딧불이 하천으로 변화되는 사례를 들었다.

광주광역시 남구 시민의 실천 사례는 먼저 샛강을 살리겠다는 확고한 목표의식을 갖추고 있으며, 시민과 함께하는 사업과정에 샛강지킴이

양성, 수생태학습 프로그램 운영, 도랑 살리기 사업 전개, 수생태하천 문화 스토리텔링 활동가 양성, 물고기춤 창안, 늦반딧불이 발견 및 체험행사로 흥미진진한 사업을 전개함으로서 더 큰 목표가 달성되었다. 성공의 이면에는 함께 참여한 수많은 민주시민의 생태시민성이 있었다.

범세계적 생태시민성 실천을 위해서는 현실에 안주(安住)하지 않고 자연환경의 보전과 개선을 위한 생태(生態)의 본성과도 같은 행동(action)이 요구된다. 시민이 여유로움과 인간적인 삶을 원한다면 먼저 자연과 공공에 대한 배려(配慮)부터 필요하다.

국가는 공원, 하천, 생태지역을 확대하는 정책을 추진하고, 시민단체와 대학 및 연구기관은 생태시민성을 실천할 수 있는 실천프로그램 개발과 집단지성에 의한 연구, 스토리텔링, 자연보전을 위한 다양한 실천사업에 참여해야 한다. 행동 없는 실천은 공허한 메아리로 돌아온다. 그러나 지금 깨어 있는 내가 먼저 나서고 이끌어 가면 교란된 생태의 본질은 회복 가능할 뿐 아니라 인간과 훼손되지 않은 살아 있는 자연은 지속적으로 공존할 것이다.

참고문헌

Dobson, A. 2007. "Environmental citizenship: Towards sustainable development." *Sustainable Development* 15: 276–285.

http://www.artsalive.ca/en/dan/dance101/forms.asp

http://www.thefreedictionary.com/dance

Toth, L. A. 2005. "Plant community structure and temporal variability in a channelized subtropical floodplain." *Southesatern Naturalist* 4: 393–408.

Vannote, R. L., G. W. Minshall, K. W. Cummins, J. R. Sedell and C. E. Cushing, 1980. "The river continuum concept." *Canadian Journal Fisheries and Aquatic Sciences* Vol. 37: 130–137.

김희경·신지혜. 2012. "생태시민성 관점에서의 환경교과 분석 – 고등학교 환경과 녹색성장 교육과정 및 교과서를 중심으로." 『한국지리환경교육학회지』 20(1) 125–141.

박병옥·이승휘. 2015. 『대촌동 샛강을 살리는 이야기』. 서울: 에이원아트.

박병옥·이승휘·정철승. 2016. 『오염하천에서 반딧불이가 사는 하천으로: 대촌천 살리기 6년 이야기』. (사)한국멸종위기 야생동식물 보호협회 광주지부.

배연재·조강현·이승휘. 2011. 『하천조사 현장 매뉴얼: 하천복원 통합매뉴얼 기술보고서』 No. 21. 한국건설기술연구원/국토해양부.

이승휘·박병옥. 2014. 『재미있는 도랑물속 생물 이야기』. 광주: 호남대학교출판부.

이승휘·양대창. 2010. "어류상 평가를 활용한 하천 생태계의 교란 및 회복 유형 고찰." 『하천호수학회지』 43(2): 242–254.

한국건설기술연구원. 2011.『하천복원 통합매뉴얼』. 국토해양부/한국건설기술교통평가원.

황경섭·박종환·임병진·송효정·김상돈·정수정·김갑순·박하나·이동진·이영재·이학영·이정은·김현우·나긍환·김종선·류성호·임동욱·이승휘. 2012.『호소안의 자연! – 영산강·섬진강 수계호소의 생물 사진집』. 국립환경과학원 영산강물환경연구소.

03

시민성 실천이 빚어낸 대촌천의 6년

이승휘(호남대학교 인문사회과학연구소 부소장)

자연(nature)은 생명(bios)이다. 물(water)은 생명력(vitality)을 갖는다. 자연 상태의 물도 생명이다. 생명의 구성체일 뿐 아니라 생체 내 대부분의 반응에 관여하기 때문에 더욱 생명력을 갖는다. 자연 상태의 물은 인간이 복구나 회복과 인간의 노력을 추가하지 않아도 그 본연의 가치를 갖는다. 자연 그 자체는 안정성(安定性)을 갖고 건강(健康)한 상태로 나타난다. 인간은 생명체다. 물을 필요로 한다. 물과 끊을 수 없는 관계를 갖는다. 건강한 물을 순환시키는 인간은 자연 상태의 생명체로서 안정성을 갖고 건전(健全)하다. 건강한 물과 함께 건전한 인간은 건강하고 아름답다.

주변에서 다양하게 물이 나타난다. 수돗물, 수돗물을 정수한 물, 하천의 물, 호소의 물, 강물, 계곡물, 저수지의 물, 둠벙의 물, 온천수, 폭포수, 논도랑의 물, 돈을 주고 버리는 물(오수와 폐수), 정수처리장의 물, 세차장의 물, 시궁창 물, 빗물 등 다양하다. 다양한 물이 있는 만큼 지나는 길 또한 다채롭다. 수도관, 여러 모델의 정수기, 고유의 명칭을 갖는 하천과 호소 그리고 소하천, 지방의 명칭과 연관된 저수지와 온천 및 폭포, 세차장 상호 등이다. 역사와 문화, 숨결이 담겨 있다.

인간은 물과 문명의 길을 공유(共有)한다. 문명은 인간이 출현한 다음 빠른 속도로 발달한다. 편리(便利)와 안전(安全)을 인간에게 제공한 문명은 환경의 안전성(安全性)을 고려하지 않는다. 인간과 물의 관계는 "물 사용과 다스림"에 있어 물 섭리(攝理)의 해석을 '인간의 사용자 중심'으로 파악했다. 자연계는 적어도 이를 지배하는 원리와 법칙에 따라 조화롭다. 인간은 자연을 처리하고 다스림에 있어 균형(均衡)과 조화(調和)를 갖춘다. 그렇지 않으면 어떤 대상도 돌이키기 어려운 상태로 빠져든다.

문명의 발달과 함께 물 사용은 계속 증가했고, 산업혁명 이후 폭발적으로 증가했다. 버린 물의 양도 비례한다. 인지가 발달하여 인간생활을 풍부하고 편리하게 만든 문명(文明)의 발달은 학문, 예술, 종교, 도덕과 같은, 진리를 추구하고 끊임없이 진보·향상하려는 인간의 정신적 활동인 문화(文化)를 창출했다.

그러나 문명의 발달이 문화의 길을 가는 경우는 오늘날 200여 개국 이상의 전 세계 국가 중 소수 국가에서만 나타난다. 물 문화(water culture)는 더욱 두드러져 국가 간 이기주의, 집단 간 지역 이기주의(NIMBY: Not In My Back Yard), 개인 이기주의라는 현상까지 나타나고 있다.

문명이 발달할수록 자연 상태의 물은 점차 사라지고 인간의 손길을 많이 거친 처리수를 공급받아 활용하고 폐기하게 되었다. 이로 인해 자연 상태의 물 대부분은 돌이키기 쉽지 않은 훼손된(毁損, damaged) 상태에 도달했다. 인구증가, 기후문제, 물 부족, 자원고갈, 식량공급 부족 등의 다양한 문제는 복합적으로 작용하여 인류에게 생존(生存) 차원의 위기를 제공하고 있다.

이와 같은 현상은 물속세계(수생태계, 水生態系, aquatic eco—system)에서도 유사하다. 다만 그간 문화적으로 육상 세계의 주인공을 인간으로 보아왔다면 물속세계에서는 어류(fishes)를 비롯한 저서성대형무척추동물(benthic macroinvertebrates) 등이 주인공 역할을 감당한다. 자연 상태로 보전(conservation)되어야 할 물속세계가 인간의 '손을 타면' 어느새 구체적인 까닭을 알아차리기 힘들게 변화(교란, disturbance)한다. 앞에서 다양하게 표현했던 물 중 변화 이전의 몇 가지 물속세계는 이 화학적 특징뿐 아니라 생물학적 특징까지 바뀌어 구조와 기능의 변화가 나타남으로 인해 일차적으로는 자체적으로 영향을 끼치고 이차적으로 물속세계 뿐 아니라 주변에까지 영향을 끼치기도 한다. 이때의 영향이 순기능으로 작용하여 서로에게 도움을 주면 별 문제가 없다. 그러나 역기능으로 작용하여 해를 끼친다면 심도 있는 해결 방안을 모색하고 구체적인 대책을 찾아 이를 실천에 옮겨야, 보전해야 할 교란된 물속세계의 원래 모습과 기능을 찾아갈 수 있다.

오늘날 우리 주변에 원시적인 모습과 기능이 살아 있는 소하천은 법적으로 보호 대상이 되는 국립공원 등 극히 제한된 구역에 존재하는 정도로서 그 외의 도심, 농촌, 어촌, 산촌 등 주민이 거주하는 지역에는 대부분 변화정도가 심하다. 내가 부르고 싶지 않은 표현 중 '자연하천'이 변화된 또 다른 하천의 이름 중 '오염된 하천(Contaminated river)'이나 '교란 하천(disturbed river)'이 있다. 안타깝게 우리 주변에 소재하는 하천은 도시계획, 농지정리 등을 위하여 수준의 차이는 있으나 자연하천의 구조와 기능을 바꾸었다. 그 까닭인지 물속세계 주인공들이 서서히 바뀌고 있는 것도 앞서 이야기 한 좋지 않은 변화와 인과관계가 있을 것으로 여겨진다.

그렇다면 약화되리란 예상을 두고만 볼 수 없지 않은가? 이러한 원론적인 배경에 따라 6년 전부터 한국동식물멸종위기종보호단체협의회 광주·전남지부(한멸협)라는 단체와 잘 훈련된 회원들은 원시적인 모습과 기능은 지역이 도시화함에 따라 완전히 바뀐 도심 내 소하천을 살리는 사업을 시도하게 되었다. 이들은 옛날 소하천의 모습과 물속세계의 주인공들 찾아주기에 애쓴 각고의 노력을 기울인 결과 괄목할만한 소득이 있었다. 나아가 이를 세상에 널리 알릴 가치가 있어 결과물의 출판이 절실하므로 이를 공감하게 되었다.

도심 내 소하천 즉 도랑의 대상인 대촌천은 살아나고 있다. 소하천이자 도랑인 대촌천은 물이고 자연 본연의 특성을 갖춰 나가는 중이다. 그 배경에는 첫째, 하천을 살리려는 긍정적이고 적극적인 의지와 노력의 결집체로서 이미 10여 년 전부터 노력을 기울인 결과물, 둘째, 한국동·식물멸종위기종보호단체협의회 광주·전남지부(한멸협)라는 단체와 잘 훈련된 회원들의 학술활동 참여, 셋째, 6년간 지속적이고 체계적으로 표준화 모니터링을 수행하여 확보한 자료, 넷째, 3년째 출현한 반딧불이를 보존하여 가치를 살리고 수행한 생태체험의 장, 다섯째, 안정적으로 확보된 광주 남구 대촌동 주민들과 관공서(광주 남구청) 그리고 한 멸협 간 소통(mutual understanding) 있는 협조가 행동으로 나타났기 때문일 것이다.

물은 위에서 아래로 흐른다. 강은 냇물이 모여 이루어진다. 맑은 강은 맑은 냇물이 모여 이룬다. 오염되고 흐린 물의 냇물이 모여 오염된 강물을 강에서 맑게 만들려면 배가된 노력으로도 쉽지 않을 것이다. 그러나 소통이 가능한 경우 냇물 수준의 물은 '흐린 물 맑게 하기', '오염시키지 말기' 등에 대해 동네에서 이야기로 협조 요청이 가능하다.

물 문화 회복운동(WCCR: Water Cultural Campaign to Restore)은 소통의 과정을 결과와 연계시켜 생각할 수 있을 것이다. 그러나 먼저 결과부터 욕심 내지 말자. 시민성의 실천(practice of citizenship)이 시민의식의 소통과 함께 물 문화운동으로 꽃피는 정도만 해도 좋다. 시민성 실천으로 물이 살아나고 있음을 보면 즐겁고 아름답다!

04

스토리텔링-대촌천 이야기

덕순이 이야기

박병옥*

도롱뇽의 이름은 덕순이예요!

왜냐고요? 덕순이가 태어난 곳은 저 먼 시골도 아니고 깊은 산골도 아니랍니다. 도시에서 가깝지만 아직 자연이 살아있는 덕남마을 앞 조그만 도랑에서 태어났어요.

* 수생태하천문화 스토리텔링 과정장

나이는 5살 여자고, 고고한 검은 바탕의 몸매에 윤기가 흐르고 키는 12센티 정도지요. 내 짝꿍 덕남이는 어디에 있을까요? 지금으로부터 5년 전 삼월 끝자락에 덕순이 엄마는 도랑에 알을 낳았어요.

점점이 동그란 실타래 속에서 형제들과 같이 물속에서 태어나 조그만 이곳 도랑을 가득 채우고 4월 중순경 우리들도 모르는 형연할 수 없는 힘에 의해 먹이와 낙엽 등 숨을 곳이 많은 산기슭 무서운 적이 없는 피부를 매끈하게 만들어줄 축축한 곳을 찾아 우리는 일제히 도랑을 벗어나 산속으로 기어 올라갔어요.

산에는 거미, 달팽이, 쥐며느리, 지렁이 등의 맛있는 음식이 있어요. 덕순이는 지금 폐와 피부로도 호흡을 해요. 물속에서 살았던 어린 시절에는 아가미로 숨을 쉬었지요.

우리는 냉혈동물로 주변의 온도와 습도에 따라 살아가죠. 따뜻한 계절엔 몸의 색이 옅어지고 춥고 습기가 차면 몸은 짙어져요. 우리 같은 양서류는 물을 먹지 않아요. 먹이를 먹으면 그만이니까요.

지금은 일생에서 가장 중요한 시기지요. 새끼를 낳아 자손을 퍼트려야 하거든요. 덕순이는 알이 떠나가지 않는 잔잔하고 얕은 물에 알을 낳았어요. 덕남이가 와서 수정할 수 있도록 네 발가락을 사용하여 좋은 집을 만들었어요.

덕순이가 덕남 도랑에서 알을 낳는 것은 이곳의 물에 산소가 풍족하고 깨끗하여 새끼들이 살아갈 수 있는 하루살이애벌레, 날도래, 물풀과 이끼, 플랑크톤 등 안심하고 먹을 것이 많아 서지요.

덕남 도랑은 우리 도롱뇽 조상 대대로 가족과 문중이 오랜 동안 살아온 신비스러운 장소이며 고향이랍니다.

도랑의 깨끗한 물과 어린 도롱뇽이 도랑에서 산으로 쉽게 오를 수 있는 비탈면과 산에서 놀고 쉬며 먹이가 많은 이곳이 오랜 동안 훼손되지 않고 유지되기를 진심으로 갈망합니다.

앞으로 이곳 덕남 도랑 체험장에서 마을 사람들과 우리의 서식처를 찾아오는 방문객과 좋은 관계가 지속되기를 진심으로 바랍니다.

덕순이의 어린 새끼들이 걱정 없이 살 수 있도록 잘 부탁드려요.

저의 아름다운 모습을 잘 기억해 주세요!

내 이름 덕순이 잊지 마세요! 물론 덕남이 이름도 함께 기억해 주세요!

저는 잠깐 도랑에서 알을 돌본 후에 산으로 가겠어요. 안녕~

지은이(덕순이 이름 지은 친구 느림보)

반딧불이(개똥벌레)

이광희*

반딧불이하면 개똥벌레~ 개똥벌레하면 신형원의 개똥벌레라는 노래가 생각이 난다. 저어기 저어 개똥 무덤이 자기 집이라고 울부짖던 외로운 개똥벌레.

너희들은 습한 곳을 좋아해 개똥이나 소똥에서 낮에는 숨어 있다가 밤에만 나온다지. 사랑하고 싶어도 사랑할 수 없고, 마음을 주고 싶어도 마음 줄 친구가 없다는 개똥벌레. 너흰 낮에는 그렇게 습한 곳에 꽁꽁 숨어 있는데 놀아줄 친구가 있겠니? 그래서 외로운 거야.

아니 너희들을 외롭게 한건 우리들일 수도 있어. 과학의 발달과 문명의 발달로 깜깜한 밤을 환하게 밝혀주는 가로등 불빛과 개발이라는 명분 아래 산이고 바다고 강이고 파헤치고 있으니 너희가 머물고 기대어

---

* 수생태하천문화 스토리텔링활동가

설 공간이 없어져서 친구들이 하나둘 사라지다 보니 너가 외로웠던 거야.

괜스레 미안해지는 이 기분. 개발도 좋고 문명의 발달도 좋지만 그로 인해 사라져가는 것들이 있어서 씁쓸하고 안타깝다. 그래, 세상은 그렇게 외롭고 쓸쓸하고 험한 곳이야. 때론 무척 아름다울 때도 있지만 말이야. 세상은 이렇게 인간들에게도, 동물들에게도, 하물며 곤충들에게도 외로움을 주는구나.

옛날에는 지천으로 보이는 게 반딧불이라서 개똥벌레가 불렀다지.

현대문명에 적응하기가 너무나 힘들고 외로워서 자취를 감추어버렸니?

한때는 깜깜한 밤 신비로운 불빛으로 어두운 밤을 밝혀 아이들에겐 호기심의 대상이었고, 어른들에게는 동심의 세계를 만들어줬던 너였는데 사라져버려서 참 안타까웠다는 사실을 너는 아니? 그 시절이 그리운 사람들이 많을 거야. 요즘 세상은 너무 각박하거든 너무 이기적이야. 요즘은 너희들의 모습을 보기가 너무 힘들어 천연기념물 322호로 지정도 되었다고 하더라.

문명의 발달로 인해 점점 사라져버렸는데 요즘 청정지역 곳곳에서 너의 모습이 보인다는구나. 참 다행스러운 일이지. 이젠 외롭지 않게 친구들 많이 만들어서 깜깜한 밤에 아름다운 불빛 많이 밝히려무나!

너희가 빛을 내는 주요목적은 암컷이 배우자를 찾기 위해 불빛을 발하고 수컷은 짝을 찾아 사랑을 나누는 신비한 구애의 불빛이며 때로는 자신을 방어하고 적으로부터 위험을 알려주는 통신 수단의 기능도 있다지. 기특해 아주.

발광 부위는 암컷은 일반적으로 배 부분 6번째 마디에서만 발광하고, 수컷은 배의 6번째와 7번째 마디 2마디가 발광한다는 걸 알았지.

참 신비로운 곤충이구나, 너흰~!! 꾸미지 않아도 스스로 자체발광을 하는 멋진 녀석들. 우리들 눈에 너희들이 반짝거리게 보이는 건 발광기가 깜박깜박하는 게 아니라 날갯짓 때문에 반짝반짝하게 보이고 발광기는 계속 켜져 있다는 것도 알았단다.

너희가 빛을 내는 이유는 배 부위에 있는 발광 세포에 의해 발생하는데 루시페린이라는 화학물질이 생채에너지인 ATP와 루세페라제라는 분해효소에 의해 분해되는 과정에서 옥시루시페린과 빛을 발하게 된다는 생물학적 사실도 알았는데 좀 어렵다 그치. 이런 용어는 우리에게 익숙하지 않아서 낯설고 어렵고 힘들어.

그냥 쉬운 게 좋아 난.

너의 반짝반짝 빛나는 그 빛이 힘들고 외로울 때 새로운 희망의 빛이 될 것 같아 그냥 좋다. 지구상에 2000여 종의 종류가 있다지만 지금은 모두 사라지고 소수의 종밖에 없다는 사실이 안타깝지만 여러 환경단체에서 환경 살리기 운동을 많이 하고 있으니 앞으로 너의 친구들이 많이많이 생기지 않을까 생각해 본다.

조만간 너희들과의 조우를 바래본다.

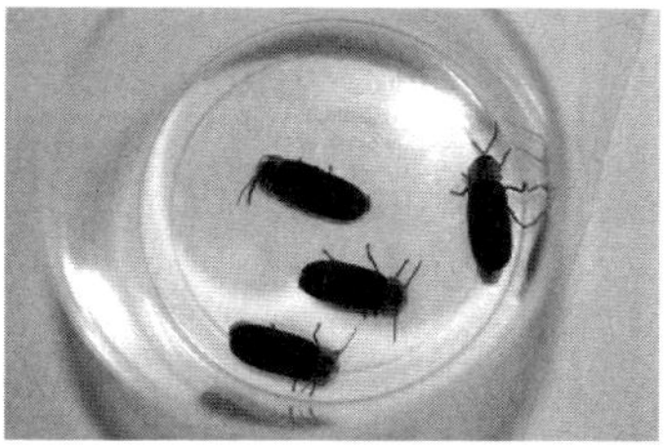

덕남 도랑의 반딧불이

개똥벌레 정식명칭은 '반딧불이'라고 한다.

땅속 세상이 싫은 무당개구리

이광희

가을이 점점 깊어간다.

가을이 깊어가는 만큼 내 마음도 외롭고 슬프다.

이 쓸쓸한 가을이 지나면 나는 깊은 잠에 빠져야 한다.

어둡고 춥고 깜깜한 땅속 세상이 나를 부른다. 어서 오라고~!

나의 화려한 경계색의 예쁜 색깔만큼 밝고 따뜻한 세상이 나는 좋다.

세상엔 천적들이 너무 많아 무섭지만 그래도 넓은 세상이 나는 좋다.

나는 5월~7월초에 알을 낳아서 일정 기간 동안 천적으로부터 지켜주기도 한다. 두 눈 시퍼렇게 뜨고 알을 노리는 천적이 사방에 도사리고 있다. 무서운 세상, 세상은 그렇게 호락호락 좋은 곳만은 아니라서 소중한 내 새끼 내가 지켜줘야지. 다른 양서류들에 비해 모성애 하나는 끝내주지. 기특하다 무당개구리.

나의 분신 귀염둥이 알은 길이가 2.5cm 정도에 검은 빛을 띠는 갈색이다. 나는 산란시기에는 앞다리가 굵어지고 엄지발가락 안쪽에 포접돌기가 만들어진다. 포접돌기란 무엇이냐? 물어보신다면 간단하게 한 말씀 올리겠다. 우리가 종족번식을 위해 짝짓기라는 걸 하는데 수컷이 암컷을 움켜잡을 때 강한 힘으로 확~ 잡아 당겨 사랑을 할 때 사용하는 엄지발가락 쪽의 돌기라고 말씀드리고 싶다.

무당개구리 수컷에겐 한 가지 치명적인 단점이 있다. 다른 개구리들처럼 울음주머니가 발달되지 않아서 울음소리로 구애활동을 하지 못한다. 그래서 지나가는 개구리에게 무조건 들이대기를 한다. 무조건 껴안기. 눈도 안 좋아 같은 수컷을 껴안기도 하구 하물며 참개구리를 껴안기도 한단다. 나름 고충이 따르는 보이지 않는 수컷의 슬픈 사랑이지만 우리들의 사랑은 아름답다.

완전 부끄부끄~. 사랑은 언제나 가슴 떨리는 설렘이야~.

인간들은 우리들의 엄지발가락의 돌기를 보고 암·수를 가려낸다고도 한다. 또는 등의 오돌토돌한 작은 돌기의 끝에 구멍이 있으면 수컷 아니면 암컷이라고 한다. 다른 개구리들에 비해 갈비뼈가 2번~4번 등뼈에 연결되어 있고 고막이 드러나 있지도 않다. 앞다리에는 물갈퀴가 없고 뒷다리에만 물갈퀴가 있다고 한다. 물속과 땅에서 자유롭게 생활할 수 있게 진화되었으리라고 이야기 한다.

우리들의 몸 구조를 보고, 피부를 보고 연구를 많이 했나 보다. 사고의 능력이 탁월한 인간들 참 대단하고 존경스럽다. 연구하고 노력하는 그대들의 열정에 깊은 감동과 찬사를 보낸다.

우리들을 보호도 해주고 자연 생태계를 살려 살기 좋은 환경을 만들어주는 인간들도 있다. 하지만 일부 인간들은 장난삼아 우리들을 괴롭히기도 한다.

장난은 이제 그만.

그대들은 심심풀이로 그냥 한번 해보는 장난이지만 난 상처 받는 다우. 약육강식의 세상이지만 약한 자를 배려하는 넓은 아량을 베푸소서.

나에겐 무기가 있다. 비록 강한 무기는 아니지만 나를 보호하기엔 충분하다. 천적들 쯤이야 나의 독으로 한방에 훅 날려 버릴 수도 있다. 조금은 가장해서. 그리고 난 화려한 보호색으로 나를 보호하는 능력도 있다. 갈색과 녹색의 얼룩으로 위장하여 낙엽이나 바위에 숨어 나를 보호한다.

사람들은 나의 화려한 색깔 때문에 무당개구리 또는 비단개구리라고도 부른다. 때론 천적들이 나를 공격하면 벌러덩 누워 배의 붉은 주황색으로 경계를 하기도 하고, 네 다리를 하늘로 향해 개구리가 아닌 것처럼 할 수도 있고 죽은 척 할 수도 있다. 그래서 사람들은 우리들을 '술수의 왕'이라고도 부르지. 듣기 좋은 말이야. 뭐든 왕이라면 좋은 거 아니겠니!

나름 나만의 살아가는 방식이 있어 재미난 세상이지만 겨울은 추워서 너무 싫다. 조만간 따스한 온기가 있는 땅속에서 겨울나기를 해야 한다.

왜?

내가 죽는 날까지 난 소중하니까~. 5년에서 7년은 거뜬히 살아야 하거든. 그리고 또 다른 재미난 세상구경을 위해 나를 지켜야 하니까. 겨울잠은 필수. 아~, 벌써부터 가슴이 답답해져 온다. 땅속 세상. 거부할 수 없는 나의 숙명.

우리 조상님들은 오래전 쥐라기 시대부터 살았다고 한다. 간혹 오래된 쥐라기 시대 퇴적물에서 조상님들의 화석이 발견이 되었다고도 한다. 땅속세상의 보호아래 우리 종족이 오래도록 이 지구상에 머물러 있었는지도 모른다. 고마운 땅속 세상이지만 어둡고 답답한 땅속 세상은 왠지 싫다. 하지만 어쩌겠나.! 땅속 세상이 추운 이 겨울 내가 살아남기 위한 최적의 장소인 것을.

난 이제 깊은 잠에 들어 갈 거야. 미인은 잠꾸러기라고 했던가.!

자 이제~ 잠시만 안녕~!

만물이 생동하는 따스한 봄이 오면 좀 더 성숙하고 아름다운 모습으로 만나자.

무당개구리(앞)

무당개구리(뒤)

대촌천에서 만난 피라미(이광희)

지금처럼 이렇게 뜨거운 햇볕이 내리쬐던 날 대촌천에 어떤 수서생물이 사는지 모니터링을 갔다.

내가 어릴 적 보았던 피라미라는 녀석, 너를 어른이 되어서 다시 보니 감회가 새롭더구나. 시골 냇가에서 동무들과 물장구치며 뛰어놀던 때 보았던 크기와 너무도 다른 너의 모습, 크기에 놀라고 너무나도 예쁜 색깔에 놀라지 않을 수 없었다.

잊고 살았던 어릴 적 동심을 생각나게 한 너희들을 보니 '나도 이젠 나이가 들어가는구나!' 하는 생각이 들더구나.

기억 속에 아련히 떠오르는 모습들. 오빠들이 투망을 던지고 그물을 쳐서 피라미를 잡아오면 무 송송 파 송송 썰어 맛있는 매운탕을 끓여 주시던 어머니의 손맛도 아련하게 떠오르게 했던 그날을 난 잊을 수가 없다. 소중한 추억의 한 자락을 끄집어내준 네가 많이 고마웠단다.

너는 잉어과의 민물고기로 하천 중류의 물이 맑고 넓은 여울에 흔히 살며 보통 2급수에 사는데 내성이 강해 3급수에도 잘 적응하더구나. 강한 녀석~

여름에 많이 잡히는 물고기로서 산란기 때 수컷은 너무나도 예쁜 혼인 색으로 암컷을 유인해 종속번식을 위해 최선을 다하고 있다는 것을 내가 알아주마. 혼인 색을 띤 너의 아름다운 고습을 불거지라고도 부른다지.

참 이름 거시기하고는.

산란기가 되면 모래나 자갈이 깔린 곳에 조그만 신혼 방을 만들어 예쁜 각시랑 산란 방에 함께 들어가 30초 동안 알을 낳는다는 새로운 사실도 알았다. 너의 예쁜 각시는 모성애가 부족해서 힘들게 낳은 알을 잘 보호하지 않아 다른 민물고기의 밥이 된다는 사실이 참 안타까운 현실이기도 하지. 다행히 개체수가 많다는 게 장점 중에 장점이라는 것.

넌 땅이 넓은 줄은 어떻게 알고 몸이 납작하고 우월한 기럭지를 가지고 있어 길고 날씬하더구나.

입수염은 없고 옆줄은 안전하며 배 쪽으로 심하게 휘어있어 시각적 각선미를 보여주는 센스까지. 몸 색깔 바탕은 은백색이고 등 쪽은 청갈색이며 옆면은 불규칙한 담흑색 가로무늬가 있어 순수함에 화려함까지 있더구나.

그날 대촌천에서 우린 너의 아픈 친구를 만났단다. 물이 오염돼서 그랬는지 친구의 몸이 몹쓸 병이 들었는지 우리 쌤들도 잘 모르시더구나.

산란기라서 그런지 뱃속에 작고 귀여운 알들이 가득 차 있었고, 부레 상태도 이상하고 어디가 아픈지 몰라도 한눈에 보기에도 참 힘들어 보이는 너의 암컷 친구였다.

미안한 일이긴 했지만 아픈 친구를 우리 쌤이 해부를 해서 너희들의 내부를 속속들이 들여다 볼 수 있었단다. 참 신기했지. 언제 내가 그런 디테일한 너희들의 속을 들여다 볼 수 있겠니. 미안~!

대촌천이 지금보다 더 맑고 깨끗해서 너를 비롯한 다른 친구들도 아프지 말고 건강하게 잘 지냈으면 하는 바람이다. 지금처럼 그렇게 힘차게, 힘차게 광주천을 지키며 오래오래 수서생태계의 한 획을 만들어가는 피라미가 되길 바래본다.

광주광역시와 환경단체의 노력으로 지금의 대촌천이 이렇게 깨끗해지고 아름다운 모습으로 거듭나고 있으니 이제는 대촌천이 너의 넓은 놀이터가 될 것이다.

피라미가 많이 서식하고 있는 대촌천의 물과 환경이 깨끗해지고 있다는 것에 대해서 감사하게 생각하는 바이다. 깨끗한 대촌천에 더 많은 수서생물들이 서식하길 바라는 마음이다. 친구들은 많을수록 좋은 것이여~

모두가 노력해야 할 과제인 환경문제, 쓰레기, 줄이기 내 가정에서부터 실천해볼까 한다.

자연과 더불어 살아가는 우리 인간이야말로 진정 아름다운 사람이 아닐까 한다.

우리 인간을 이롭게 하는 자연, 자연을 사랑합시다.

감사합니다.

거머리

천명찬*

“그러나 아버지 종아리에 달라붙어 피를 빨아먹는 한 마리 통통한 거머리”

어느 시인의「거머리」라는 시의 일부분이다.

시골에 살던 내 어린 시절. 친구들과 함께 동구 밖 둠벙에 멱 감으러 갔다가, 시냇가에 더듬질 갔다가 거머리에 물린 기억들이 아직도 생생하다. 여기저기서 빨간 피가 흐르는 친구들의 종아리들과 흘러내리는 피를 막으려고 삐비꽃을 따 비벼서 종아리에 붙이곤 했던 그때의 추억이.

그리고 배가 불룩한 그 놈을 움켜잡고 통쾌한 복수를 다짐했던 그때가. 그 놈을 땅바닥에 내동댕이치고 고무신 뒤꿈치가 불이 나도록 짓이

* 수생태하천문화 스토리텔링활동가

겨대거나, 삽으로 동강이를 내거나, 아님 실한 풀대나 뾰쪽한 나뭇가지로 똥구멍을 찔러 거꾸로 뒤집어 길가에 꽂아 놓고 녀석에게서 빨갛게 흐르는 내 피를 보면서 쾌감을 느끼곤 했다.

거머리는 지렁이나 갯지렁이와 함께 몸에 고리를 많이 가졌다 하여 환형동물에 속하며 우리나라에는 2과 15종, 세계적으로는 500여 종이 있으며 종이 서로 달라도 체절(몸마디)은 모두가 34개이며, 특별나게 딴 환형동물에는 없는 5~8쌍의 눈(안점)이 있고, 빨판도 두개로 피를 빨거나 먹이를 잡는데 쓰는 입 빨판과 숙주에 달라붙거나 움직이는데 도움을 주는 뒤 빨판이 있다. 크기는 우리나라 것이 보통 2cm쯤 되는데 칠레 남쪽엔 놀랍게도 지렁이를 통째로 먹어치울 정도로 몸길이가 26cm나 되는 큰 것도 있다고 한다.

거머리에는 앞 빨판(3가닥이 남)에 100여 개의 아주 작은 예리한 이빨이 나 있어 어류, 양서류, 파충류, 조류, 포유류 같은 척추동물의 피를 빨아 먹고 살아가는 녀석들, 이가 없어서 지렁이, 달팽이, 곤충의 유충, 갑각류 같은 무척추동물을 잡아먹는 것들, 생물체가 아닌 유기물 부스러기를 먹는 것 등 3부류가 있다. 그리고 강이나 연못, 늪지대 등 민물에 사는 것, 땅바닥이나 열대지방에서는 나무 위에 사는 것, 바다에 사는 것들이 있으며, 다른 생물을 잡아먹기도 하지만 잠자리나 가재, 물고기, 개구리, 남생이들의 먹이가 된다는 점에서 생물생태계에 중요한 자리를 차지하고 있다.

거머리는 자웅동체(난소와 정소를 다 가짐)이지만 지렁이나 다른 하등동물처럼 반드시 짝짓기 하여 정자를 맞교환 한다. 머리와 꼬리를 반대로 하고 서로 달라붙어서 정자가 든 주머니 정포를 상대의 환대 아래에 집어넣어 준다. 환대(고리 띠)는 성적으로 성숙할 때 생기는 생식기관으로 지렁이와 마찬가지로 수정란을 둘러싸는 고치를 만들며 얼마 후에 거기서 새끼가 나온다.

거머리가 입(턱)으로 빤 피는 인두, 식도, 소낭으로 내려가서 거기에 일단 피를 저장, 소화시킨다. 그런데 소낭은 신축성이 있어서 질탕하게 양껏 먹으면 자기 몸의 5배까지 늘어나며 거기에 든 피는 오래오래 머물지만 함께 있는 공생세균(共生細菌) 탓에 썩지 않는다 하며, 1년에 한두 번 한껏 먹으면 끄떡없다고 한다.

거머리 침샘에는 피의 응고를 막는 항응고 효소와 마취제, 피를 많이 흐르게 혈관확장 물질이 있어, 이것들을 혈관에 집어넣으니 피가 응집하지 않고 거머리 목으로 술술 넘어가며, 거머리가 문다는 것을 못 느낄뿐더러 깨문 자리가 발그레하게 붓는다. 거머리의 침샘에 든 히루딘은 오래 전부터 항응고 물질인 헤파린과 함께 피가 응고하여 혈관을 틀어막는 혈전증의 예방 및 치료에 써왔다.

거머리요법은 2,500년 전부터 정신질환·피부병·통풍 등의 치료, 특히 정맥이 충혈되는 증세인 울혈치료에 써 왔으며 1980년대 이후에는 성형수술·재건수술·손발가락접합수술 치료에 써 왔다. 이 치료에 8~9㎝나 되는 영국산 거머리를 쓰는데 한 마리당 가격은 25,000원 선이라 하며 영국이나 러시아에서 토끼고기나 소피를 먹여 사육한다고 하는데 그야말로 황금거머리라고 할 수 밖에. 그렇게 징그럽고 혐오의 대상이던 거머리였는데 이젠 상생하는 존재라니. 이젠 우리들 주위에도 거머리 같은 부부의 정도 있다고 한다.

미우면 미울수록 싸우면 싸울수록 잠시를 떨어지기가 아깝도록 정이 착착 달라붙는 〈찰거머리 사랑〉이.

"결코 그대에게서 붙어 떨어지지 않으리.
그대 나를 떼 내려 발버둥 쳐도
거머리같이 들러붙어 평생 쫓아다니리."

라고 노래되는 거머리, 아무리 생각해 봐도 정말 대단하고 홍미로운 녀석이다.

왕버들

김인숙

버드나무 종류는 봄을 알리는 대표적인 나무다. 대부분의 버들은 물을 좋아하여 개울이나 호숫가에 터를 잡는다. 봄을 알리는 아름다운 꽃들이 얼굴 치장으로 여념이 없을 때 버들은 가녀린 몸매 하나로 승부수를 던진다. 부드러움과 연약함으로 사람들의 보호본능을 불러일으킨다. 가냘픈 여인이 연상되기 때문이다.

왕버들은 일반적인 버들의 가냘프고 연약한 이미지와는 사뭇 다르다. 왕버들은 수백 년을 살 수 있으며, 좀 오래 되었다 싶은 나무는 보통 두세 아름은 거뜬하다. 왕버들이란 '뭇 버들의 왕'이란 뜻이다. 그래서 정자나무나 풍치림으로 사랑을 받는다. 자라는 곳은 습기가 많고 축축한 땅이나 대체로 바로 옆에 물이 있는 개울가에 터를 잡는다. 그래서 대부분의 나무와는 달리 평생 물 걱정은 안한다.

하지만 항상 습기가 가득한 몸체로 오래 살다 보니 문제가 생긴다.

둥치가 잘 썩어 왕버들 고목은 대부분 커다란 구멍이 뚫려 있다. 구멍 속은 도깨비 이야기를 비롯한 다양한 전설이 전해 내려온다. 그래서 한자 이름도 귀신이 사는 버들이란 뜻으로 귀류(鬼柳) 또는 개울 옆에 잘 자란다고 하여 하류(河柳)다.

전국에 수백 그루의 왕버들 고목이 있으며 천연기념물로 지정된 왕버들도 세 그루나 있다.

우리 고장의 남구 원산동 만산마을 입구에 서 있는 왕버들은 광주광역시 기념물로 지정되어 보호하고 있다. 수령은 어림잡아 600년쯤 되었을 것으로 추정되고 있다.

이 나무는 필문 이선제(畢門 李先齊, 1389~1454)가 심었으며, 이 나무가 죽으면 가문도 쇠락하리라 예언하였다고 전한다. 뒤에 이선제의 후손이 과거에 급제하면 이 나무에 북을 걸어 놓고 축하연을 열곤 하였기 때문에, 괘고정(掛鼓亭)이라는 이름으로 불리게 되었다고 한다.

1589년(선조 22년) 이선제의 5대손 이발(李潑)이 기축옥사라 일컬어지는 정여립(鄭汝立) 모반사건에 연루되어, 본인은 물론 가족들까지 죽임을 당하면서 나무가 말라 죽기 시작하였다. 뒷날 이발의 억울한 죽음이 밝혀지게 되었고, 나무도 죽은 지 300여 년이 흐른 뒤에 다시 새 잎을 피우며 살아나, 가문의 중흥을 예고하였다는 전설이 있다. 조상의 전설이 깃들어 있는 이 나무를 지금까지 광산 이씨(光山 李氏) 문중에서는 각별한 관심 속에 보살피고 있다.

또 천연기념물로 지정된 북구 충효동의 왕버들은 광주호 동쪽 제방과 충효동 마을 사이의 도로가에 자라고 있다. 수령은 430년으로 추정

된다. 원래는 "일송일매오류(一松一梅五柳)"라 하여 마을을 상징하던 소나무 1그루, 매실나무 1그루, 왕버들 5그루가 있었으나 현재는 왕버들 3그루만 남아있다.

충효마을의 풍수지리와 마을의 안녕과 평온, 번영을 위하여 비보(裨補)숲으로 조성되었으며, 김덕령 의병장과 그와 관련한 임진왜란의 정사(政史)와 야사(野史)로 전해 내려온 이야기로 일명 〈김덕령 나무〉라고도 불리는 등 나무와 관련된 유래나 일화들이 잘 전해지고 있어 역사적 문화적 가치가 크다.

왕버들은 우리나라 어디에서나 자라는 큰 나무다. 곧바로 자라는 보통의 나무들과는 달리 가지가 크게 벌어지고 줄기는 비스듬히 자라는 경우가 많다. 고목이 되면 멋스럽고 운치가 있어서 물가의 정원수로는 제격이다. 나무껍질은 회갈색으로 깊이 갈라지고 작은 가지는 황록색이다.

겨울에는 팥알만 한 붉은 겨울눈이 왕버들의 존재를 알려주는 지표가 된다. 버들이란 이름을 달고 있는 나무들은 좁고 긴 잎을 달고 있는 경우가 많으나 왕버들은 달걀 모양의 갸름한 잎이 특징이다.

광주광역시 남구 원산동의 '괘고정수'

자연에 순종하는 〈부들〉

서홍수*

냇가 습지나 들녘 연못 가장자리에서 원기둥 모양의 가늘고 긴 잎에 핫도그 모양의 꽃을 피우는 풀이 부들입니다. 뿌리가 옆으로 뻗으면서 군락을 이루며 자생한답니다.

부들은 여름철 곧게 자란 줄기 끝에서 꽃인지 열매인지 알쏭달쏭하게 생긴 핫도그 모양의 갈색 꽃을 피우는데 잎은 두꺼운 스펀지처럼 생겨 그렇게 부드러울 수가 없으며, 완전히 익은 열매는 솜털처럼 부풀어 바람에 씨앗을 흩날려 번식을 합니다.

우리나라에는 큰 부들, 부들, 애기부들, 좀 부들 등 4종류의 부들이 일반적으로 서식하고 있다는데 좀 부들만은 북방계 식물로 중부지방에 서식하고 있는 것으로 알려지고 있습니다.

• 수생태하천문화 스토리텔링활동가 회장

이름이 참 아름다운 부들은 꽃가루받이를 할 때 부들부들 떤다고 해서 부들이라고도 하고, 잎이 부드러워 부들이라고 한다는 설이 있는데, 어찌했건 한자어가 없는 것으로 보아 우리 조상들이 붙여준 우리말 이름인 듯합니다.

검은 물잠자리와 함께 여름 냇가를 서정적으로 장식하는 부들은 뿌리줄기가 물을 자연정화 하는데 한몫을 하는 자원생물이며 자연생태계와 인간생활에 매우 유용한 역할을 하는 수생식물입니다

요즘은 핫도그 모양의 부들 꽃을 여름철 꽃꽂이 소재로 사용하여 독특한 아름다움을 만들어 상용화 하고 있지만, 예로부터 우리 조상들은 줄기와 잎으로 방석, 돗자리, 소쿠리 등을 만들어 실생활에서 사용했으며 특히 줄기로 짠 돗자리는 최고급으로 쳤다고 합니다.

중국 고전에 전한 시대 때 부들자리가 왕실에서 쓰였다고 하였으며, 부들의 솜털로 병사들의 겨울 방한복을 만들었고, 서민들은 누비옷을 만들어 혹한을 이겨내기도 했다는 기록으로 보아 부들은 인간이 살아가는데 없어서는 안 될 생활 소재였구나 싶습니다.

부들은 한약제와 식자재로도 사용한답니다.

악어와의 악연으로 피투성이가 된 토끼가 산신령의 도움으로 부들을 깔고 누워 상처를 낫게 했다는 전설이 있는데, 지금도 한방에서는 포항이라고 부르는 부들열매의 꽃가루를 말려 지혈, 염증치료 등의 약제로 사용하기도 합니다.

봄철에 돋아나는 어린 싹은 나물로 만들어 먹었다고 합니다. 지금도 중국 동북지방에서는 부들의 어린 싹을 요리의 재료로 쓰고 있다 하니

그러고 보면 부들은 인간과 매우 밀접한 관계에 있는 식물임이 틀림없어 보입니다.

어찌 그뿐일까요?

물가 진흙에 뿌리를 내리고 군락을 이룬 부들이 위풍당당한 모습으로 이파리를 피울 때면 유충으로 겨울을 난 검은 물잠자리들의 놀이터가 되어 줄기 끝에 모여 앉아 쉬기도 하고 사랑을 나누기도 합니다.

부들은 새들의 안식처요 작은 생명체들의 쉼터입니다. 새들은 구부러지지 않고 당당하게 서 있는 줄기를 기둥삼아 보금자리를 만들어 새 생명을 기르고, 물속 줄기 사이에는 물고기들이 쉬어가는 곳이기도 합니다.

부들

부들의 꽃말은 순종이라고 합니다. 잎의 감촉이 부드러워서가 아니라 자신의 모든 것을 자연과 인간에게 베풀기에 그렇게 만들었지 않나 싶습니다.

이 소중한 부들이 개발과 정화사업이라는 이름 속에 묻혀 사라져가지 않도록 우리 다함께 지켜주었으면 합니다.

대가족 덕남 도랑 이야기

김미애

비가 오는 장마철이면 어릴 때가 생각난다.

여름날 소낙비가 주룩주룩 내리면 동네의 모든 흙탕물을 괴물처럼 모두 마시고 큰소리로 콸콸콸 흘러가던 좁고 깊었던 우리 동네 도랑물 소리!

그 도랑물에는 앞집 아저씨의 흰 고무신도 떠내려 오고, 양은 냄비도 함께 떠내려 왔었지!

비가 그치고, 잔잔해진 도랑에는 잠깐 피해있던 물고기들이 다시 모였었다. 물속에는 버들치와 피라미, 미꾸리 그리고 개구리들이 다시 모여들었다. 창포 꽃과 고마리, 개망초가 맘껏 꽃피우며 또한 도랑 옆 아까시나무 위에선 참새와 매미, 나비, 잠자리들이 제 짝꿍들을 챙기며, 다시 제자리를 찾아왔었지! 동네 친구들은 종이배를 만들어서 소원을 말하고, 흐르는 도랑물 위로 멀리 보냈던 가슴 뭉클한 추억도 생각난다.

졸졸졸~ 짹짹~ 맴맴~ 훨훨~ 동네 강아지들도 도랑으로 내려와서 물도 마시고 다슬기와 우렁이도 잡는 삶의 터전이었다. 이처럼 어릴 때 우리 동네 도랑은 대가족이었다. 누구하나 사라지지 않고 다시 모여드는 정다운 모임터였으며 서로서로 도움 주는 활력소였었지.

도랑에 가면 친구도 만날 수 있고 도랑에 가면 옆집 언니랑 오빠도 볼 수 있었던 정겨운 그곳. 아 ~그립다! 어릴 적 놀던 우리 동네 도랑.

지금은 매우 넓어지고 많은 물이 흐르지만 반듯해진 그곳에선 옛날처럼 모두 모여살 수 없어 아쉽기만 하다. 다시 그 도랑은 없지만 덕남도랑에는 희망과 다양한 생물들의 숨소리와 표정들을 보고 들을 수 있단다.

도롱뇽과 밀어, 붕어, 물자라, 송사리, 미꾸리, 재첩, 게아재비, 소금쟁이, 물방개, 물자라, 물맴이, 고추잠자리애벌레 그리고 밀잠자리붙이 등의 다수의 수서곤충들 또한 어류와 조류, 식물들의 다양한 합창을 들을 수 있다니, 이 또한 희망적이지 아니한가!

우리 모두 덕남 도랑의 수생태를 지켜보며, 미래를 향하여 사랑과 관심으로 동행해야겠다. 대가족 덕남 도랑, 파이팅!

난 버들치

박병옥

내 이름은 덕남 도랑의 버들치이다.

봄이 되면 도랑가에 버들강아지 순이 올라오면 우리는 힘이 생겨요. 이때쯤이면 봄의 햇빛과 대지의 아지랑이 사이로 따뜻한 온기가 물로 전달되면서 우리는 한결 몸이 가뿐해집니다. 우리 이름은 우리가 지은 것이 아니죠! 옛날 이곳에 살았던 인간의 조상들이 물가의 수양버들과 같다고 하여 버들치로 하였답니다. 왠지 부드럽고 순한 이름 같지 않나요!

난 작년 4월 어느 날 이곳에서 태어났습니다. 우리 엄마는 나보다 훨씬 많은 2년의 세월을 살았어요. 우린 수명이 2년, 길어야 3년인데요. 굉장히 긴 세월이라고 느껴져요. 생각해 보세요. 우리의 하루하루는 그야말로 생존의 갈림길에 서 있어요. 잠을 자고 난 아침에 일어나 수많은 물고기와 수서곤충, 하늘을 나는 새, 도랑가를 오가는 동물과 인간들을 만나며 살아가는 바쁜 삶을 보내요!

내가 태어나기 전 엄마는 덕남 도랑 회관 뒤쪽 도랑 바닥에 자갈과 모래가 적당히 깔려있고 깨끗한 물 흐름이 있는 곳에 집을 지어 수백 개의 알을 낳고 며칠 후 난 그 중에서 태어나 잔잔한 물가로 나아갔어요. 물위에는 시커먼 그림자 소금쟁이들이 미끄럼을 타고, 송장헤엄치게가 누워서 헤엄을 치고 있었지요. 난 수초 밑에 숨어서 다른 형제들과 함께 무리를 지어 숨을 쉬면서 부드러운 이끼를 먹었어요!

우린 형제와 함께 있으니 무서움이 없어지고 정말 재미도 있고 모든 것이 신기했답니다. 그러던 어느 날 갑자기 물의에 빗방울이 떨어지고 하늘에서 쿵쾅거리며 번개가 치고 뇌성이 울리며 빗방울이 무섭게 머리위로 자꾸 떨어지면서 점점 더 물이 불어나고 앞을 분간할 수 없을 정도의 센 흙탕물이 몰려왔습니다. 우리 무리는 죽을힘을 당하여 수초를 기둥삼아 온종일 헤엄을 쳤습니다.

며칠 후 점점 더 도랑물이 많아질 즈음에는 형제들이 많이 없어져 눈물이 났습니다. 난 이날 이후로 물속생활의 즐거움과 두려움을 느끼며 오직 살아남아야 하는 신념으로 자손을 많이 낳아 강대한 버들치의 나라를 만들기 위해 열심히 먹고 운동하고 어른과 다른 생물들의 모습을 보면서 삶의 지혜를 확장시켜야 한다고 생각했어요!

우리 덕남 도랑에는 많은 친구와 맛있는 먹잇감, 무서운 적들이 함께 살아가고 있어요. 아침에 일어나 헤엄을 치다보면 가끔 우리보다 적은 송사리 무리들이 아주 잔잔한 물에서 놀고 있어요. 그 친구들은 물속이 얼마나 무서운지 눈이 툭 튀어나왔답니다.

다른 이웃으로는 도랑 아래쪽에서 우리보다 몸이 유연하고 날씬한 피라미가 올라와요. 우리와는 이웃사촌이죠. 우리는 물에 자유롭게 떠다니지만 밀어라는 친구들은 물살이 센 지점에서 돌에 배를 딱 붙이고 살아갑니다. 가끔 모래를 벗 삼아 뛰어다니며 놀고요. 어찌나 우스운지 우리 도랑을 살리기 위해 어떤 사람이 어류체험장을 만들었어요. 그곳은 예전에 농업용보가 있어서 물고기 친구들이 상류와 하류로 회유를 못하고 있었는데 도랑 살리기를 하면서 조그만 어도를 만들어 물을 채워놓아 우리의 놀이터가 되고 있어요!

어느 날 비가 온 뒤에 아래쪽 큰 저수지에서 가물치 새끼가 올라 왔어요. 몸 색깔이 호랑이 무늬에 얼마나 무서운지 그 가물치는 밤마다 미꾸라지를 한 마리씩 잡아먹는다는 소문이 돌았어요. 그래서 그런지 밀어 무리는 가물치를 피해 어류체험장 바로 앞쪽 돌 틈에서 불안하게 지낸답니다. 참 불쌍해요. 우리는 버들치, 날쌔게 상황을 모면하죠. 그러나 밤에는 걱정이에요. 잠을 자는 순간에 그 악마 가물치가 덮쳐올지… 빨리 몸집을 키워 날쌔게 따돌려야겠어요!

우리 부모와 형제들이 늘 걱정이랍니다. 아 또 한 가지 가끔 이곳 어류체험장 놀이터에는 가끔 '왜가리'라고 하는 머리가 하얗고 부리가 긴 이상한 큰 새가 물속의 친구들을 부리로 쪼아 잡아 간대요. 우린 물위에 왜가리의 큰 그림자가 다가오면 손살 같이 수초와 돌 틈으로 줄행랑을 친답니다.

예전의 이 도랑은 물이 오염되어 중·하류에는 버들치가 살지 못했어요. 하류로 내려가면 물이 더러워 숨을 쉬지 못하고 죽어 저수지로 떠

내려간다는 부모님과 형들의 당부가 있었어요. 이제는 도랑이 깨끗해져 우리 버들치는 상류에서 하류까지 전 도랑을 우리의 보금자리로 만들어 잘 살아간답니다. 우리에게 관심을 갖고 깨끗한 서식처를 만들어 주는 도랑을 가꾸는 분들 정말 감사해요!

제 이름은 버들치, 요즘은 정말 신나고 한가로운 날들을 보내고 있어요. 우리도 인간과 같이 성공하여 우리의 우수한 유전자와 강대한 나라를 만들겠어요. 도랑을 살리시는 선생님, 이만 작별인사 하려 해요. 그동안 보여주신 애정에 정말 감사드려요!

버들치(친구 인간 느림보) 지음

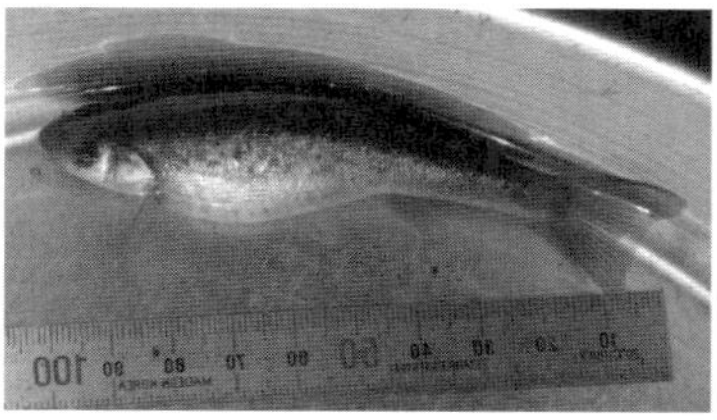

덕남 도랑의 버들치덕남

도랑 도롱뇽 성체(4월 출현)

연가시의 여행담

신순복*

안녕!

난 연가시라고 해.

난 너희처럼 손도 발도 없지만 멀리 여행하기를 좋아한단다. 내가 어떻게 여행을 하는지 궁금하지 않니? 그것도 물속여행, 육지로의 여행, 몸속여행까지.

그 비밀은 바로 내가 기생생물이라는 거야. 기생이 뭐냐 하면? 한 생물이 다른 생물의 영양분을 빼앗으면서 살아가는 관계를 말해. 그렇다고 날 너무 나쁘게만 보지 말았으면 좋겠어. 이 또한 자연을 따라 내가 살아가는 방식이니까.

그럼, 이제부터 나와 함께 여행을 떠나 볼까? 철사처럼 생긴 유선형

* 영산강유역환경청 홍보강사

동물로 연가시강 목에 속한 난, 우리나라에서는 실뱀 혹은 철선충이라고 불리고 있어. 몸길이는 약 10~90㎝로 다양하고 직경은 2~3㎜ 이하로 가늘고 긴 철사모양이야. 내가 유명세를 타게 된 것은 지난해에 상영된 영화 〈연가시〉 덕분이야.

너무 걱정하지 마. 난 곤충의 몸속 집을 좋아하지만 사람의 몸속 집은 싫어하니까. 난, 물속에서 무려 수십만~수천만 개의 많은 형제, 자매로 태어나서 약 2~4주 후면 유충으로 된단다.

자유롭게 물 흐르는 대로 유유자적 살다가 작은 주머니와 같은 포낭형태로 하루살이 유충이나 장구벌레처럼 물속에 사는 곤충의 유충에게 먹히지. 먹힌다고 해서 우리 유충이 죽는 것은 아니야. 곤충의 유충이 하루살이나 모기가 되는 동안 살아있으면서 육지로의 여행준비를 하는 거야.

성충이 된 하루살이나 모기가 지상으로 이동하였을 때, 난 드디어 푸르고 드넓은 하늘을 나는 거야. 자유로이 하늘을 날다가 메뚜기나 여치, 사마귀 등 딱정벌레 곤충류가 날 잡아먹게 되면, 또 다른 몸속여행을 하게 되는 거야.

안전하고, 따뜻한 체강(몸속) 내에서 약 4~20주 정도의 안락한 생활을 하지. 그런데, 내가 언제까지나 이곳 사마귀의 몸속에서 살 순 없잖아. 나도 물속 내 고향이 그립고 되돌아가고 싶거든. 그럴 때면 강력한 나만의 무기를 써야 해.

그게 뭐냐고?

바로 사마귀의 뇌를 작용하는 신경전달물질을 분비하여 내가 움직일 수 없으니, 내 집이 된 사마귀를 스스로 물속으로 뛰어들어 자살하게 하는 거야. 기나긴 여행길에서 지친 나는 비교적 맑은 물에서 자유생활을 하다가 추워지기 시작하는 늦가을이 되면 짝짓기를 하고 생을 마감하는 거야.

어때? 손과 발이 없이도 멋진 여행을 할 수 있지?

너희도 너무 힘들다고 불평불만 하지 말고, 답답하거나 일이 잘 풀리지 않을 때면 모든 것 내려놓고 여행을 떠나보렴. 또 다른 길을 찾을 수도 있는 좋은 기회가 될 수 있을 거야. 이것으로 나의 여행담은 끝이야. 다음번엔 너의 멋진 여행담을 듣고 싶어.

그럼 안녕!

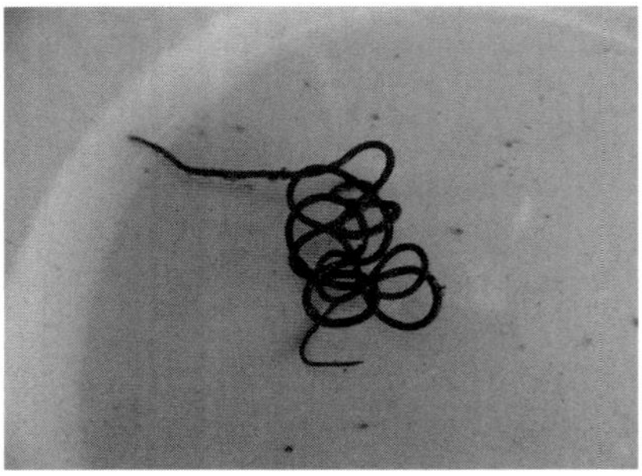

연가시

밀어와 함께한 하루

신순복*

봄이란? 어떤 의미일까. 봄을 표현할 때 색으로는 연둣빛, 노란빛 등이 떠오른다. 새로운 시작과 함께 희망을 품게 만드는 매력도 가지고 있다.

긴 터널 같은 어두운 겨울을 지내고 나온 나에게 2014년의 봄은 더더욱 새로움과 경이로움, 감사함을 가져다주었다. 지난해에도 보아왔던 봄빛이건만 나를 위해 물이 오르고 있는 것 같았고 "맘껏 누려~!"라고 넓은 인심으로 내어주는 것이었다.

봄은 산과 들에서만 분주히 움직이는 것이 아니었다. 지난해에 이어 덕남 도랑의 하천조사가 이루어졌다. 아직 수온이 차가워서 어떤 녀석들이 날 반기려나 싶었으나, 나의 오산이었다.

* 덕남 도랑 물속생물 조사원

물속친구들은 보이지 않는 곳에서 열심히 각자의 역할에 충실하고 있었다. 언제 알을 놔놓고 갔는지, 도롱뇽은 뱅글뱅글 고리모양의 알을 산란해 놓았고, 그중 성질 급한 녀석은 벌써 헤엄치고 있었다. 무미동물중 하나인 개구리는 이불속에서 나오기 싫어서 뭉그적거리는 나의 아들 동욱이처럼 물속에서 거의 움직임이 없어 보였지만, 만지려 다가가니 그때서야 조금씩 움직였다.

이곳 덕남 도랑에서 만난 물속 친구들 중 밀어를 보고 아들이랑 나눈 이야기를 소개해 보고자 한다.

동욱: 엄마, 저 모래랑 똑같은 색깔로 바닥에 납작하게 엎드려 있는 물고기가 있어요.

엄마: 그래. 우리 욱이처럼 작고 예쁘구나.

동욱: 난, 양동욱인데, 저 물고기의 이름은 뭘까?

엄마: 응. 그건 '밀어'란다.

동욱: 밀어? 하하하 웃기다 웃겨. 때 밀어?

엄마: 아니, 우리 욱이 '보리' 아니?

동욱: 네. 알아요. 지난번에 보리피리 불었잖아요.

엄마: 오, 기억력도 좋네. 보리처럼 생겼는데, 빵의 주원료인 밀가루를 얻을 수 있는 '밀'이 있단다. 밀레의 그림인 명화 〈이삭 줍는 사람들〉에서 줍고 있던 것이 밀이야. 기억나니?

동욱: 네.

엄마: 그 밀알이 이삭에 빽빽하게 붙은 것과 같이 어린 '밀어 떼'가

이동하기 때문에 이런 이름이 붙었대.

동욱: 정말이에요! 작은 밀어들이 여럿이 함께 빠르게 움직여요.

엄마: 욱아, 가만히 앉아서 생김새나 모양을 보고 얘기해 줄래?

동욱: 잠시만요.

엄마, 밀어는 바닥을 기어 다니는 것 같아요.

엄마: 맞아. 배지느러미에 빨판 같은 흡반이 있어서 하천 바닥의 돌에 붙어 다닌단다. 등에 있는 지느러미는 둘씩이야. 잘 보이니?

동욱: 너무 작아 잘은 안 보여요.

엄마: 그럼. 몸 색깔은 어때?

동욱: 황갈색이거나 회갈색. 그냥 모래색깔과 같은데요.

엄마: 맞아. 모래나 자갈 빛. 때로는 푸른 연두색을 띠는 녀석도 있단다. 크기는 어때? 욱이 키는 135㎝인데 밀어는 얼마나 될까?

동욱: 제 새끼손가락보다 작은걸요.

엄마: 많이 커도 10㎝가 넘지 않는단다. 저 녀석은 3㎝쯤 되겠구나. 우리는 광주에 살지? 밀어는 작지만 민물고기 중에서 유일하게 섬을 포함한 우리나라 모든 지역에 고루 살고 있단다.

엄마: 욱아, 여기는 하천의 상, 중, 하 중 어디에 속하는 것 같아?

동욱: 주위에 산이 있고, 물은 조금씩 흐르는 게 시작되는 부분 같아요.

엄마: 맞아. 이곳은 상류라고 볼 수 있어. 밀어는 중상류까지 넓게 펴져 있단다. 물이 모여 고이는 웅덩이 같은 곳을 '소'라고 하고,

조금은 빠른 속도로 흐르는 부분을 '여울'이라고 하지.

동욱: 엄마, 저도 넓은 시골 할머니집이 좋아요.^^

엄마: 엄마도, 마당에서 지저귀는 새소리를 들을 수 있는 시골이 좋구나.

엄마: 우리 욱이는 피자를 좋아하는데, 밀어는 무얼 먹을 것 같니?

동욱: 글쎄요. 물풀을 먹나요? 아니면 물속 작은 곤충을 먹나요?

엄마: 밀어는 한 가지만 편식하지 않고, 골고루 먹는단다. 그걸 잡식성이라고 하지. 욱이 말처럼 수서 곤충류와 부착 조류를 주식으로 하지.

동욱: 밀어는 바닥을 좋아하니까 먹이도 바닥에서 구해 먹는구나!

엄마: 두 눈하고 입 사이에 무늬를 자세히 보렴.

동욱: V자 무늬가 보여요. 색은 주황에 가깝고요.

엄마: 오~호! 우리 욱이 관찰력이 끝내주는 걸.

엄마: 욱아, 가시고기가 무엇으로 유명하지?

동욱: 아빠 물고기가 먹지도 않고 알에서 새끼가 되기까지 돌본다고 했어요.

엄마: 그렇지. 밀어도 암컷이 돌 밑에 알을 낳으면 수컷이 지킨 단다. 아빠의 자식사랑이란다.

동욱: 나는 엄마, 아빠 모두 날 지켜주면서 사랑해 주는데.^^ 엄마, 아빠 사랑해요.

엄마: 엄마랑 함께 한 하천 나들이가 어땠어?

동욱: 덕남도랑에서 밀어 친구를 만나서 좋았어요. 다음에는 어떤

친구를 만나게 될지 궁금해요. 밀어들아, 다음에 만날 때까지 잘 지내~.

이렇게 아들 녀석과 즐거운 하천 조사 겸 나들이를 하였다. 나 어릴 적 보았던 자연을 동욱이도 함께 볼 수 있어 더욱 좋았다.

자연을 벗 삼아 가슴이 따뜻한 아이로 자라길 바라며, 앞으로도 함께 하천 나들이는 쭈~욱 계속될 것이다.

동욱이와 함께한 하천 조사

미꾸리의 편지

신순복

우리나라 속담에 단골메뉴처럼 잘 나오는 민물고기가 있다. 그 녀석은 가늘고 길쭉하고 표면이 미끈미끈하다. 비늘은 대부분이 살갗 속에 묻혀 있다. 몸길이는 약 12cm 정도로 작고, 입 주변의 수염은 윗입술 주변에 3쌍이 붙어 있고, 아랫입술에 2쌍을 기른 유머러스한 생김새가 그 특징이다.

예전엔 논이나 실개천에서 쉽게 잡혔지만, 요즘에는 농약으로 인한 오염과 농지에 수로 공급과 콘크리트 하천 직강화로 인해 대부분이 양식과 수입에 의존하고 있다.

주로 연못가나 논두렁·도랑 및 수로 등에 사는데, 진흙이 깔린 얕은 물의 흐름이 없는 곳에서 산다. 또한, 추워지는 겨울이면 때로는 30cm ~50cm 되는 진흙 속으로 파고 들어가서 여러 친구들과 한 덩어리가 되어 동면한다. 바로 미꾸라지이다.

속담 1 – 미꾸라지 모래 쑤신다.

미꾸라지가 모래를 쑤시고 들어가 감쪽같이 숨는다는 뜻으로, 아무리 하여도 아무런 흔적이 나지 아니함을 비유적으로 이르는 말이다.

속담 2 – 미꾸라지 한 마리가 온 웅덩이 물을 다 흐린다.

강바닥에서 꿈틀대는 미꾸라지가 흙탕물을 일으켜 온 강물을 흐리게 만들 듯, 못된 사람 하나가 이웃과 사회에 나쁜 영향을 끼친다는 뜻이다.

속담 3 – 미꾸라지 천 년에 용 된다.

아무리 둔한 사람이라도 오랜 시일을 두고 힘써 닦는다면 반드시 훌륭하게 될 수 있다는 말이다.

속담 4 – 미꾸라지 용 되었다.

미천하고 보잘 것 없던 사람이 크게 되었다는 말이다.

속담 5 – 미꾸라짓국 먹고 용트림한다.

변변치 않은 미꾸라짓국을 먹고 거드름을 피우며 큰 트림을 한다는 뜻으로, 조그만 일을 해놓고 무슨 큰일이나 한 것처럼 으스대거나 아무 재간도 없으면서 큰 인물인 체하는 사람을 이르는 말이다.

우리나라 사람들이 즐겨 찾는 민물고기 가운데 둘째가라면 서러워할 물고기가 또한 미꾸리이다. 농경문화와 함께 바닥이 진흙으로 된 곳이면 어디든지 살고 있어 주로 서민들이 음식으로 애용될 수 있었다. 미꾸리라는 이름이 붙게 된 이유도 재미있다.

보통 물속에서 물고기처럼 아가미 호흡을 하지만 '물속에 산소가 부족해지면 물 위에 입을 내고 공기를 들이마시는 창자호흡'도 한다. 이후 '항문으로 공기 방울을 내뿜는 것'을 볼 수 있는데, 이것을 '방귀를 뀌는 것'으로 생각하여 밑이 구리다는 뜻으로 '밑구리'라 부르게 되었다. '밑구리'는 '밑이 구리다'는 말로 '밑에서 냄새가 나다'는 뜻이다. 이것이 다시 '밋구리'로 변하고 오늘날에 '미꾸리가 된 것이다.

이런 미꾸리가 우리에게 할 말이 있다면서 편지를 보내왔다.

덕남 도랑을 찾은 친구들에게

"안녕! 난, 미꾸리라고 해.

오랫동안 함께 동고동락한 사이에 나를 사촌형과 헷갈려 하지 말고 이름쯤은 정확하게 불러주면 좋겠어. 기억하기 쉽게 내가 도와줄게.

'나' 미꾸리는 몸통이 원통형과 같이 둥글다고 해서 〈동글이〉, '사촌'인 미꾸라지는 몸통이 옆으로 납작하다고 해서 〈납작이〉라고 부르지. 수염은 형이 나보다 조금 길고, 성장이 빠르고 육질도 많단다. 형님이니까~ 그래도 맛은 내가 더 좋아.

먼저 나는 한반도 전역과 중국, 일본, 대만에 살고 있지만, 사촌형 미꾸라지는 한반도 전역(서남해로 흐르는 하천에 해당)과 중국에 살아. 그러니까 미꾸리인 내가 더 넓은 지역을 점령하고 있다는 말이지. 하~ 하~ 하~

어때! 다음에 만날 때는 우리 이름을 정확하게 불러 줄 수 있겠지?

휴~우… 덥다, 더워… 요즘처럼 더운 여름날이면 너희들은 지구환경은 생각하지 않은 채 에어컨을 빵! 빵! 틀어서 전력난을 겪기도 한다며?

우린 할아버지 때부터 너무 덥거나, 물이 마르면 습기가 있고 서늘한 땅 속으로 파고 들어가서 때를 기다린단다. 우리는 환경이 변하여도 참고 견디는 힘이 좋거든.

최근에는 유기농법에 날 이용하기도 하던데. 진흙을 파고 들어가는 습성으로 벼의 뿌리에 산소 공급이 원활해지면서 벼의 줄기가 튼튼해지고, 또한 잡초의 어린 싹을 뜯어먹기 때문에 제초제 없이 잡초를 제거할 수 있다고 해. 옛 선조들의 지혜에서 찾아 낸 좋은 방법인 것 같아.

그렇게 되면, 날 잡아먹기 위해 황새를 포함한 많은 새들이 찾아오게 될 거야. 전래동화에서 보았던 장면이 떠오르지 않니? 그리고 나는 속담처럼 그렇게 주위의 여럿에게 나쁜 영향을 미치는 물고기가 아니란다.

우리는 여러 생활권에서 먹을거리로, 가치 있는 농업기술로 제법 쓸모 있는 녀석이지? 그러니까 우리 오래오래 함께 잘 지내자. 너희 친구들이 조금만 도와준다면 가능할 것 같아.

합성세제를 적당량으로 사용하고, 과다한 농약을 조금 줄이고 친환경 농법을 많이 애용한다면 예전처럼 논두렁에서 나를 자주 볼 수 있을 거야. 특히, 비가 내리면 더더욱 많이 볼 수 있지. 그렇게 되면 따로 양식을 하지 않아도 자연산으로 날 맛볼 수도 있으니 꿩 먹고 알 먹고. 하~하~

그럼, 나의 보금자리를 잘 지켜줄 수 있겠지? 날 보러 덕남 도랑으로 또 오렴. 기다리고 있을게.

안녕!

미꾸리로부터

도롱뇽 이야기

곽영숙*

내 이름은 도롱뇽.

내 이야기 한번 들어볼래요?

나는 1급수에서만 사는 아주 깔끔한 동물이에요. 다른 친구들은 나한테 항상 너무 까다롭다, 깔끔 떤다 하는데 어쩔 수가 없어요. 깔끔 떠는 게 아니라 조금만 더러운 물에 들어가도 숨이 턱턱 막히거든요. 천성이 그런 걸 어떻게 하겠어요.

나를 본 사람들의 반응은 대부분 둘로 나뉘어요.

"아, 징그러워." "어머, 귀엽다."

귀엽다는 반응이 더 많다고 믿고 싶은 저는 어두운 구릿빛 매끈한 피부에 몸통만한 꼬리를 달고 있고 눈은 툭 튀어 나왔지요. 그리고 사

* 수생태하천문화 스토리텔링활동가

람처럼 발가락이 있어요. 앞발가락은 4개, 뒷발가락은 5개에요.

나랑 도마뱀을 착각하는 사람들이 많은데 우린 엄연히 달라요.

나는 물속에 살고 비늘이 없지만 도마뱀은 육지에 살고 비늘이 있어요.

또 나는 입이 둥글게 생겼지만 도마뱀은 입이 뾰족해요.

나는 밤에 활동하는 것을 좋아해요. 낮에는 돌 밑이나 습한 곳에 숨어 있다가 밤에 나와서 먹이를 찾아다녀요. 곤충이나 지렁이, 작은 애벌레, 올챙이 등이 내가 제일 좋아하는 거예요. 먹이를 찾으러 다닐 때에는 항상 조심해야 해요. 무서운 물고기나 개구리가 어디서 나를 노리고 있을지 모르거든요.

저번에 한 번은 못된 개구리가 제 꼬리를 물기에 꼬리를 끊고 도망쳤어요. 사람들은 꼬리나 다리가 잘린 날 보면 불쌍하다고 하는데 난 괜찮아요. 왜냐면 나는 그렇게 끊긴 꼬리나 다리를 재생할 수 있는 능력이 있거든요. 심지어 장기나 눈, 척수가 손상되면 나는 그것들을 재생시켜요. 몇몇 사람들은 이런 나의 능력이 부럽나 봐요. 그래서 재생의학을 공부한 사람들은 나를 연구하기도 해요.

추운 겨울이 찾아오면 나는 겨울잠을 자요. 11월부터 2월까지 푹 자고 나면 나는 초봄이 되면 땅속에서 나와 알을 낳아요. 알은 개구리 알처럼 생겼는데 순대처럼 길쭉하게 낳지요.

한반도에는 내 친척들이 많이 살아요. 나는 그냥 도롱뇽이구요, 강원도에 사는 꼬리치레도롱뇽, 제주도에 사는 제주도도롱뇽, 북한에 사는 네발가락도롱뇽이 있어요. 최근에는 멸종된 줄 알았던 친척인 이끼

도롱뇽이 비무장지대에서 발견되었다는 소식을 들었어요. 이 이끼도롱뇽은 세계적인 멸종위기 동물인데 참 다행이지요? 나는 한국에서 보호야생동물로 지정되어 있어요. 날 보면 잡으려고 하는 사람들이 있는데 금지된 행동이니 그러면 안돼요.

내가 사람들에게 큰 관심을 받은 사건이 2003년에 있었는데요, 일명 '천성산 도롱뇽 소송사건'이에요. 경부고속철도를 뚫을 당시 사람들이 천성산이라는 곳에 터널을 뚫으려고 했어요. 그런데 그 곳은 내 친구들이 많이 살고 있었어요. 이 사실을 알고 있던 내원사 주지스님, 미타암 주지스님 그리고 환경단체 '도롱뇽의 친구들'의 대표 지율 스님이 소송을 걸었지요.

1심과 2심에서 모두 지고 이 사건은 대법원까지 갔는데 대법원에서도 터널공사가 천성산 생태계에 별다른 영향을 미치지 않는다며 기각했어요. 결국 터널은 뚫렸고요. 이때 에피소드가 하나 있는데 소송을 걸 때 소송당사자에 스님들 성함과 제 이름이 들어갔거든요. 소송에서는 원고가 될 수 있는 자격인 원고적격의 문제가 있잖아요.

승패 여부와는 별개로 사람이 아닌 제가 소송의 원고로서 소송에 참가할 수 있는 지 여부가 세간의 관심을 받았었는데 이때 판사님들이 "도롱뇽이라는 자연물이나 자연 자체는 이 사건을 수행할 당사자로서의 능력을 인정할 수 없다."라고 너무 기계적으로 판결을 했지 뭐에요. 일본에서는 토끼를 원고로 한 소송이 승소했다고 하는데. 판사님들에게 약간 서운했어요.

나는 아직 한반도에 많이 살고 있어요.

내가 사람들에게 바라는 게 있는데 나를 보면 잡으려하지 말고 눈으로만 봐달라는 거예요. 그리고 환경을 지키기 위해 조금만 힘 써주세요. 그렇지 않으면 이 한반도에서 나를 영영 못 보게 될지도 몰라요.

반딧불이 요정이 사는 덕남 도랑

곽영숙

어느새 계절이 바뀌어,

날이 갈수록 청아함을 더해가는 가을하늘이 우리들의 영혼을 뒤흔드는 가을날, 청량한 가을바람에 코스모스는 한들거리고 고추잠자리는 춤을 춥니다. 덕남 도랑가 풀벌레들의 노랫소리가 애처롭게 들립니다.

졸졸졸 맑은 도랑물은 경쾌하게 노래 부르고, 그 노랫소리 반주 삼아 버들치들은 춤을 춥니다. 누구 한 사람 가꾸거나 돌보는 이 없는데, 덕남 도랑가에는 고마리, 여뀌, 물봉선 등 예쁜 꽃들이 피어서 지나가는 이들의 눈길을 빼앗습니다.

방패모양의 초록이파리 위에 꽃잎 끝이 분홍빛 볼연지를 바른 새색시 볼처럼 발그레하고 수줍게 핀 작고 귀여운 고마리꽃. 깨끗하고 보드라운 꽃잎에 달콤한 입맞춤하고 싶은 사랑스러운 꽃입니다.

그리고 탄닌 성분이 있어서 물고기를 잡을 때 아가미를 일시적으로 마비시켜 동동 떠오르게 만들기에 어린 날 여뀌 잎을 비벼 즙을 내어 개울에서 물고기를 잡은 추억이 있는 여뀌는 한 이삭에 수십 개의 앙증맞은 작은 꽃들을 피워 내고 있습니다.

또 꽃잎 끝이 또르르 말려있는 주머니가 아주 귀엽고 마녀의 고깔모자 같은 짙은 자줏빛의 물봉선도 우리의 눈길을 빼앗기에 충분합니다.

가을햇빛 받으며 한참을 쪼그리고 앉아 작은 꽃들을 들여다보다가 문득

"누가 이 꽃들을 가꾸었을까?"하고 생각해보았습니다.

아마도 지난 여름날 이곳 덕남 도랑에서 노닐던 반딧불이 작은 요정들이 가꾸었을지도 모른다는 상상을 해 봅니다.

한 여름날 밤, 덕남 도랑에서 우리들은 참으로 행복했습니다.

그날 밤, 우린 세월을 거슬러 유년시절의 천진난만한 아이들로 돌아가 신비하고도 오묘한 반딧불이 작은 요정들의 불빛을 쫓아, 하얗고 또 고운 보랏빛 꽃을 피운 도라지 밭둑길을 뛰어다니며 환호성을 질렀었지요.

인공적인 환한 조명을 피해 어스름 달빛아래서 현란한 춤을 추어 우리에게 황홀함을 선사해준 반딧불이 작은 요정들에게 감사함을 전하고 싶어집니다.

반딧불이 작은 요정들이 가꾼 고마리, 여뀌, 물봉선 들이 수질을 정화해주고 또 우리들이 덕남 도랑을 더 깨끗하고 아름답게 가꾼다면 내년 여름에는 더 많은 반딧불이 작은 요정들이 이곳 덕남 도랑을 찾아오

리라 생각합니다.

내년 여름날 밤에도 반딧불이 작은 요정들을 만날 생각을 하니, 벌써부터 설레고 달콤한 초콜릿을 한 입 문 것처럼 행복해집니다.

2014.9.5 늦반딧불이
(덕남 도랑 수생태학습장 주변)

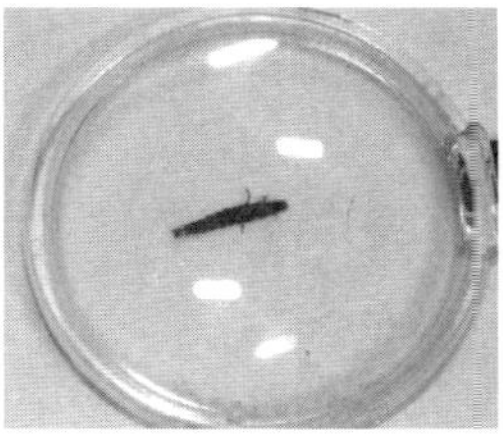

반딧불이의 애벌레

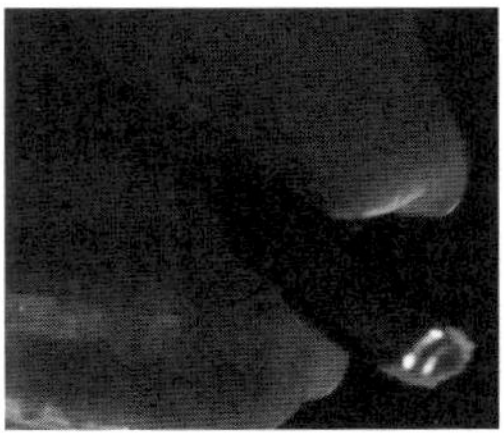

반딧불이가 내는 불빛
(반딧불이 배의 발광세포)

꾀돌이 물자라의 하루

홍기창

"아~ 피곤해! 빨리 풀숲으로 들어가 잠이나 자야겠다!"

오늘 꾀돌이 물자라는 물속 여기저기를 헤엄쳐 다니다 수련 줄기 뒤에 숨어있는 올챙이 한 마리를 보았다. 너무너무 배가 고팠던 꾀돌이 물자라는 살금살금 올챙이를 향해 다가갔다. 그런데 어떻게 알았는지 올챙이는 잽싸게 멀리 달아나 버렸다.

너무 아쉬웠지만 힘이 빠진 꾀돌이 물자라는 물 위에 떠있는 나뭇가지에 올라가 잠시 쉬고 있었다.

그런데 소금쟁이가 물 위를 미끄러지듯이 스케이트를 타고 있었다. 꾀돌이 물자라는 물위서 스케이트를 타는 소금쟁이가 너무너무 멋있고 신기했다. 물 위에서 스케이트를 타고 있던 소금쟁이가 꾀돌이 물자라에게 말했다.

"야! 너 거기서 뭐하고 있는 거야? 그곳에서 게아재비랑 장구애비가 놀고 있는 것 봤는데!"

꾀돌이 물자라는 장구애비란 말에 온 몸이 떨렸다. 그런데 정말로 장구애비가 빠른 속도로 다가오고 있었다. 너무 놀란 꾀돌이 물자라는 나뭇가지 위에서 물속으로 뛰어 내려 헐레벌떡 힘을 다해 물속 깊은 진흙 바닥으로 헤엄쳐 달아났다.

그런데 그곳에 까맣고 긴 드렁허리가 꿈틀거리고 있었다. 꾀돌이 물자라는 잠깐 동안 눈앞이 깜깜해졌다. 다시 정신을 차린 꾀돌이 물자라는 모든 힘을 다해 물가 풀숲으로 헤엄쳐 달아났다.

물속 아래 풀숲에서 함께 놀고 있던 깨알물방개, 점톨물방개, 물진드기, 방물벌레가 물자라를 보자 풀잎 뒤로 숨었다.

풀숲 위쪽 물 표면에서 송장헤엄치게가 세상에서 가장 편한 자세로 누워서 헤엄치며 숨쉬기를 하고 있었다. 물자라도 숨을 쉬기 위해 송장헤엄치게가 있는 곳으로 갔다. 꾀돌이 물자라는 송장헤엄치게에게 말했다.

"너 그렇게 누워서 헤엄치는 것이 너무 편해 보이는데 나에게도 가르쳐 줄래?"

송장헤엄치게가 말했다. "가르쳐 줄 수는 있는데 너는 몸이 너무 납작한데 누워서 헤엄을 칠 수 있을까? 그리고 너는 다음에 알을 등에 업고 다녀야 하는데 꼭 배우고 싶어?"

꾀돌이 물자라는 생각에 잠겼다. 그런데 마음속으로 좋아하는 각시물자라가 생각났다. 날개 뒤쪽 가장자리에 아름다운 무늬가 있는 각시물자라만 생각하면 가슴이 뛰었다.

꾀돌이 물자라는 놓쳐버린 올챙이를 생각하면 너무 아쉬웠지만 내일 짝사랑하는 각시물자라에게 꼭 마음을 전하겠다는 다짐을 하며 꿈속으로 들어갔다.

물자라

송장헤엄치게

나의 물고기 이야기

임오순*

내 고장은 나주평야가 많은 곡창지대이다. 농사가 많은 대신 천수답이 많아 논 가운데 일 년 내내 물이 고여 있었다.

농약이라는 자체가 없어서 항상 우렁이, 줄새우, 미꾸리, 붕어, 가물치, 자라까지 자주 잡을 수가 있고 어려서부터 친구들처럼 함께할 수 있었던 것이다.

먹을 것이 부족했던 보리 고개 시절에 단골손님으로 꼭 비가 온다. 그러면 여지없이 아버지께서는 "방죽에 가서 물고기 잡아오너라!" 하신다. 아니 여자한테 이런 일을 시킨다고 엄마는 못마땅하시어 절대 가지 말라고 하시지만 아버지의 말씀은 곧 명령이기 때문에 무서워서 가야 했었다. 동네 사람들과 함께 바구니, 족대, 그물을 들고 방죽으로

* 수생태하천문화 스토리텔링활동가

향한다.

물길이 있는 수통아래 물고기 떼가 구물구물 몰려있어 보기만 해도 신바람이 났다. 그물 만 넣어 잡아도 금세 한 바구니를 잡을 수가 있으니 얼마나 좋았던가?

야! 잉어다!

어! 가물치가 팔뚝만 하네.

오빠가 앞장서고 큰언니, 둘째언니와 나는 신이 나서 환호를 지른다. 물고기들을 잡느라 옷은 항상 진흙으로 뒤범벅되어도 아버지가 많이 잡았다고 칭찬해 주실 것을 생각하니 문제가 되지 않은 것이다.

그런데 나는 여러 종류 물고기들의 생김새가 궁금했다.

지느러미가 눈에 들어오며 물고기의 모양을 본떠서 만든 거북선이 생각난다. 또한 손으로 만져보면 미끈거린다. 특히 물고기의 표면은 대부분 비늘로 덮여 있는데 왜 미끈거릴까? 그것은 물고기의 비늘 사이에서 끈적이는 액체가 나오기 때문이고 이 점액은 물과의 마찰을 줄이고 빨리 헤엄칠 수 있도록 도와주는 역할과 물속의 각종 균들이 몸속으로 들어오지 못하도록 막아주기도 한다.

또한 대부분의 물고기들이 없어서는 안 될 옆줄을 빼놓을 수 없다. 그 옆줄은 가느다란 선으로 늘어진 것이 아니라 작은 구멍들이 촘촘히 붙어 늘어져 있다는 사실이다.

물속의 흐름이나 진동, 온도, 깊이 등을 감지하는 센서의 역할을 맡고 있으며. 몸속에 숨어있는 있는 귀에 들리는 소리가 1초에 1,500m나 나가기 때문에 육지에서의 소리보다 5배 빠르다. 살아가는 물의 환경 변화를 재빠르게 알아내야 하고 적이나 먹이의 접근도 척척 알 수 있어 생존경쟁에서 살아남을 수 있는 용기가 그들에게도 필요한가 보다.

그런데 물고기의 옆줄과 비슷한 역할을 하는 것이 고양이의 수염과 메기의 수염이다. 유난히 길게 난 이 수염이 옛날양반들이 담뱃대를 물고 있는 것을 연상케 하는 잘생긴 메기!

좁은 곳이나 어두운 곳도 척척 다닐 수 있는 날쌘 돌이 고양이!

조금은 미안하고 잔인하지만 메기와 고양이의 수염을 잘라 본 후 평상시와 똑같이 다니도록 해 보았는데 전혀 방향감각을 못 찾고 자꾸 머리를 부딪치는 결과를 보니 분명 하찮게 보이지만 그들이 살아가는데 대단히 중요한 안테나 역할이었다는 것이다.

"인간은 물고기다."

"물고기는 인간이다."라 해도 과언은 아닐 것이다.

공존하고 있는 생물들은 어류-양서류-파충류-포유류의 맨 마지막이 '인간이다'라고 전해 내려오고 있기 때문이다.

이왕 우리가 '물고기이다'라고 생각하고 있으니 물고기 댄스를 배워 보기로 해보자!

* 배 지느러미! - 제자리에 멈춰 있기

* 가슴지느러미! - 서서히 앞으로 나아가고

* 등지느러미! – 빠르게 앞으로 나아가기

* 꼬리지느러미! – 위급한 상황에 훌떡 뛰기

석산고교 문명호 선생님과 남구청 박병옥 계장님의 안무로 거의 완성이 되어 대촌 '산들길 걷기' 행사를 마친 후에 제봉산 편백숲 작은 음악회에서 드디어 시범공연을 한다.

'고향의 봄' 음악에 맞추어서

모두 다 일어서서 하나, 둘, 셋, 넷~

물고기 댄스의 가장 중요한 포인트는 꼬리지느러미 동작이다.

코미디언 남철, 남성남이 가장 잘하는 '4박자에서 힘차게 돌기'를 기억하면서 다 함께 동참하고 어설프게 추는 물고기 댄스가 훨씬 멋지다는 것을 알아야 한다.

밀어 이야기

양행임*

산업화와 도시화가 주는 편리함을 누리는 동안 우리나라 강, 하천의 모습이 많이 변화되었어요. 이곳 대촌천의 '덕남 도랑'의 물도 예전과 달라졌어요.

하천 주변의 그 옛날 꾸불꾸불했던 길도 넓은 도로가 생겨서 예전처럼 길을 건너다가 차가 쌩쌩 달리는 도로에서 개구리들이 그만 미처 피하지 못해 교통사고가 발생하고 있어요.

또한 1970년대에 농가소득을 올리려는 목적으로 '황소개구리'를 들여왔는데 농가들은 식용으로 판매가 신통치 않자 '황소개구리'를 그냥 자연에 풀어놓아서 우리나라 '고유종'을 닥치는 대로 잡아먹었어요. 도대체 도랑에 있었던 그 많던 생물들은 다 어디로 가버렸을까요?

---

* 덕남 도랑 물속생물 조사원

가만히 귀 기울여 들으면 돌돌 물 흐르는 속에서도 조용조용 이야기 하는 소리가 들려요. “아빠, 저도 어서 커서 자갈이나 모래가 많은 저 넓고 넓은 큰 세상으로 나가고 싶어요?”, “아이고, 아가야! 아빠처럼 커지려면 좀 더 오래 기다려야 해! 이 세상에는 기다리지 않고 쉽게 되는 일은 없는 법이란다. 어디 그뿐이냐? 이 아빠처럼 주둥이로 자갈이나 모래를 파고 힘이 강해지려면 얼마나 많은 괴로움과 시련을 이겨내야 하는데…”

이 이야기는 ‘아빠밀어’와 ‘막내밀어’가 오순도순 나눈 이야기예요.

‘밀어’는 ‘엄마밀어’가 바닥에 자갈이나 모래가 깔려 있는 맑은 곳에 알을 낳고 아빠가 알을 지키고 있어요.

‘밀어’는 망둥어과 종류이며 입 쪽에 빨간색 v자 모양이에요. 먹이는 잡식성으로 수서곤충류(깔따구, 하루살이, 물벼룩, 실지렁이 등)와 작은 동물을 먹지요.

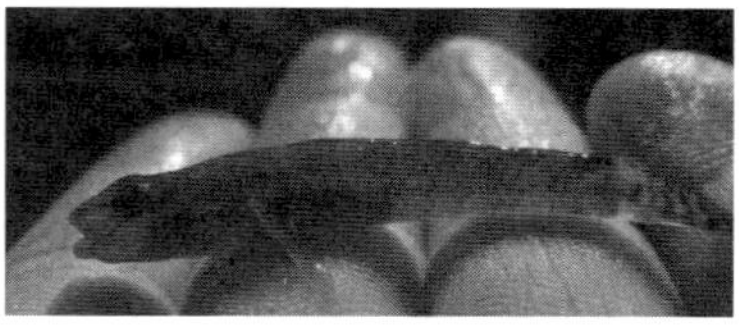

밀어(농어목 망둑어과 8cm이하의 작은물고기)

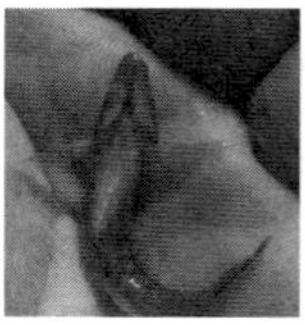

밀어의 배

붕어마름

그런 어느 날…

(사)한국멸종위기야생동식물협회에서 덕남 도랑 물속생물조사를 한다면서 족대와 투망을 가져와서 ‘막내밀어’가 미처 피하기도 전에 순식

간에 투망과 족대 등을 던져 생포해버렸어요. '아빠밀어'가 "안돼요, 제발 우리 막내를 데려가지 마세요, 제발 그 애만-은 내 옆에 있게 해주세요." '아빠밀어'가 애타게 울부짖었지만 그만 막내 밀어는 잡혀가고 말았어요.

"아, 가엾은 막내!" '아빠밀어'는 슬픔에 그만 자갈돌 속에서 정신을 잃어버렸어요. '막내밀어'는 족대 속에서 몸부림치며 '아빠밀어'를 불렀지만 '피라미, 미꾸리, 각시붕어, 블루길, 배스, 새뱅이새우, 우렁이, 게아재비' 등이 들어 있는 작은 물통 속에 한꺼번에 섞이고 말았어요. 순간 투망 속에서 벗어난 것은 다행이지만 무서운 '배스와 블루길'이 있는 이곳에서 '어떻게 하면 여기서 빠져 나가지 …?' '엄마, 아빠 곁에 가보지도 못하고 여기서 죽는 건가?' '막내밀어'는 너무나 두려웠어요.

'블루길과 배스'는 '외래종'인데 적응력이 뛰어나 덕남 도랑에 살고 있던 다른 물고기들을 마구 잡아먹어 많은 물고기들이 사라졌어요. 이런 종을 '침입종' 또는 '생태계교란종'이라고도 불러요. '막내밀어'가 무서움에 덜덜 고개를 숙이고 있는데 그때, 누군가가 머리를 콕콕 쪼는 거예요. '에구머니 … 세상에나,' 입이 커다란 '블루길'이 바로 옆에서 험상궂게 노려보고 있는 거예요.

너무 놀란 나머지 '막내밀어'는 고함을 지르며 파닥파닥 껑충 뛰었더니만, 바로 그때, 뜰채가 막내 밀어를 휘익 잡아당겨 흰 접시가 놓여 있는 작은 자 옆에 눕히더니 '2cm예요~' 하며 '막내밀어'를 이리저리 키재기를 했지요. 두려움으로 숨을 쉬지도 못하던 찰나 '막내밀어'에게 "자 꼬마 '밀어'야! 이제 너 살던 물속으로 들어가렴."

그러면서 하천 속에 다시 되돌려 주는 것이었어요. 이 모두 일어난 시간이 '막내밀어'에게는 정말 꿈을 꾸는 것만 같았어요. (사)한국멸종위기야생동식물보호협회 회원들이 광주광역시 빛고을사랑운동으로 건강한 하천의 회복을 위해 다양한 물속생물들을 조사하기 위해 잡았던 거였어요.

'막내밀어'는 아빠와 헤어졌던 자갈돌 물속으로 다시 되돌아가 애가 타서 기절해버린 아빠를 다시 만났어요. '아빠! 아빠!' '막내밀어'가 몇 번을 불렀을 때야 '아빠밀어'가 몸을 부르르 떨었어요. 다시는 헤어지지 말자며 '아빠밀어'와 '막내밀어'는 뽀뽀를 힘차게 했어요. '막내밀어'가 물속으로 되돌아온 것을 축하하는 듯 하천 속 '붕어마름'이 힘껏 한들한들 춤을 추었어요.

새뱅이 이야기

양행임*

봄부터 가을까지(올해 4월말~10월초) 정말 즐거운 맘으로 대촌천 수계에서 그야말로 도랑 치며 가재 잡고, 물고기와 조개 등을 잡으며, 구간을 정해서 많은 수생생물들을 만났다.

기다란 장화가 연결된 수중작업복을 멋지게 차려 입고 대촌천의 덕남도랑 4지점(수춘천 상류지역)으로 첨벙첨벙 들어가 족대와 투망 곁을 따라 다니며 조심히 걸어 올리면 잉어, 각시붕어, 밀어, 배스, 블루길, 새뱅이새우, 소금쟁이, 미꾸리, 물방개, 개아재비 등이 투망 속에 갇혀 있었다. 그 중에서 가장 많이 잡힌 것은 정말 작은 새뱅이 새우였다.

전라도에서는 생이 또는 '새비'라 하고 충청도에서는 '새뱅이'라고 한다. 새뱅이 새우는 토양과 수질 오염 등으로 많이 사라지고 있다고 하

* (사)한국멸종위기야생동식물보호협회광주전남지부 간사

던데…

그런데 이곳 대촌천 지석교에서 투망과 족대를 움직여 걷어 올려 보면 투망 사이에 끼어있는 맑고 투명한 녹색 줄의 작은 새우가 펄떡펄떡 퍼덕이고 있었다. 일명 새뱅이 새우는 맑은 물에서 서식하는 민물새우이며, 전통수산 발효식품으로 토하젓으로 담아 시장에 가면 쉽게 만날 수 있다. 또한 김치에 이용되며 소화촉진에 탁월하다.

생명이 살아있는 건강한 하천 살리기 일환으로 생명의 기운이 넘치는 공간으로 자연에 목마른 도시민들에게 이곳 지석교의 하천생물은 예전 풍요롭던 하천의 생태계를 보고 있는 것 같았다.

갈대와 억새가 춤을 추고 고마리, 미나리가 군락을 이루고 검정말과 붕어마름 등이 물결 따라 일렁이며, 때론 허리춤까지 찰랑이며 물결치는 물속 온도는 21℃로 수중 작업복 착용으로 인해 그리 차갑게 느껴지지 않았다.

그러나 새뱅이 새우가 많은 만큼 피라미와 블루길, 배스가 많이 잡혀 이 또한 걱정스러웠다. 도시 건설에 따른 진흙 등이 하천으로 쌓여 흘러 들어가지만, 하천에 대한 사회적 관심이 높아가는 요즘, 우리 세대만이 아닌 다음 세대에게 물려주기 위해 우리나라 모든 하천이 생명의 기운이 넘치기를 희망한다.

끝으로 새우에 관한 재미있는 속담.

속담 1 – <u>새우로 잉어를 잡는다.</u>

적은 밑천으로 큰 이득을 얻음.

속담 2 – 새우 벼락 맞던 이야기한다.

다 잊어버린 지난 일을 들추어내면서 쓸데없는 이야기를 한다.

속담 3 – 새우 싸움에 고래등 터진다.

아랫사람이 저지른 일로 윗사람에게 해가 미침.

속담 4 – 고래 싸움에 새우등 터진다.

강한 사람들끼리 서로 싸우는 통에 공연히 약한 사람들이 해를 입는다.

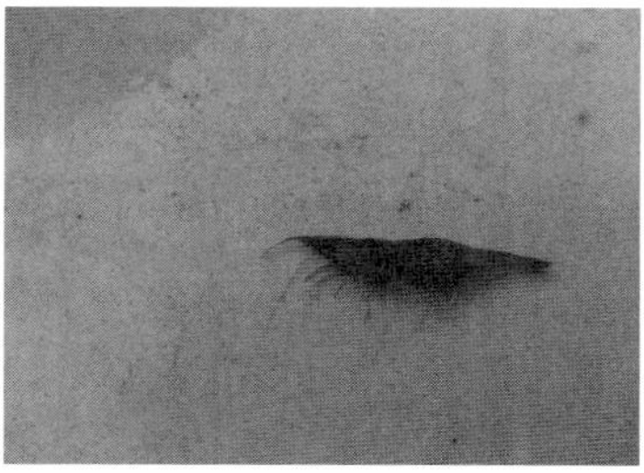

새뱅이

지석교

'샛강'이라는 덕남 도랑을 소개하면서

장세득*

…2012년 어느 날…

갑자기 바빠진다. 우리 마을 사람들이 들떠있다. 내가 마을 일을 맡은 지 1년 정도 되었을 어느 따뜻한 날, 박병옥 계장님을 만나게 되었다.

환경부 시범사업에 우리 덕남마을 도랑이 선정되어서 SBS방송국 제작팀이 서울에서 온다고 한다. 우리 마을 샛강을 촬영하기 위해서다. "물은 생명이다"라는 프로그램에 우리 마을 샛강이 방송된다고 한다. 그 손님들이 오시면 우리 마을을 구석구석 소개해 드려야 한다.

〈그리고 1년 뒤〉… 2013년

올해에도 그 사업이 계속 이어졌다. 지난해 처음 마을을 소개할 때

* 덕남 마을 통장

는 조금 부끄러웠다. 청정지역 산골 마을 도랑이 잘못된 주민들의 고정관념과 문명으로 인한 쓰레기로 얼룩져 있었기 때문이다.

35년 동안 이 마을에 살면서 한번이라도 도랑에 대한 생각을 해 보았던가? 아니! 한 번도 없었다. 하지만! 이제는 생각하게 되었다.

그 많은 쓰레기는 많은 사람들의 도움과 마을 주민들의 협동정신으로 많이 치유되었고, 평소에 도랑에서 불태워졌던 쓰레기는 분리수거함을 설치하여 분리하는 법을 배웠다.

음식 쓰레기까지 처리 차량을 이용하여 도랑에 버리는 일이 없도록 하였으며, 중간중간 도랑으로 내려가는 계단을 설치하여 청소를 도왔고, 마을 회관 뒤쪽에는 예쁜 생울타리를 조성하였으며, 탐방로에는 경관개선 나무를 심었다.

도랑에 미나리꽝을 조성하여 고기들이 마음대로 살게 하였으며, 보기 흉한 다리에 예쁜 펜스를 만들어 주었다. 또한 수질 개선을 위한 EM과 EM비누를 만들어 사용하였으며, 징검다리와 나무 말뚝을 설치하여 주민들의 불편을 해소해 주었다.

간간이 덕남 도랑 살리기 추진협의회와 마을 주민들이 토론회를 개최하여 보다 나은 내일을 위한 의견들을 수용하였다. 아직은 많이 부족하지만. "늦었다고 할 때가 빠른 것이다"라는 말과 같이 꾸준한 노력을 기울이면 그 옛날로 다시 돌아갈 날이 반드시 있을 것이라 믿는다.

탱자나무 울타리가 많은 우리 마을은 400년 전부터 내려온 당산제를 지금까지 모시고 사는 과거와 현재가 공존하는 마을이다. 〈도랑 살리기〉라는 행사로 깨끗한 마을이 된 것은 물론이고, 맑은 물이 미래라는 것도 알았으며, 마을 주민들 간에 협동과 정이 더욱 돈독해졌다.

한번으로 끝나지 않은 꾸준한 노력을 마을 주민들과 같이 해 나갈 생각이다.

……우리 마을 샛강을 위하여

……우리 마을을 위하여……

덕남 도랑의 모습

내 고향의 하천(요코하마)

시라이시유코*

내 고향은 일본 요코하마다. 요코하마는 대도시지만 나는 요코하마 변두리에 살았고 집 주변에는 밭과 논이 있었다. 우리 집은 할아버지가 농사를 짓고 집에서 닭을 키우는 덕분에 항상 신선한 달걀과 계절에 맞는 야채와 과일을 먹을 수 있었다. 우물이 있어 여름에는 바구니를 매달아 냉장고 대신 썼다.

집 옆에 도랑에서는 산에서 나오는 깨끗한 물이 흐르고 있었다. 거기서 시장에 내는 야채를 씻기도 하고 도란 물을 이용하여 마당 연못에서 잉어를 키웠다. 작은 도란이지만 물이 풍부하고 가재, 게, 우렁이, 송사리 등의 생물들이 살고 있었다.

산에는 개똥벌레도 볼 수 있었다. 여름에는 새벽에 산으로 가서 장

---

* 수생태하천문화 스토리텔링활동가

수풍뎅이와 사슴벌레를 잡을 수도 있었다.

어느 날 태풍이 왔는데 논 가운데 있었던 친구네 집은 마치 호수 한 가운데 있는 섬처럼 보였다. 오빠가 이 하천에서 거북이를 잡았다고 한 것이 기억난다.

하천에는 물의 흐름을 막는 제방이 있어서 농사를 지을 때 유용하게 썼지만 홍수 때는 소용없어서 항상 피해가 일어났다.

지금은 개선해서 우리 논이 있던 곳에 유수지공원(遊水池公園)이 생겼다. 유수지라는 것은 홍수 때 물을 일시적으로 저장하여 수량을 조절하는 저수지이다. 하지만 평상시에는 공원으로 사용한다. 거기에는 공원만 있는 것이 아니고 관리소에 유수지에 대한 설명과 더불어 하천에 살고 있는 생물과 자연에 대한 중요성을 한 눈으로 볼 수 있는 전시관이 있었다.

내가 방문할 때는 큰 관심사가 아니어서 대충 구경했다. 물론 다른 사람들도 각자 일에 정신이 팔려 바빠 전시실을 열심히 보는 것도 아니었다. 그러나 나는 관심이 생겨, 되돌아보면 수 생태를 지키려고 하는 모습을 보고 흐뭇했었다.

자연을 몸으로 느끼고 살아오는 세대로서 큰 관심과 꾸준한 활동을 통해 다음 세대에 작지만 곳곳에서 의미 있는 것을 볼 수 있고 느낄 수 있게 한다면 자연스럽게 수 생태에 소중함을 배우게 되어 스스로 지키려고 노력할 것이다.

재첩 이야기

김영순*

재첩은 재첩과의 재첩 속 민물조개의 총칭이다.

가막조개, 갱조개, 애기재첩, 재치 등으로 불리며 방언으로 '갱조개'라고도 불린다. 백합과에 속한 조개길이는 25mm 정도이고 둥근모양이며 껍데기는 갈색 가장자리는 자색을 띤다. 개펄의 모래 진흙에 살며 우리나라·중국·일본·대만 등지에 분포한다.

비슷한 이름으로 가막조개, 가무라기, 가무락, 가무락조개, 모시조개, 흑합 등이 있다. 재첩은 타우린이 풍부해 콜레스테롤을 내려주고 간 기능을 증진시키며 쓸개즙의 배설을 촉진해서 간의 해독작용이 활발해져 숙취해소에 좋다고 알려져 있다. 그래서 술 애호가들이 해장국으로 선호한다.

---

* 수생태하천문화 스토리텔링활동가

재첩은 영양학적으로 매우 우수하지만 비타민A의 함량이 적은 반면, 부추에는 비타민A의 베타카로틴이 매우 많은데다 열에 견디는 성질이 강해 부추를 넣고 국을 끓이면 영양소 균형이 잘 맞는다.

어렸을 적 냇가 물속 모래를 발로 뭉개어놓고 흙탕물이 맑아지기를 기다려 재첩을 바구니에 가득 잡아서 맛있게 먹었던 기억이 있으며, 어렸을 때 경남 진주 친구 집에서 모임을 갖고 잠을 자게 되었다. 다음날 아침에 "재치국 사이소~~!" 하는 소리를 듣게 되고 또 친구가 사와서 아침에 맛있게 먹고 시원한 감을 느꼈던 기억이 있었다.

간혹 뉴스에서 중국산 재첩을 국산 재첩인 양 끓여서 음식점에 내놓는다는 안타까운 소식도 들었다. 재첩조개가 우리의 샛강과 큰 강에서 많이 살 수 있도록 하려면 수질오염이 더 이상 진행되어서는 안 되겠다.

좋은 수질의 강과 수생생물들이 잘 살아가는 우리 금수강산이 되어 옛날과 같이 어디서든지 재첩 조개를 잡아 끓여 먹을 수 있는 우리의 하천이 되도록 지속적인 도랑 살리기 운동이 전개되어 우리 후손들도 재첩 등 오염되지 않는 물고기도 마음 놓고 먹을 수 있었으면 하는 마음입니다.

재첩

칠석고싸움 놀이의 유래와 축제

배계림*

광주 지역에서는 타 지역에서는 찾아보기 힘든 정월대보름 놀이가 있습니다. 바로 남구 칠석동의 옻돌 마을의 할아버지 당산과 할머니 당산을 통해 내려오는 칠석고싸움이죠. 타 지역에선 고싸움 하면 다소 생소해 하시는 분들이 많은데요. 광주·전남지역에선 고싸움은 동그란 모양의 "고"를 만들어 동부와 서부로 나누어서 서로 부딪쳐 승부를 내는 놀이로 예전에는 20일 정도 계속되었다고 합니다.

칠석고싸움 놀이의 유래는 정확한 기록이 없어 알 수는 없습니다. 하지만 광주 칠석동 옻돌 마을의 지형은 황소가 쭈그리고 있는 '와우상'이고 그 터가 거세기 때문에 그 기운을 억누르기 위해서 비롯되었다고 전해지고 있습니다.

---

* 수생태하천문화 스토리텔링활동가

고를 만드는 방법은 고와 줄을 만들어 합쳐야 합니다. 우선 줄은 볏짚을 꼬아 나뭇가지에 묶고 다시 세 가닥을 합하여 큰 줄을 만들게 됩니다. 이때 그 줄이 너무 굵고 크기 때문에 성인남자 5~6명 정도도 비틀어야 한다고 합니다. 그 후 줄을 단단하게 하고 곧게 하기 위하여 매로 쳐서 다지기도 합니다. 그 후에 "고"를 만들게 됩니다. "고" 역시 줄을 이용하여 만들게 되는데 고 줄은 머리에 둥근 고를 만들어 세우고 성인 남자의 팔뚝 정도인 고를 감아 단단하게 만들고 둥글게 구부리고 다시 하나로 묶어 커다란 고 몸체를 만들게 됩니다. 이어서 앞서 만든 줄과 고 몸체에 Y자 형의 통나무를 대고 받쳐 고정시킵니다.

칠석고싸움이 다소 위험하다고 생각하시는 분들이 있는데 사용하는 고 줄과 줄이 단단하여 떨어져도 큰 위험은 없다고 합니다. 이러한 고싸움에 관한 기능보유자는 국내에 총 5명 정도가 있다고 알려져 있습니다.

고싸움 방법

고싸움은 민속놀이 중 스케일이 큰 편에 속하는 놀이입니다. 양쪽 수백 명이 힘을 주어 고머리를 서로 부딪치는 방식으로 진행이 됩니다. 이때 승부의 여부는 상대방이 고를 덮쳐 땅에 닿게 하면 이기게 됩니다. 때문에 고위에 있는 리더 격인 줄패장의 리더십과 판단력이 중요한 게임이지요.

이처럼 고싸움이 워낙 스케일이 큰 민속놀이다 보니 과거 1986년 한국에서 진행된 아시안게임 그리고 1988년 서울 올림픽 때 식후 공개 행사로 고싸움놀이가 시행되었을 정도입니다.

현재는 중요 무형문화재 33호로 지정되어 보다 많은 관광객들이 찾아오는 축제의 장으로 승화된 행사로 올해는 9월에 축제가 열리는 가운데 가을 날씨답게 푸르고 높고 맑은 하늘과 상큼한 바람을 선물로 받아서 한층 깊이 있는 축제가 되고, 광주시장님과 남구청장님이 동부와 서부로 나눠 고를 타시고 축제의 장을 빛으로 만들고 밤에는 각자의 소원을 담아 풍등에 소원을 담아 하늘 높이 날리는 행사 또한 장관이었습니다.

앞으로도 중요 무형문화재 33호인 고싸움놀이가 힘찬 기상처럼 도약하길 바랍니다.

연등놀이

칠석고싸움놀이
(무형문화재33호)

황소개구리

송영숙*

불볕더위로 인한 불쾌지수가 높은 여름이 지나고 이제는 아침저녁으로 쌀쌀한 날씨인 가을이 성큼 우리 앞으로 다가왔습니다.

이렇듯 자연환경 및 모든 사물도 순리대로 진행되는 것이 바람직한 것처럼 동·식물의 생태계도 마찬가지로 각 계층별로 균형 있고 정상적인 상호작용을 해야만 생태계가 무너지지 않고 유지가 되는 것입니다. 이렇게 균형적인 생태계에서 어느 한 계층에서 혼란을 일으키는 개체가 생기면 전체적인 생태계는 점차적으로 무너지고 많은 문제들이 발생하게 되어 사회적으로 큰 이슈가 되기도 합니다.

생태계 혼란의 대표적인 개체로 지난 30여 년간 사회적으로도 큰 문제로 대두되었던 논, 밭, 저수지 등에서 엄청난 번식력을 보인 생태계

* 수생태하천문화 스토리텔링활동가

교란 생물인 "황소개구리"에 대해 한번 알아보도록 하겠습니다. 생태계 교란 생물은 외래 생물 가운데 우리나라 토착생태계의 균형을 교란하거나 교란할 우려가 매우 큰 생물을 말합니다.

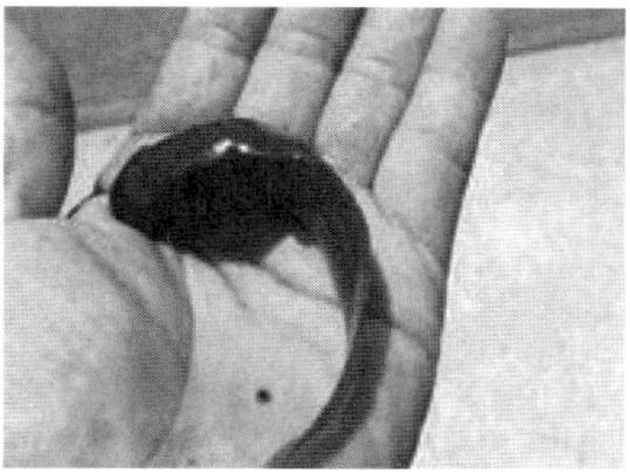

황소개구리 올챙이

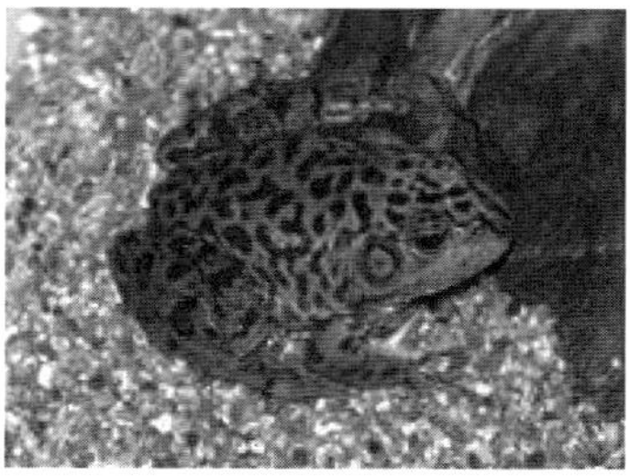

황소개구리 성체

어렸을 적에 비 오는 날 논도랑에 통발을 쳐 미꾸라지를 잡다 보면 자주 큼직한 올챙이들이 잡히곤 합니다. 길이가 보통 10cm가 훨씬 넘는데, 다 자란 맹꽁이 올챙이의 길이가 30mm를 조금 넘으니 아무리 작게 잡아도 몸길이가 맹꽁이 올챙이의 4배는 넘을 정도입니다.

황소개구리를 잘 알지 못했던 시절에는 처음 본 황소개구리의 올챙이를 놓고는 메기라고 우기기까지 했다고 합니다. 얼마나 컸으면 그랬을까 하는 그 시절의 웃지 못 할 해프닝이 아닌가 싶습니다.

'우는 소리가 황소 소리와 같다' 하여 이름 붙여진 황소개구리는 원래 북아메리카 일부 지역에만 서식하였던 개구리의 일종입니다. 수생생활을 위주로 하는 종이며, 날씨가 습해지면 활동 범위가 넓어집니다. 몸길이 20cm에 무게가 750g이 나가 개구리 중에서는 상당히 큰 편에 속하며, 암컷이 수컷보다 더 큽니다. 몸 빛깔은 환경에 따라 차이가 있지만 일반적으로 수컷은 검은빛을 띤 녹색이고 희미하게 검은빛을 띤 갈색 무늬가 많으며, 암컷은 갈색 바탕에 검은빛을 띤 갈색 무늬가 많습니다. 배는 흰색이고, 수컷의 배 쪽으로 향하는 목 부분은 옅은 황색입니다.

눈 뒤에 고막이 있으며, 수컷의 고막은 암컷보다 큽니다. 목에 큰 울음주머니가 있어 밤에 황소울음과 같은 소리를 내며, 뒷다리는 길고 튼튼하여 도약력이 뛰어나 한번에 5m 이상을 뛰는 것도 있습니다.

뒷다리의 물갈퀴가 발달하여 헤엄을 잘 칩니다. 산란기는 아메리카 북부에서는 6~7월이고, 남부에서는 2월입니다. 알 덩어리가 매우 큰데, 6천~4만 개의 알이 들어 있습니다. 올챙이로 월동하여 12㎝ 이상 크게 자라며, 평균 8년 정도 살고 다른 개구리보다 성장하는 속도가 빨라 2년이면 다 자랍니다. 황소개구리 올챙이는 수초, 올챙이, 알 등을 먹으며 1년 이상을 올챙이로 살며, 성체는 물고기, 개구리, 곤충 등 여러 종류의 먹이를 먹으며 뱀과 같은 파충류도 잡아먹을 만큼 식욕이 왕성합니다.

이들의 크기와 왕성한 번식력과 식성은 도입된 지역의 생태계를 교란시키고 있는 상황입니다. 황소개구리는 1970년대 초부터 농가의 소득 증대와 보릿고개 시절을 겪던 60~70년대 우리 국민들의 단백질 섭취율을 높이겠다는 명목으로 정부차원에서 미국과 일본으로부터 황소개구리를 들여오면서부터 만남이 시작되었습니다. 1970년대 중반 황소개구리를 양식, 공급하기로 했던 양식 업체들이 부도가 난 뒤 관리가 허술해지고, 수지타산이 맞지 않고 뚜렷한 소비처가 없다는 이유로 사육 농가들이 키우던 황소개구리를 무단으로 방류하기 시작했습니다.

들어온 지 얼마 되지 않아 천적이 없던 황소개구리의 수는 급속도로 늘어났고 우리나라의 고유종을 잡아먹어 물고기와 개구리 등 많은 수의 생물들의 수가 줄어들었습니다. 자연 생태계 및 사회적으로 많은 문제를 일으키고 있는 황소개구리와 같은 생물도 모두가 우리 인간들의 잘못에서부터 비롯된 것입니다. 무분별한 외래 동·식물들을 받아들여 이 같은 문제들을 불러 일으켰고, 적절한 대응 방안을 수립하지 않고 지금까지 방치해 둔 것이 현재 우리 현실입니다.

이로 인해 토종 생물들의 생존권이 크게 위협받고 있습니다. 생태계는 우리의 자연환경이며, 이는 우리의 후손들에게 물려줄 유산입니다. 부디 우리 모두는 눈앞에 있는 이익보다 더불어 살 수 있는 생각을 해야 할 때가 아닌가 싶습니다. 어느 것에 치우치지 않는 균형 있는 정도의 삶, 인간 및 자연 생태계에서도 그 무엇보다 어렵고 중요한 점일 것입니다.

가재 잡이

손숙*

40여 년 전.

시골동네의 어린아이들은 재미있게 놀 만한 블록이니 인형이니 하는 놀이 도구가 부족하여 몸으로 행하는 놀이를 주로 하고 놀았답니다.

봄에는 올챙이 잡이를 하고 놀았으며 그 잡은 올챙이를 뒷다리가 나오고 앞다리가 나오도록 마당의 확독에 집어넣어 자라는 것을 확인하곤 했지요.

그러다 초여름이 되면 저수지 위로 올라 저수지로 향해 있는 물길을 모두 헤집어 가재 잡기를 하였습니다. 무거운 돌, 가벼운 돌을 가리지 않고 온몸에 몸살이 날 정도로 하루 종일 물살 낮은 계곡에서 놀다 보

* 수생태하천문화 스토리텔링활동가

면 금세 하루가 지나곤 했지요. 얕은 물의 계곡에서는 물고기를 보기는 힘들답니다.

때죽나무 그늘 아래로 돌돌 휘감은 모래바닥에 무언가 모래색깔 움직임이 있습니다. 그럴 때 우리는 이렇게 말하지요.

"야 가재 잡자!"

"그래 우리 가재 잡아서 구워먹을까?"

가재는 생각보다 꽤 친환경적입니다. 일단 때꼽장이가 쭉쭉 끼어 있는 아이들의 얼굴보다 깨끗한 물에서만 사는 친구입니다.

그러면서도 자기를 잡으려는 인간이 접근하면 '나는 모래 색과 똑같고 돌과 똑같은 색이라 나를 찾기는 힘들 걸' 하며 휘휘 엉덩이춤을 추며 도망쳐 버립니다. 무거운 돌을 들고 낑낑대며 옮기다 보면 이미 가재는 '안녕!' 하며 사라져 버린 뒤입니다.

아이들은 악착같이 가재의 등을 잡으려고 움질움질 움직이는 가재의 뒤태를 살핍니다.

집게발에 물리면 100% 피가 날 것이고 피를 본다는 것은 울음을 먼저 터트리는 커다란 사태가 벌어집니다. 그 사태로 인해 놀이는 물거품이 될 것이고 친구들은 다음번 놀이에 끼워주지 않을 것이므로 피가 나지 않도록 미연에 조심해야 합니다.

어느 날, 햇볕이 유난히 반짝이는 날 집에서 누나들은 빨래를 하여 바싹 말릴 수 있는 기회를 봅니다. 하지만 그런 날 옷을 갈아입는 친구가 또 있습니다. 바로 가재가 탈피를 하는 것입니다. 매미가 탈피한 껍질을 본 적은 있지만…

이렇게 딱딱한 옷을 벗는데 얼마나 많은 시간이 걸릴까요?

한 여름 옷을 벗는 가재도 있지만 알을 낳아 배에 붙이고 다니며 뒤뚱뒤뚱 어기적거리며 돌 틈을 헤집는 녀석도 있습니다. 물자라를 연상해 보지만 알이 있는 것은 그 반대입니다. 구부러진 등허리로 감싸 안은 알들은 엄마의 사랑을 느끼며 내리사랑을 실천할 것입니다.

예전 가재들은 어른들의 술안주도 되고 아이들의 놀이도 되었고 간식도 되었지만 현재의 아이들은 가재를 볼 수 있는 기회가 쉽게 주어지지 않습니다. 맑은 물이 많아져 바닷가재가 아닌 우리의 토종 민물가재를 기억하는 사람이 많았으면 합니다.

물고기 춤

박병옥

머리, 가슴, 배, 등, 꼬리가 있는 척추동물들. 지구상에는 어류, 조류, 파충류, 포유류, 양서류 순으로 숫자가 많아요. 어류인 물고기, 포유류인 사람은 비슷한 형제라고 할까요.

지구상에 물고기의 조상은 6억 년 전 고생대에, 원시 인류는 80만 년 전에 나타났다 하니 물고기가 훨씬 터줏대감이고 종류도 2만 종으로 다양하다고 합니다. 물고기는 물속에서 인간은 땅위에서만 살아가요. 물고기는 물속에 녹아있는 산소를 사람은 공기 중의 산소를 먹고 살아갑니다. 물고기는 차가운 피를, 사람은 뜨거운 피를 지니고 살죠.

문화라는 말이 있는데요! 같은 말, 같은 옷, 같은 춤을 추는 것이 같은 민족이라고들 한답니다. 이젠 물고기와 같은 문화를 갖기 위해 함께 춤을 출까요? 왜나면 도랑을 살리고 샛강을 살리려면 물속의 주인인 물고기가 하는 행동을 함께 따라가는 마음과 행동이 중요하니까요!!

그러면 물고기 춤을 따라서, 아니면 각자 해보기로 해요. 도랑의 버들치나 송사리, 피라미를 상대로 할까요? 이제 시작합니다.

하나, 가슴지느러미 춤입니다. 물고기는 가슴지느러미로 헤엄쳐 앞으로 나아가거나 부력을 유지하기 위해 한시도 쉬지 않고 계속 지느러미를 움직임입니다. 우린 양손을 아래로 흔들어 나비같이 각자 소리에 맞추어 하나, 둘, 셋, 넷, 왼쪽으로 다섯, 여섯, 일곱, 여덟 반복합니다.

둘, 배지느러미 춤입니다. 자기의 모양을 가장 멋지게 표현할 수 있는 춤이죠! 오른쪽으로 두 손을 동그랗게 모아 원을 적게 다시 크게 앞으로 나아가면서 두 번 반복합니다. 다음은 왼쪽으로…

셋, 다음은 등지느러미 춤이죠! 머리와 등을 최대한 앞으로 숙이고 오른손은 머리 위에 왼손은 등꼬리 쪽에 붙이며 발을 앞으로 내밀면서 지그재그로 몸을 흔들고 나아가다가 다시 돌아오는 것을 똑같이 반복합니다.

넷, 다음은 가장 역동적인 춤인 꼬리지느러미 춤입니다. 오른쪽으로 투스텝을 가다가 물고기가 도약하듯이 풀쩍 뛰어 오른손을 올리고 왼손을 내려 흔들면서 반복합니다.

다음으로 도랑의 정서가 담겨있는 고향의 봄노래를 부르면서 순서에 맞추어 춤을 추세요!

도랑 몰속생물을 알아보고 친하게 지내는 일은 도랑과 샛강을 살리는 진정한 마음에서 출발합니다. 우리 힘차게 물고기 춤, 하나, 둘, 셋

어린이, 학생, 어르신, 아주머님 모두 함께 물고기 춤, 하나, 둘, 셋, 즐겁게 몸을 풀고 도랑 청소, 도랑 살리기를 모두 함께 해요!

도랑의 친구인 물고기들을 생각하면서 우리 모두 하나, 둘, 셋, 재미있게 춤을 춰요!!

용어 설명

- **1차 산업(The primary industry):** 논이나 밭, 과수원에서 작물을 재배하거나 바다나 강에서 생선을 잡거나 어패류를 기르고, 산에서 약초 등을 재배하거나 캐는 것 따위로 주로 먹을거리를 책임지는 산업이다. 즉, 농업, 임업, 수산업, 목축업과 같이 자연을 직접 이용하여 생산물을 얻는 산업으로 모든 산업의 기본이 된다.
- **1차 산업혁명(The first industrial revolution):** 18세기 후반에 시작된 증기기관과 방적기의 발명과 기술의 혁신에 의해 야기된 산업상의 큰 변화와 이에 따른 사회·경제적 변화이다. 특히 영국을 중심으로 일어났으며, 석탄과 철을 주원료로 삼고 면직물 공업과 제철 공업 분야의 혁신을 핵심적 과제로 삼았다.
- **2차 산업(The secondary industry):** 생산물을 얻는 산업 중 1차 산업을 제외한 나머지를 2차 산업이라 한다. 1차 산업과 달리 자연을 이용하지 않는 산업으로 공업, 광업, 건설업 등이 2차 산업이다.
- **2차 산업혁명(The second industrial revolution):** 전기동력을 개발하여 자동화에 의한 대량생산체계를 구축하여 1870년대 이후 유럽 및 미국 전체에 걸쳐 일어난 제2차 산업혁명은 석유와 철강을 주원료로 삼고 화학 공업과 전기 공업 등 새로운 공업 분야를 중심으로 이루어졌다.
- **3D 프린팅(3D Printing):** 3D 프린팅은 프린터로 평면으로 된 문자나 그림을 인쇄하는 것이 아니라 입체도형을 찍어내는 것을 말한다.
- **3차 산업(The tertiary industry):** 1, 2차 산업에서 생산된 물건을 소비자에게 판매하거나 각종 서비스를 제공하는 산업을 말한다. 3차 산업은 사람들의 편리한 생활을 도와주는 활동으로 상업, 금융업, 운수업, 관광업 등과 같은 서비스업이 포함된다.

- **3차 산업혁명(The third industrial revolution):** IT 정보기술과 산업의 접목으로 이루어진 혁명으로 고도로 발달된 정보 통신 시스템의 보급으로 가치 있는 정보의 입수가 쉬워져 사회 개혁이 자연적으로 이루어지는 것이다. 통신 위성이나 광섬유 케이블 등에 접속된 통신망에 의해 세계 규모로 정보를 공유하기에 이르렀다. 컴퓨터가 각 산업 분야에 이용됨에 따라 노동 형태가 변했으며, 기업의 소자본화는 물론 단순 작업화의 탈피로 정보 산업의 비약적인 발전을 가져왔다.
- **4차 산업(The fourth industry):** 4차 산업이란 정보, 의료, 교육, 서비스 산업 등 지식 집약적 산업을 총칭한다.
- **4차 산업혁명(The fourth industrial revolution):** 사물 인터넷(internet of things)을 통해 생산기기와 생산품 간 상호 소통 체계를 구축하고 전체 생산과정을 최적화를 구축하는 산업혁명을 말한다. 2016년 1월 스위스 다보스포럼에서 이 용어를 처음 사용한 클라우스 슈바프 세계경제포럼(WEF) 창시자는 기존 산업분류에서 정의되지 않는 모든 산업이 가져올 세계 경제 변화를 제4차 산업혁명이라고 불렀다.
- **5차 산업(The fifth industry):** 패션, 오락 및 레저산업.
- **6차 산업(The sixth industry):** 1차 산업인 농림수산업, 2차 산업인 제조·가공업, 3차 산업인 서비스업을 복합한 산업. 농산물을 생산만 하던 농가가 고부가가치 상품을 가공하고 향토 자원을 이용해 체험프로그램 등 서비스업으로 확대시켜 높은 부가가치를 발생시키는 산업을 말한다.
- **가상현실(VR, Virtual Reality):** 어떤 특정한 환경이나 상황을 컴퓨터로 만들어서, 그것을 사용하는 사람이 마치 실제 주변 상황·환경과 상호작용을 하고 있는 것처럼 만들어 주는 인간-컴퓨터 사이의 인터페이스를 말한다.
- **경제생태계(economic ecosystem):** 생태계 관점에서 경제를 분석 이해하는 것을 말한다. 경제는 자연 생태계와 유사한 점이 많다. 생성과 성장, 소멸의 과정을

거치거나 소멸 대신 진화와 혁신의 순환 과정을 거치면서 성장하기도 하고 정체되기도 한다. 이를 다루는 분야를 생태경제학이라고 한다. 생태경제학은 경제를 생태계의 일부로 보는 관점을 적용한 경제학 분야를 말한다. 1970년대에 인류의 복지 향상을 위해서 인류 사회와 생태계의 지속 가능한 발전을 함께 추구해야 한다는 움직임으로 나타났다. 경제학자는 인간사, 곧 시장의 재화와 용역을 다루는 반면 생태학자는 자연환경, 곧 시장성은 없지만 생명에 필수적인 자연을 다룬다.

- **광주정신(Gwangju spirit):** 광주정신은 좋은 삶을 지향하는 사회적 실천의 기준이자 인류가 지향해야 할 공동 가치이다. 민주, 인권, 평화, 정의, 대동정신, 공동체, 저항, 통일 등 새로운 개념이 광주정신의 내용으로 의미화되고 있다.
- **국가폭력(state violence):** 국가 또는 정부기관에서 저지른 범죄 또는 국민에게 행한 폭력을 말한다. 자본주의 국가론 논쟁에서 주로 마르크스주의 입장에 서서 자본주의 국가소멸의 입장을 주장하는 학자들에 의해서 주로 제기되었다. 하지만 베버주의 학자들에 의해서도 제기되고 있다.
- **기술지배적 합리성(technical rationality):** 현대사회에서 지배적으로 나타나는 합리성으로서 효율성을 강조하면서 목표달성을 위해 인간이 목표에 이르는 최적의 수단으로서 기술을 활용하는 도구적 합리성을 말한다.
- **끌개(attractor):** 동역학계 이론에서, 끌개는 동역학계의 시간 변화에 따라서 초기 상태에 상관없이 최종 상태가 근접하게 되는 일련의 구역들을 말한다. 역학계의 상태변화를 상태공간에서 시간에 따라 변하는 하나의 궤도로 나타낼 수 있는데, 역학계의 외부에서 주어지는 에너지에 의해 요동(turbulence)을 치게 된다. 요동은 시간이 지나면서 곧 없어지고, 다시 안정된 원래의 궤도를 그린다. 이와 같이 상태공간을 움직이는 점은 대부분 안정된 궤도로 끌려간다. 이때 끌개는 점들을 안정된 궤도로 끌어당긴다.
- **네겐트로피(negentropy):** 엔트로피와 반대의 경향을 말하며 네겐트로피가 증대

되면 체계 속에서 질서와 법칙성이 유지되고 정보를 보다 많이 필요하다는 것을 의미한다.

- **민주시민교육(democratic citizenship education):** 민주시민정신 또는 시민성 함양을 목표로 추구하는 교육을 말한다.
- **반사회화(counter socialization):** 기존 사회의 전통적 가치를 재검토하고 불확실한 미래에 대비해 자신과 타인의 신념과 주장을 신중하고 비판적으로 분석하는 능력을 키워주는 과정을 말한다.
- **복잡계(complex system):** 복잡계(複雜系, complexity system)는 완전한 질서나 완전한 무질서를 보이지 않고, 그 사이에 존재하는 시스템으로, 수많은 요소들로 구성되어 있으며 그들 사이의 비선형 상호작용에 의해 집단성질이 떠오르는 복합체를 말한다.
- **비동조화(decoupling):** 비동조화(디커플링)는 인접 국가 또는 보편적인 세계 경제의 흐름과 달리 독자적인 흐름을 보이는 탈동조화 현상을 말하며 이것은 수출과 소비, 주가하락과 환율상승 등과 같이 서로 관련 있는 경제요소들의 탈동조화 현상까지 포괄하는 개념으로 의미가 확장되었다(네이버 지식백과 참조).
- **비판이성(critical reason):** 이성의 한 종류로서 비판할 수 있는 능력, 즉 반성적인 능력을 가진 이성을 말한다. 비판이성과 분석이성은 1960년대에 프랑크푸르트 학파와 비판적 합리주의자 간에 이루어진 실증주의 논쟁에서 탄생한 이성 개념들이다.
- **비판체계사고(critical systems thinking):** 체계적 사고의 한 유형으로서 서로 다른 시스템 접근법들(systems approaches)을 통합하여 최적의 사용방법을 알려주기 위한 체계적 사고 프레임워크를 말한다. 시스템 사고와 참여 방법을 결합하여 대규모, 복잡성, 불확실성, 비영구 및 불완전성으로 특징지어지는 시스템의 문제점을 해결하는 것을 목표로 하고 있다. 비선형 관계, 피드백 루프, 계층 구

조, 창발적(emergent) 속성 등의 문제를 해결하기 위한 체계적 사고의 형태이다.

- **빅데이터(Big Data):** 빅데이터란 디지털 환경에서 생성되는 데이터로 그 규모가 방대하고, 생성 주기도 짧고, 형태도 수치 데이터뿐 아니라 문자와 영상 데이터를 포함하는 대규모 데이터를 말한다.
- **사림(Salim):** 고려 말, 조선 초부터 사용되기 시작하여 두 차례의 사화(士禍)를 겪은 15세기 말엽에 와서 출현한 정치세력을 가리키는 용어로 사용되었다. 지방에 근거지를 가지고 있는 중소지주 출신의 지식인이다.
- **사물인터넷(IoT, Internet of Things):** 인터넷을 기반으로 모든 사물을 연결하여 사람과 사물, 사물과 사물 간의 정보를 상호 소통하는 지능형 기술 및 서비스를 말한다.
- **사회생태학(social ecology):** 심층생태학과 달리 특히 제국주의, 자본주의, 인종차별주의는 본질이 착취적이고 반생태적인 사회적 지배의 전형이라고 한다.
- **사회화(socialization):** 사회에 적응하며 살아가기 위해서는 사회 구성원들과의 상호 작용을 통해 사회생활에 필요한 가치, 기술, 지식, 규범 들을 학습하는 것을 말한다. 인간은 사회화를 통해 인간다운 품성과 자질을 획득해 나가며 사회적 존재로 살아갈 수 있다. 전통적인 의미에서의 사회화란 사회의 고유한 규범과 문화 그리고 그 사회에서 합리적이라고 받아들여지는 태도를 흡수하여 사회의 일원으로 무리 없이 통합되고 사회에 기여할 수 있도록 하는 것을 의미한다.
- **생태시민성(ecological citizenship):** 생태계를 유지하기 위해 요구되는 시민들의 자질과 책임감을 말한다.
- **세계시민성(global citizenship):** 특정 국가의 시민으로서 그들의 정체성 위에 글로벌 커뮤니티의 정체성을 위치시키는 사람으로서 가져야할 자질과 책임감으로 정의된다. 한 사람의 지리적 또는 정치적 국경을 초월한 정체성 그리고 지구의 인간 커뮤니티는 상호의존적이고 전체적이다. 인류는 본질적으로 하나다.

- **시민성(citizenship):** 시민성이란 시민의 권리와 의무를 동시에 가지고 있는 것을 말한다. 시민으로서 마땅히 누려야 할 권리를 누리고 시민의 권리에 합당하게 의무를 행하는 것을 말한다.
- **심층생태론(deep ecology):** 인간의 내부와 지구에 존재하는 모든 생명체의 본성은 본래 가치를 지니고 있기 때문에 인간은 생명을 유지하기 위하여 반드시 필요한 장원요소 이외에는 생명의 풍요로움과 다양성을 해칠 권리가 없다고 주장하는 이론이다.
- **심층생태학(deep ecology):** 1973년 노르웨이의 철학자 네스(Arne Naess)가 최초로 사용한 용어로 생태계 위기의 근본적인 원인을 인간적 측면에서 평가하고 자연을 인간의 욕망을 충족시키기 위한 자원 또는 물질로 파악하는 인간 중심적 사고방식에 있다고 주장하는 이론 또는 철학이다.
- **에코페미니즘(ecofeminism):** 심층생태학의 다른 측면으로 가부장제의 폐단을 극복하려는 시도로 남성에 의한 여성의 가부장적 지배를 모든 착취의 원형으로 간주한다. 여성의 역사와 환경의 역사를 연결하며 에코페미니스트들은 여성의 경험적 지식을 생태학적 원천으로 생각한다.
- **엔트로피(entropy):** 물질의 열적 상태를 나타내는 물리량의 하나이다. 열역학계의 유용하지 않은 (일로 변환할 수 없는) 에너지의 흐름을 설명할 때 이용되는 상태 함수이다. 물질의 상태 변화, 즉 에너지의 전환 과정에서 쓸모없어지는 무언가를 의미한다.
- **예수회(Jesuit):** 종교개혁에 반발하여 반종교개혁의 일환으로 가톨릭이 자정작용 과정에서 만든 수도단체로 이냐시오 로욜라가 창립하였으며 주로 해외 선교에 힘썼다.
- **오토포이에시스(autopoiesis):** 그리스어 αὐτο-(스스로를)+ποίησις(창조, 산출)로부터의 조어. 스스로가 스스로를 산출하는 〈자립=자율〉성에 생명의 본질적 특

성을 구하는 이론으로 칠레의 생물학자 H. 마투라나(Maturana)와 인지과학자 F. 바렐라(Varela)에 의해서 등장하였다. 한국어로는 자기갱신, 자기제작, 자기창출로 해석된다. 현상학, 구성주의, 사이버네틱스, 인지과학, 몸의 철학, 시스템이론, 복잡계, 뇌과학, 어포던스이론, 생태학적 심리학, 내부관측이론 등과 긴밀하게 연결되어 있다.

- **유비쿼터스(ubiquitous):** 사용자가 네트워크나 컴퓨터를 의식하지 않고 장소에 상관없이 자유롭게 네트워크에 접속할 수 있는 정보통신 환경.
- **이슬람의 다섯 기둥(Five Pillars of Islam):** 무슬림들이 반드시 지켜야 할 의무로 샤하다(신앙고백), 기도, 자선, 단식, 순례 등 다섯 가지 의무사항을 말한다.
- **인격공감(personality empathy):** '상대가 나타내고 있는 그 인격이 내 안에도 있지 않을까'라는 표현으로 이해할 수 있는 용어이다. 한 사회에는 건강한 인격구조와 공감적 이해(empathic understanding)를 통한 인격이 바로 서는 것이 필요하다. 한 인간을 바라볼 때 공감을 통한 인격체로 바라보는 것을 말한다.
- **인공지능(AI, Artificial Intelligence):** 인간의 학습능력과 추론능력, 지각능력, 자연언어의 이해능력 등을 컴퓨터 프로그램으로 실현한 기술.
- **인류세(anthropocene):** 인류세(人類世)는 홀로세(현세) 중 인류가 지구 환경에 큰 영향을 미친 시점부터를 별개의 세로 분리한 비공식적인 지질 시대 개념이다.
- **자율주행차(self-driving car):** 운전자가 차량을 조작하지 않아도 스스로 주행하는 자동차
- **정부실패(government failure):** 시장에 대한 정부 개입이 오히려 자원의 비효율적 배분으로 이어지는 현상을 지칭한다. 시장실패와 대칭되는 개념이다.
- **정의원리(principle of justice):** 정의(justice)를 실현하기 위한 수다한 원리(principle)들을 말한다. 예를 들어서, 미국의 정치철학자인 존 롤스(1921~2002)는 『정의론』에서 사회정의를 공정성으로 집약한 뒤 자유·소득·부 등 사회적 기

본재의 공정한 분배 원칙으로 두 가지 원리를 제시한 바가 있다. 제1의 정의원리는 최대한의 평등한 자유의 원리이고 제2의 정의원리는 차등의 원리와 공정한 기회균등의 원리로 구성된다.

- **정치적 시민성(political citizenship):** 정치란 '가치의 권위적 배분'을 말하며 정치적 시민성은 '가치의 권위적 배분과정'에서 가져야 할 시민들의 자질과 책임감을 말한다.
- **정치체계(political system):** 정치체계는 가치들이 한 사회를 위해 권위적으로 배분되도록 하는 일련의 상호작용이다. 데이비드 이스튼은 '투입-산출 모델'을 제시했는데 투입-산출 모델은 크게 환경, 투입, 산출, 자동조절 과정의 네 가지 부분으로 나누어진다.
- **종교개혁(Reformation):** 1517년 루터가 95개조 반박문을 내걸면서 시작되었다. 기존의 가톨릭 전통에 대항하여 신과 개인의 관계를 중시한 종교개혁 운동이다. 이로써 개신교가 탄생하게 되었다.
- **종교시민(religious citizen):** 종교 신앙을 통해 자신의 구원을 이루는 데 그치지 않고 타인의 구원을 위해 노력하는 것을 말한다. 즉 자신의 구원을 통해 자신의 평화를 찾는 권리를 누리고 타인과의 공존을 이루며 타인의 구원을 위해 함께 노력하는 사랑과 자비의 의무를 행하는 시민을 종교시민이라고 할 수 있다.
- **증강현실(AR, Augmented Reality):** 실세계에 3차원 가상물체를 겹쳐 보여주는 기술.
- **지속가능(sustainable):** 1972년 '로마클럽'의 제1차 보고서인 「성장의 한계」에서 환경과 개발에 관한 강한 우려를 표명하면서 '지속가능한 발전(sustainable development)'이란 용어가 사용되었다. 이 개념은 '환경과 개발에 관한 세계위원회(WCED)'가 1987년에 발표한 「우리의 미래*Our Common Future*」라는 보고서에서 공식화되었다. 이 보고서에서는 '미래세대가 그들의 필요를 충족시킬 수 있는 가

능성을 손상시키지 않는 범위에서 현재 세대의 필요를 충족시키는 개발'이라고 정의함으로써 '환경적으로 건전하고 지속가능한 개발(environmentally sound and sustainable development: ESSD)'의 개념을 확립하였다(네이버 지식백과 참조).

- **체계(system):** '체제'가 어떠한 원리나 이론·사상적인 틀이라면, '체계'는 그러한 원리나 이론, 사상적인 틀을 바탕으로 만들어진 실제적인 틀이라고 국어사전에서 설명하고 있다. 영어 표현은 시스템(system)을 말하며 시스템은 각 구성요소들이 상호작용하거나 상호의존해서 복잡하게 얽힌 하나의 집합체이다. 또한 복잡한 사회적 체계의 맥락에서 구조와 행동을 통제하는 규칙들의 집합체를 일컫는다. 체계란 상호의존적이고 상호 작용하는 부분들로 구성된 전체, 즉 "부분들 간에 관계를 맺고 있는 일련의 단위들"로 정의된다. 체계는 인과적인 관계 속에서 직접 또는 간접으로 관련된 구성요소들의 복합체이며, 이때 각 구성요소는 어떤 특정한 기간 내에서 다른 구성요소와 안정적으로 관련되어 있다.
- **체계이론(system theory):** 체계이론은 18세기 물리학 영역에서 출발하여 자연과학에서 발전한 이론이다. 인간을 기계화하고 무가치화 하는 기술 중심의 체계이론에서 유기체인 생물과 인간을 모델로 하는 인공두뇌의 체계이론으로 이행되는 과정에서 생물학자인 베르탈란피(Bertalanffy)에 의해 인간과 과학을 연결하는 일반체계이론이 20세기 후반에 제시되었다. 체계이론은 인간과 집단에 관한 자료의 조직을 위한 준거틀로 문제 해결에 보다 도움이 되는 질문과 접근 방법을 찾는 데 유용하다.
- **표층생태학(shallow ecology):** 인간중심적 또는 인간을 그 중심에 놓는 관점의 생태학으로 심층생태론자들은 환경문제를 인간적 측면에만 집중하여 해결하는 자를 표층생태학자라고 비판한다. 따라서 심층생태학은 환경에 관한 인간중심의 사고를 거부하고 관계적이고 전체적인 범위에 조망하려는 도덕적 전제론, 비인간

중심적 접근을 선호한다.

- **풍류(poetic beauty):** 고대 제천 행사에서 비롯된 말. 한국 고유의 전통 사상을 가리키는 말이었으나, 오늘날에는 멋과 운치가 있는 일이나 그렇게 즐기는 행위를 가리키는 말로 널리 쓰인다.
- **호남 가사문학(Honam lyrics literature):** 조선 중기의 문학 주류 중 하나인 가사문학 중에서 호남 누정들에서 사림의 선비들에 의해 주로 창작된 자연과 풍류, 은일 자적의 시가 문학.
- **호남 문학(Honam literature):** 호남 지역의 역사 속에서 호남인의 사상과 정서를 담은 작품으로 창작된 호남인의 문학.
- **호남학(Honam study):** 호남지방의 역사, 사회, 전통, 문화를 연구하여 창조적으로 활용하기 위한 학문.
- **회심(conversion):** 자신의 주변부에서 존재하던 의식이 중심부로 이동하였을 때 그 내용이 종교적이라면 이를 회심이라고 한다. 즉 이제까지 의식을 부여하지 않고 중요하지 않던 종교적 의식이 자신의 중심부로 들어와 의식 전반을 차지하는 것을 의미한다.

색인

ㅇ

4차 산업혁명 성공을 위한 세계시민성 함양

발행일 1쇄 2018년 2월 28일
지은이 호남대학교 인문사회과학연구소
펴낸이 여국동

펴낸곳 도서출판 인간사랑
출판등록 1983. 1. 26. 제일 - 3호
주소 경기도 고양시 일산동구 백석로 108번길 60 - 5 2층
물류센타 경기도 고양시 일산동구 문원길 13 - 34(문봉동)
전화 031)901 - 8144(대표) | 031)907 - 2003(영업부)
팩스 031)905 - 5815
전자우편 igsr@naver.com
페이스북 http://www.facebook.com/igsrpub
블로그 http://blog.naver.com/igsr
인쇄 하정인쇄 **출력** 현대미디어 **종이** 세원지업사

ISBN 978 - 89 - 7418 - 376 - 9 93340

* 책값은 뒤표지에 있습니다. * 잘못된 책은 바꿔드립니다.